山田 進

意味の探究

An Inquiry into Meaning

© Susumu YAMADA

First published 2017

All rights reserved. No part of this publication may be reproduced,
stored in a retrieval system, or transmitted in any form or by any means,
without the prior permission in writing of Kurosio Publishers.

Kurosio Publishers
3-21-10, Hongo, Bunkyo-ku, Tokyo 113-0033, Japan

ISBN 978-4-87424-730-3
printed in Japan

目　次

序章　ことばの意味とその研究 1
  1.　ことば・ものごと・世界 1
  2.　ことばのかたちと意味 3
  3.　ことばの意味・ものごと・概念 5
  4.　とらえ方と意義素 9
  5.　意義素による記述 15
  6.　語の意味論 17
  7.　本書の構成 18

第Ⅰ部　意味の本質

第1章　固有名詞と意味 23

第2章　見せかけの意味要素 35
  1.　「意味」の範囲 35
  2.　「大多数の人に共有されている」意味 37
  3.　「大多数の用法に共通する」意味 39
  4.　ハシルの意味 44
  5.　結論 46

第3章　意味と概念とをめぐって 47

第4章　「丸い三角形」はどこがおかしいのか 57

第5章　語の意味特徴の性格 65
  1.　はじめに 65
  2.　意味と概念 66
  3.　概念の定義 69
  4.　意味の定義 71
  5.　語の意味の表現 72
  6.　意味特徴は概念表現である 74

7. 語彙の要素としての語の意味 76
8. おわりに 77

第6章　語の形式と意味 **81**
1. 語の統合形式 81
2. 統合形式の意味 83
3. 形式と意味の関係 87
4. 語の内在的特徴の分析的表現 89
5. 形態格の意味 92
6. 語の意味の存在様式 95

第7章　事物・概念・意味 **103**
1. はじめに 103
2. 外界の事物の認めかた 103
3. 概念 105
4. 概念と言語表現 108
5. 概念を一定の観点からとらえる様式としての意味 110
6. 異なる概念を関係づける様式としての意味 112
7. おわりに 116

第II部　同義・類義・多義

第8章　同義に関する二三の問題 **121**
1. 双方向含意と言語表現の同一性 121
2. 同一なのは何か 123
3. 概念の同一と意味の同一 125
4. 特定の文脈における同義 126
5. トドクとツクの意義素 128
6. 文脈から補われる意味特徴 131
7. 対比による特徴 134
8. 結語 136

第9章　類義語とはどのような語か **137**
1. 「類義」「類義語」という用語の使い方 137
2. 類義語の基準についての主な考え 138
　2.1　松尾拾・西尾寅弥・田中章夫（1965）『類義語の研究』................. 138

        2.2　長嶋善郎 (1982)「類義語とは何か」..143
        2.3　大鹿薫久 (1989)「類義語・反義語」..144
        2.4　3 研究のまとめ 146
    3.　類義判定基準の問題点 148
        3.1　指示対象の重なり合いと類義性 148
        3.2　対象のさし方の共通性と類義性 150
        3.3　類義語の範囲 153
        3.4　文脈の共有と類義性 155
            3.4.1　同じ文脈の共有と意味の違い 155
            3.4.2　同じ文脈での入れ替え可能性 156
    4.　まとめと問題点 158

第 10 章　類義語の存在理由 **161**
    1.　はじめに 161
    2.　言い換えとそのパターン 162
    3.　言い換えをするわけ 166
    4.　潜在的な言い換え 169
    5.　類義語の必要性 170
    6.　類義語がなくならないわけ 172
    7.　結論 174

第 11 章　多義の処理─格助詞「で」の場合─ **175**
    1.　意味と文脈 175
    2.　多義と意義素 176
    3.　意義素と文脈 177
    4.　「で」の用法 178
    5.　「で」の意味に関する従来の分析 180
    6.　「で」の意味分析試案 182
    7.　むすび 191

第 12 章　多義語の意味記述についての覚え書き **193**
    1.　多義語の意味の結びつき 193
    2.　意味の関連性のタイプは規則的に適用されるか 196
    3.　語の意味記述の 2 つの方向 198
    4.　多義と同音異義 200
    5.　多義語の意味記述の相反する方向 203

第Ⅲ部　意味記述の方法

第13章　言語普遍的意味特徴による語彙記述 209
1. 意味を記述する言語 209
2. 対象言語，記述言語，高次言語 211
3. 記述言語としての自然言語の性格 211
4. 言語普遍的な意味特徴 213
5. 結論 217

第14章　語の意味はどのようなことばで記述できるのか 219
1. 意味記述のメタ言語 219
2. 普通のことば以外のメタ言語による意味記述の性質 221
3. 普通のことばによる記述のあいまいさ 223
4. 記号を用いる記述 225
5. 普通のことばを限定して用いる記述 226
6. 普通のことばを正確に規定して限定的に用いる記述 232

第15章　感情の言語表現─予備的考察─ 235
1. 感情の言語表現に関するいくつかの問題 236
2. 「感情」という言葉 252
3. 感情の言語表現のこれまでの研究 253
4. 心理学の感情研究 256

第16章　感情語の意味をどう記述するか 261
1. 感覚・感情は他者に分かるか 262
2. 感覚のもとと感覚そのもの 264
3. 感情そのもの 266
4. メタ言語の問題 271
5. 感情語の体系的記述 276

第17章　意義素分析の歴史と現状 277
1. 本章の目的と構成 277
2. 意義素の定義 278
3. 意義素による記述および意義素概念の変遷 279
    - 3.1　文法的形式の分析 279
    - 3.2　より実質的な語の分析 281
    - 3.3　名詞の意味分析 285

  3.4 意義素分析と辞書 287
  3.5 意義素記述の分析対象および記述形式の変遷 289
 4. 意義素論とその批判 290
 5. 意義素論的記述から見えること 293

第 IV 部　辞書と意味記述

第 18 章　辞書の意味記述 **299**
 1. 辞書が対象とする語彙の種類 300
 2. 辞書の対象者と記述のタイプ 302
 3. 意味記述の難問題 303
  3.1 語義の区分 304
  3.2 類型的事象と個別的事象 306
 4. 意味の性質と記述のスタイル 307
  4.1 意味の性質 308
  4.2 メタ言語 310
   4.2.1 図示による意味記述 310
   4.2.2 言語による意味記述 311
 5. 「完全な意味記述」は可能か？ 313

第 19 章　意味分類辞書 **315**
 1. はじめに 315
 2. 語彙における語の関連性 315
 3. 一般辞書とシソーラス 317
 4. シソーラスでの語の意味記述 318
 5. シンタグマティックな語の関連性 320
 6. 意味分類辞書 323
 7. 語をどのように分類し，配列するか 325
 8. 語の新しい分類方式 326
 9. 語の空間的な配列は絶対に必要か 328
 10. 残された問題点のいくつか 330
 11. おわりに 332

第 20 章　意味から引く辞書 **333**
 1. 一般辞書を逆に引く 333
 2. 語の意味と外界の事物 335
 3. 語義説明句と語の意義，あるいは事物との関係 338

  4. 事物から言語表現へ 341
  5. 語義説明句から語を引けるか 342
  6. 近似的な意味引き辞書 344

第21章 「いい」の意味論―意味と文脈― 347
  1. はじめに 347
  2. 「イイ＋名詞」の意味解釈の多様性 348
  3. イイの基本的な意味特徴 352
  4. 何がイイのか 355
  5. 暗黙の了解 356
  6. イイのその他の用法 359
  7. 「受け入れる」という特徴 361
  8. むすび 364

参照文献 365
本書各章と既発表論文との関係 373
あとがき 375
索　引 379

序章

ことばの意味とその研究

　本書はことばの意味について私がこれまで考えてきたことをまとめたものである。まとめるにあたり，ことばの意味およびことばの意味の研究についてあらためて考えてみたのが，この序章である。以下の構成にしたがって現在の考えを述べる。

　1. ことば・ものごと・世界
　2. ことばのかたちと意味
　3. ことばの意味・ものごと・概念
　4. とらえ方と意義素
　5. 意義素による記述
　6. 語の意味論
　7. 本書の構成

1.　ことば・ものごと・世界

　われわれが日常的によく耳にしあるいは目にすることばは，現実世界（のものごと）だけでなく，非現実世界（のものごと）をも表す。

「世界」というのは、そもそも「〜（の）世界」というように使われるわけで、なにも相対化されない単なる「世界」は考えにくい。「現実（の）世界」は「現実として認識されるものごとの範囲」であり、「現実世界のものごと」は、そのような世界のなかに存在するものごとである。ここでは「世界」を「なんらかの観点から認識される、ものごとが存在する範囲」という意味で用いることにする。

ことばが表す「ものごと」は、「事物、事態、対象」などの言い方でも表すことができそうに見えるが、言うまでもなくそれらはことばとは別個の存在である。ところで、あるものごとがことばを介さずに認識されることがある。特に、五官を通じて感覚的・直観的に認識される身体的生理状況に関することがらは「非言語的認識・知覚」と言いうる。ところがそうした感覚がことばによって「表出される」ことがある。これらの表出は知覚された感覚の描写ではなく思わず口に出る、つまり無意識になされるもののように思える。しかし、こうした表出に使われることばは、同時に、そうした知覚を反省的に想起し思考する際にも使われる。どちらにしても、人の認識・知覚は大部分がことばと結びついている。

ことばが世界（のものごと）を表すということをもう少し考えてみよう。これは別の言い方をすると、ことばが世界（のものごと）と結びつけられる、あるいは対応づけられるということである。すなわち、現実世界（のものごと）が先にあり、それをことばに対応づけたり、逆に、ことばを、これまで認識されなかった非現実世界（のものごと）と結びつけることができる。後者の場合、いわばことばが非現実世界（のものごと）を作り出すというようにも言える[1]。

いま、「現実世界」が先にあり、それにことばが対応づけられると述べたが、この「現実世界」がことばと完全に切り離された「客観的存在」だと考えていいかどうかは立場によって異なりうる。「ことばによって表されてはじめて認識された」という「現実世界」は考えられなくはない。例えば、新聞報道で知る「現実世界」とはそのようなものとも考えられる。ここでは、

---

[1] 以下、文脈からあきらかな場合、「〜（の）世界」で「〜（の）世界（のものごと）」を指すことがある。

特に問題にする必要がないかぎり，直接の「現実世界／非現実世界」の区別を常識にしたがって解釈するにとどめておく。

2. ことばのかたちと意味

　現実世界を写し取るものであれ，非現実世界を作り出すものであれ，「ことばが世界を表す」ということは分かった。それが可能であるのは「ことばには意味がある」からだということは言うまでもない。ところで「ことば」という語は，文脈によって「かたち（形式）」を主に指すときと，「意味」を主にさすときとがある。

　まず，ことばはさまざまなかたちによって互いに識別される。そのかたちは一般に音声のかたちで聴覚によって，あるいは文字のかたちで視覚によって識別される（その他に，点字が触覚によって，手話動作が視覚によって識別される）。そして，かたちだけがあればことばとみなされることが一般的である。例えば，「このことばには意味がない」「そのことばの意味はなんだったか」などと言うが，「このことばにはかたちがない」「このことばのかたちはなんだったか」などとは普通言わないことから明らかである。また，自分がまったく知らない言語のことばを見たり聞いたりしたとき，意味がまったく分からないことが普通だが，その場合にも，「このことば」とか「そのことば」と言うことができる。このとき，「ことば」はかたちだけを指している。

　しかし，言うまでもなく，そうした「かたちだけのことば」は，かたちの識別だけが目的の場合は別にして（それに近いのは例えば，呪文とかお経とかがあるが），役に立たない。要するに，「ことば」というとまず「かたち」が先に思い浮かべやすいものの，そのかたちにはいつも意味が結びつくこともまた前提になっていると考えられる。

　ここまで，「ことば，世界，かたち，ものごと，意味」に言及してきた。あらためて，これらの関係を考えてみる。先に見たように，世界（のものごと）と対応するのはことばの意味である。その意味はことばのかたちと結び

つかないかぎり，識別したり，記憶したり，伝達したりという操作ができない。意味そのものにはかたちがないからである。つまり，世界と対応するのはことばの意味だが，その際に「かたち」のない「意味」は考えられないのである。

ことばのかたち，ことばの意味，ことばが表す世界(のものごと)，という三者のうち，どのような場合にも感覚器官で知覚できないのは意味だけである。また，われわれの脳内での認識作用を常識的に反省する場合，ことばのかたちだけを思うことはできるが，「意味だけを思う」ことはまずできない。一方，ことばが表す世界が現実の世界だった場合，それを直接に目撃したり体験したりすることがありうる。

ところが，「どのようにしてもそれだけを認識・知覚できない意味」について，われわれがそれだけを確実に認識できるように感じることがある。それはどうしてか。1つの可能な考えは，ことばに接したときにわれわれは，ことばのかたちではなく，その意味にもっぱら注意を向けるからだというものである。ことばが口から発せられたり，耳や目で受け取られたりする場合には，ことばのかたちが感覚器官によって知覚されてたしかに観察できるため，かたちが意識されやすい。しかし，ことばの機能が世界を表すことであるならば，それはことばの意味の問題だから，かたちは意識されなくなるのではないか。ことばではかたちと意味が表裏一体だが，ことばとして機能するときは意味がつねに表に出ているというたとえができるかもしれない。われわれは脳内でことばを使っていると感じるが，その場合にはかたちを感覚器官で知覚できず観察できないため，もっぱら意味に注意が向き，脳内にいわば「意味の世界」が広がるのではないのか。

もう1つの可能性は，これまで述べたことには反するが，「意味はかたちから離すことができる」と考えることである。例えば，あるかたちをした語XとYの語Yについて，「XとYの意味は違うかどうか」という問いに答えるとき，比較されるのはXとYのかたちではなく，それらの意味だけである。ただし，このことは「意味がかたちから完全に独立して存在する」ことを裏付けるものではない。この場合，「語Xの意味をXというかたちを念頭

に置かずに考えられる」ということであり、この場合も、「語Xの意味はXというかたちと結びついている」ことは変わらない。ことばの意味はかたちから逃れられないのである。ことばの意味の認識について2つの可能性を考えたが、どちらにしても、意味はかたちと結びついていることが確認される。すなわち、ことばの意味は、「ことばのかたちに対応して（しかし、多くはかたちが意識されずに）認識されるもの」である[2]。

3. ことばの意味・ものごと・概念

ここからは、「かたちと意味とが結びついた、ことばの単位」である、語・句・文などを「言語表現」と呼び、「言語表現のかたち」「言語表現の意味」「言語表現が表す世界」「言語表現が表すものごと」などという言い方を使うことにし、特に「言語表現の意味」と「言語表現が表すものごと」、およびこの2つの関係について考える。

まず、「言語表現の意味」だが、ある特定の言語表現全体の意味がその言語表現に含まれる部分の言語表現の意味にもとづいて決まる（文の意味は構成要素となる句の意味から、句の意味はその語を構成する語の意味から構成される）ということが一般に成立する。このことは、ある言語表現に含まれる部分的な言語表現を異なる言語表現に置き換えたときに、その全体の意味がもとの言語表現全体の意味とは異なることによって確認できる。

最初に自明な例をあげる。

(1) a　きのうは<u>ビール</u>を飲んだ。
　　 b　きのうは<u>ウイスキー</u>を飲んだ。
(2) a　<u>東京</u>で生まれました。
　　 b　<u>京都</u>で生まれました。

---

[2] 本書は、ことばの「かたち」ではなく「意味」について考察するものだから、いわば意味だけを対象にして考えることがあるが、それは「"意味"をどう考えたらよいか」を問題にするときのことであって、「個々の具体的な（必然的にかたちをともなう）ことばの意味」を考える場合とは事情が異なる。

(1)(2)のa,bのそれぞれが、「意味が異なる」ことは明白である。では、(3)(4)についてはどうか。

(3) a 　きのうは酒を1升は飲んだ。
　　 b 　きのうは日本酒を1升は飲んだ。
(4) a 　東京で生まれました。
　　 b 　日本の首都で生まれました。

　この(3)(4)も、それぞれaの一部の言語表現を別の言語表現で置き換えたものだが、(1)(2)と異なり、(3)(4)については、「意味が同じ」と判断する人もありそうに思える。
　さらに、以下の例ではどうか。

(5) a 　このあたりでいい酒を造っている。
　　 b 　このあたりでいい酒が造られている。

　(5)aと(5)bの下線部は同じ語からなるが、動詞の態（能動と受動）が異なる。この2つの構文タイプはしばしば、「意味が同じ」として扱われる。
　次の(6)のa〜cには共通部分がほとんどなく、全体として非常に違ったかたちをしているにもかかわらず、この3つが辞書では、「同じ意味」とみなされることがある[3]。

(6) a 　猿も木から落ちる
　　 b 　弘法にも筆の誤り
　　 c 　上手の手から水が漏れる

　以上から分かることは、2つ(以上)の言語表現(語や句や文)について、(1)(2)のように「かたちが異なっていて、意味も異なる」ことがある一方、

---

[3] 『日本国語大辞典第2版』では、親見出し「さる(猿)」のなかに「猿も木から落ちる」が小見出しとしてあり、その語釈が「その道にすぐれている人でも、時には失敗をすることがあるというたとえ。弘法(こうぼう)にも筆のあやまり。上手(じょうず)の手から水が漏れる。」とある。この辞典の凡例に「語釈のあとにつづけて同義語を示す」とあって、「弘法にも筆の誤り」と「上手の手から水が漏れる」が「同義」であることが示唆される。

きる」のである。

(7)の説明で注意すべきは,「概念はイメージよりも言語との結びつきが強く」という部分である。これは,一般に「概念」について考えられていることであり,「概念」と言語が結びつけられ,「概念」が「意味内容と適用範囲をもつ」ことを背景に,「言語表現の意味」と「ことばが表す概念」とを結びつける立場が成立する。

概念には外延と内包があるので,言語表現の意味と概念とを結びつける場合,どちらと対応させるかで,意味との関係が2通り考えられる。

(8) a　ある言語表現の意味　⇔　（その言語表現で表される）概念の外延
　　 b　ある言語表現の意味　⇔　（その言語表現で表される）概念の内包

(8)aの場合,言語表現の意味と,その言語表現が表す外延とが関係づけられる。ある言語表現の意味が分かるということは,その言語表現が表す概念の外延が分かるということで,例えば,イヌとそれ以外を区別し,イヌの範囲（＝イヌの集合）について考えることができるという点で,一理ある考え方である。この考え方は,論理学の意味論で採用されることが一般的である。

(8)bでは,言語表現の意味と,その言語表現が表す内包とが関係づけられる。内包と外延は表裏一体のものであり,ある概念の内包の規定によって,外延が定められ,逆にある概念の外延が決まれば,その範囲を定める内包が考えられるという関係にある。「内包」と「意味内容」とを関係づけるのは,素朴な直感に適合するためもあって,言語学の意味論には,この考え方で意味と概念を結びつけるものが少なくない。

本書の（つまり私の）考えは,(8)bに近いが同じではない。言語表現の意味をどう考えるかについては,節を改めて述べる。

4. とらえ方と意義素

「言語表現の意味」とはどういうものかの答えとして,「言語表現の意味は（言語表現で表される）概念の内包（意味内容）だ」としただけでは,十分に

答えたことにならない。ある概念の内包は，その概念の外延の範囲を定める条件であり，それは1つとは限らないからである。例えば，《平行四辺形》[5]の内包として(9)に示すものが考えられる[6]。

(9) a　{2組の対辺がそれぞれ等しい四辺形}
　　 b　{対角線が互いに他を2等分する四辺形}
　　 c　{2組の対角がそれぞれ等しい四辺形}
　　 d　{1組の対辺が平行で長さが等しい四辺形}
　　 e　{2組の対辺がそれぞれ平行である四辺形}

　さて，「平行四辺形」という語にはこれらの内包の数に応じて意味が複数あると考えてもよいものだろうか。1つは肯定的な答えである。どのような言い方をしても，外延と正しく対応づけられればよいと考えるのである。そうすると，意味の異なる言語表現が同じものごとと対応づけられるのだから，前節で提起した「言語表現の意味が同じか違うかにもとづいて，ものごとが同じか違うかという認識・判断が可能になるのだ，と言ってよいのか」という問いに対する答えは，「意味の異同はものごとの異同に対応しない」という否定的なものになる。

　(9)の5つの内包は《平行四辺形》という概念の外延を限定するのに必要な条件のうちからそれぞれ少しずつ違うものを取り出して並べている。つまり，これらの内包は「目のつけどころ」あるいは「とらえ方」が少しずつ違ったものになっている。

　一方，これらの内包はすべて同一の外延と対応づけられるのだから，この図形の「概念の定義」として妥当性に違いはない。ところが，「平行四辺形」

---

[5] 以下，特定の概念は《　》でくくる。{　}は特定の概念の内包であることを表すのに用いる。「　」はさまざまな用い方をするが，特定の言語表現について「　」でくくって示すことがある。

[6] 「平行四辺形」という語は，「長方形」「正方形」「菱形」とは異なる図形として使われるのが普通である。しかし，《平行四辺形》という概念の内包（＝《平行四辺形》の必要十分条件）として一般的に示される(9)の規定は「長方形」「正方形」「菱形」を排除しない。《平行四辺形》の概念規定ではこれらの図形が「平行四辺形の特別な場合」とみなされる。

という言語表現を考えたときには，(9d, e) が他よりふさわしいと考えられる。それは，その2つの言語表現のかたちだけが「平行」という要素を明示しているからである。つまり，この言語表現は形態から明らかなように「平行」に注意する表現であり，そのことを示す内包のほうがそうでない内包よりも「意味」として妥当だという判断である（ほとんどの辞書においてdではなくeが採用されている。こちらのほうが，dよりも「平行」により焦点をあてているためだろう）。

このように，同一の概念に対するさまざまな内包は，それぞれに異なる言語表現で表される。このとき，そのうちのある内包の表現がほかの内包の表現にくらべて，「問題となる概念の言語表現（＝「〜という概念」というときの〜に対応する言語表現）の意味」により近い，あるいはふさわしい可能性がある。

ある1つの概念に対するさまざまな内包（の表現）は，それぞれその概念のある面をとらえている。このことを私は，「概念をとらえる様式」あるいは「概念のとらえ方」というように表現する。これに関しては本書第4章・第5章で詳しく論じている。その要点を (10) に記す。

(10) 「A（＝認識し得るなにか）」「概念A（＝Aの概念）」「W（＝Aの表現）」について，「Wの意味」は「概念Aを一定の観点からとらえる様式」であるとする。概念そのものとその概念をとらえる様式とは明らかに異なる。しかし，われわれはWの意味を通じて概念Aをとらえることができる。そして，その概念AはAを表わす表現を使いこなすことであるから，Wを用いてAを表現し，また，Aを表現したものを識別できることになる。この考え方を，〔意味＝様式〕説と称することにする。したがって，語W1とW2の指示物が同じで，意味が異なると言うことは，両語ともに同じ概念を表現するものだが，その概念をとらえる様式が異なると言うことになる。　　（本書：71–72）

この「とらえ方」に類する考えは日本語学(国語学)のなかで，かなり以前に提唱されている。例えば，時枝誠記 (1941: 404–405) は次のように言う。

(11) 若し，意味というものを音声によって喚起せられる内容的なものと考える限り，それは言語研究の埒外である。しかしながら，意味はその様な内容的な素材的なものではなくして，素材に対する言語主体の把握の仕方であると私は考える。言語は，写真が物をそのまま移す様に，素材をそのまま表現するのでなく，素材に対する言語主体の把握の仕方を表現し，それによって聴手に素材を喚起させようとするのである。絵画の表そうとする処のものも同様に素材そのものでなく，素材に対する画家の把握の仕方である。意味の本質は，実にこれら素材に対する把握の仕方即ち客体に対する主体の意味作用そのものでなければならないのである。

時枝は前掲書に続いて，時枝誠記（1955）を発表し，そのなかで前掲書を『正編』としたうえで，時枝（1955）を「それの発展的な諸問題を扱うと同時に，言語過程説の理論にもとづく，独自の国語学の体系的記述を企図したものである」（p. 1）と位置づけ，そこでも「把握の仕方」の考えを主張する。

しかし，時枝の「把握の仕方」という考え方は，それを含む「言語過程説」という文法理論が一定の影響を持ったことにくらべ，その後の日本語学の意味研究のなかで積極的にとりあげられることはなく，大きな影響力ももたなかった。その理由として，その後「意義素論」と呼ばれるようになった考え方を提唱して日本の意味研究に多大な影響を与えた服部四郎が，服部四郎（1957=1960）において，時枝（1941, 1955）の「言語過程説」を批判し，「把握の仕方」について，「時枝教授は，『意味は素材に対する把握の仕方である』（正 404）といわれるだけで，その把握の仕方そのものに，社会習慣的に「固定した」（といい得る）型があることに注意されない」（服部 1960: 162-163）などとして，時枝の考えを評価しなかったこと，服部がその後，日本語や英語の語の意味の具体的分析をおこない，意義素論が日本語学に大きな影響を与えたのに対し，時枝が具体的な意味分析をおこなわなかったこと，などが考えられる。

時枝を否定する服部の意義素論の影響を大きく受けたためか，時枝の「把

握の仕方」という考え方は，日本語の意味研究のなかで積極的にとりあげられることがなかったのだが，近年の認知言語学の一部で，時枝の考えが「再発見」されている（野村益寛（2002, 2003），本多啓（2005）など）[7]。例えば，野村（2003: 43）には次のようにある。

(12) 「意味」を心的経験たる「概念化」と捉える考えは決して認知言語学独自のものではない。例えば，フレーゲ（1999［1892］）が「意味（Bedeutung）」と区別して設けた「意義」や時枝（1941: 404）が「素材に対する言語主体の把握の仕方」と定義した「意味」とかなり重なり合うところがある（野村 2002 参照）。「意味」を言語使用者の「概念化」と定義する認知言語学は，意味の公共的側面を強調したゴットロープ・フレーゲ（Gottlob Frege）やソシュール以前のジョージ・バークリー（George Berkeley）らの，私的に把握されるものとしての「観念」を基礎に据えた観念論に先祖返りしていると言えるかも知れない。しかし，身体性，慣習化という考えを含んだ認知言語学では意味の発生とその社会習慣化というダイナミズムも射程に収めることを可能にしている点に注意したい。

野村（2002）は認知言語学の立場から，日本語の意味研究史を概観するものだが，そのなかで時枝と服部の考えは実はさほど違わないのであり，「「意味」を「素材に対する言語主体の把握の仕方」とみなす時枝の意味観は服部の意義素論においても維持されていると言える」という見解を述べている。

たしかに，服部が意義素について，「或物体の（全体ではなくその）特定の特徴に注意する（或いは，しようとする）習慣のことである」と述べているのは注目に値する。これは，「とらえ方」に通じるからである[8]。

---

[7] 「認知言語学」のほかに，「認知文法」「認知意味論」などの呼称があるが，本章では以下，それらの区別をせず「認知言語学」という呼び方をする。

[8] 後述 (15) 参照。服部四郎 (1974: 18) の次の考えも関連が深い。
　動植物を表す名詞でさえ，その意義素の記述は，学名との対応を記述することで完了するのではない。なぜなら，意義素は，外延ばかりでなく，内包 (intension, i.e. connotation) にも関係し，その内包が客観的事物とは関係ない言語で表現される民間伝

時枝と服部の意味に対する考えの決定的な違いは，野村（2002）も正しく指摘するように，時枝が「具体的言語活動としての発話の意味」をもっぱら対象としたのに対し，服部が「ラング」のレベルにある「文の意味」を主たる対象にしたことである。

時枝が，発話レベルの「主体の意味作用」に焦点をあてていることは，ある種の認知言語学の考え方と非常によく似ている。李在鎬他（2013: 151）は次のように言う。

(14) 認知言語学では，語の意味を「概念化（conceptualization）」という視点で捉えている。「概念化」とは認知主体がある対象・出来事を知覚し，主体的に捉える認知現象と言えるが，認知言語学では「言葉の意味＝概念化」という構図のもとで研究を進めている。

　　概念化に基づく意味の研究モデルは，言語の使い手である「発話者」の事態への意味付けを前提にするものである。

時枝（1941, 1955）の精神がほぼそのままの形で，(14) の考えに「継承された」かのごとくである。

なお，時枝が用いる「素材」という用語は，私が言う「ものごと」にほぼ対応する。(14) でも，「認知主体がある対象・出来事を知覚し，主体的に捉える認知現象」といい，とらえられるのがものごと自体だとしている。これらに対して私は，「ものごとのとらえ方」ではなく「（ものごとの）概念のとらえ方」こそ重要だと考えるので，同じくとらえ方と言っても，その内容は異なるのである[9]。

承的知識その他によって豊富となっている場合があり，また「人間（人生）にとってその事物の有する意味」もそれを指し示す単語の意義素の重要な要素をなすからである。

[9] 日本の認知言語学文献で使われる「とらえ方」は，用語事典（辻幸夫編 2002: 20）によると，Langacker（1987）などが用いる construal に相当するものとされている（同事典では「捉え方」と表記される。なお，「解釈」という訳語も与えられていて，そちらが「捉え方」より前におかれていることから，その当時，「解釈」が construal の第一の訳語だったことがうかがえる）。construal（およびそれに対応する「とらえ方／捉え方／解釈」という用語）がキーワードとして使われる例は，1990 年代の日本の認知言語学文献には見られず，キーワードとして積極的に使われるようになったのは，2000 年代になってからだと思われる（吉村公

私は「認知言語学」のある種の考えに全面的には賛同しないが，私自身は「認知」という用語をかならずしも忌避するものではない。本書でも，「任意の対象は，その対象とその周囲の対象との対比が強ければ強いほど認知しやすく，対比が弱い，ないしは連続的に移行していくようなものであればあるほど，認知しにくい。／という，人間の一般的で非言語的な認知機構に関する制約にもとづいている」というように用いているところがある[10]。

　人間の「認知」がことばの意味にかかわることは私も否定しないわけで，というより，むしろ人間の認知のしくみが，概念形成に不可欠だと考えるものである。さらにいうなら，認知（のしくみ）がことばに関与することは当然のことであり，わざわざ言い立てるまでもないのではないかというのが，しきりに「認知」が話題にされたころの私の向きあい方だったし，いまでもそれは変わらない[11]。

5. 意義素による記述

　ことばの意味の研究において，「ことばの意味」そのものについての一般的性質をあらかじめ考えておくことは当然だが，それはあくまでも具体的な言語表現の意味を記述するために必要なことだからである。どのような意味論も，具体的言語表現の記述をおこなわないかぎり，単なる構想にとどまる。また，個別の意味論の妥当性は具体的言語表現の意味記述の達成度によって判断される，と私は考える。

　欧米では具体的な個々の語の意味の問題が「辞書学 (lexicography)」で扱

宏 (2000)，野村益寛 (2002, 2003)，籾山洋介 (2002) など。
　私が本章本文に示した意味での「とらえ方」を最初に用いたのは 1987 年の論文である（本書第 4 章）。

[10]　本書第 2 章。この章のもとになった論文は「認知言語学・認知文法・認知意味論」が日本でとりざたされるより前の発表である (1983 年)。

[11]　意義素論の推進者であり，（ラネカーなどの提唱する「認知文法・認知言語学」とは異なる立場からの）「認知」を中心にすえる意味研究をおこなっている国広哲弥氏から「意義素論はもともと認知」だということをうかがったことがある。

われることが多い。辞書学は辞書・事典類の具体的作成という実用面と，辞書・事典類の歴史・類型・編纂法などに関する研究という学術面とをあわせ持つもので，個々の語の意味をどのように記述するかを問題にするが，文の意味との関係は直接的な問題にならない。欧米の意味論が語を重視しないのは辞書学との一種の分業があるためとも考えられる。それに対し，日本では欧米流の辞書学が確立していないため，語の意味を考えることが意味論のなかで今日まで主要な課題となり続けてきている。

　個別の辞書は，無数にある個々の語の意味を具体的に記述するが，市販の辞書の意味記述の多くは特定の方法論にもとづくのではなく，伝統・経験にもとづく作業原則でおこなわれてきたと考えられる。そのためもあって，日本語学では，語の意味記述の研究が意味論の主要な課題となってきた。そのようななかで，具体的な個々の語の意味をどのように記述すべきかを具体的に示し，かつ実践する方法論として，前節で触れた「意義素論」は，語の意味の分析・記述に関する包括的な方法論として広範囲の影響力を持った。

　時枝誠記（1941, 1955）の考えを評価しない服部四郎（1957=1960）は，「意味」について次のように言う（服部 1960: 163）。

(15)　私は「発話」と「文」と「形式」（最小自由形式は「単語」）とを区別する。「発話」とは，言語表出活動（即ち表現活動）とそれによって発せられた音声のことであり，そこに含まれている社会習慣的に繰り返される特徴を「文」という。（中略）

　　　発話者が表現しようとした意識内容（厳密にいうとそれは静的なものでなくて活動であるが，この言葉で表現することとする）が「意味」である。（この定義によれば，隠そうとした意識内容——たとえば嘘をついた場合——は「意味」から除外されることになるが，これを含めて「意味」と定義することもできる。）発話の際生ずる音声を「発話の音声」という。（中略）発話の意味における，社会習慣的に繰り返し現れる特徴を「意義」と呼び，発話の音声におけるそれを「形(かたち)」と呼ぶ。文は形と意義とを有する，と表現することができる。「単語」は

「形」と「意義素」とを持っている，という。意義素とは単語に該当する音声を聞いた場合に，社会習慣によって反射的に我々が思い出す意識内容のうちの，社会習慣的に繰り返し現れる特徴のことをいう。それは，或物体の(全体ではなくその)特定の特徴に注意する(或いは，しようとする)習慣のことである，と表現することもできる。

　これが意義素の基本的な考え方である。

　私は，1970年代のはじめに意味分析・記述の共同研究に加わり，日本語の類義動詞の意味分析を始めた (その成果として柴田武・国広哲弥・長嶋善郎・山田進 (1976) がある)。その後，動詞のほかに名詞・形容詞・副詞などを含めた類義語の分析・記述 (国広哲弥・柴田武・長嶋善郎・山田進・浅野百合子 (1982) や多義語の意味分析 (本書第11章・第12章)をおこなってきた。また，『類語大辞典』(2002) を執筆・編集する過程で非常に多くの語についての意味記述をおこなった。これらの意味記述においては，特に意義素論にもとづくと明示していないことがあるが，いずれも(私なりの考えを加味したうえでの)意義素の考えを背景にしていたのであり，意義素による語の意味記述の有効性を確かなものとして再確認することができた。

6. 語の意味論

　現実世界のものごとは無数にあり，それに対応させられることばも数え切れないほどある。また，ことばが生み出すことのできる非現実世界はさらに多いかも知れない。そうした無数のことばがありうるのは，無限のことばが有限の要素から構成されるという考えで説明できる。これは生成文法に特徴的な考えで，チョムスキー (2014: 12) によると，「全ての自然言語は，書かれたものであろうが話されたものであろうが，この意味における言語である。なぜなら，個々の自然言語には，有限の数の音素 (あるいは，アルファベットの文字) があり，文の数は無限ではあるが，そのなかで各々の文はこれらの音素 (あるいは，文字) の有限列として表示されるからである。」という。

有限の音素から無限の文が作られるというのはその通りだといえるが、音素は意味の単位ではないからそうしてできた「有限音素列である文」そのものに「意味はない」。言うまでもなく、有限音素列には、意味をもつ単位があり、形態素、語、句、文などさまざまな「かたちと意味とが結び付いた、ことばの単位」があるが、そのなかでもっとも基本的な単位は「語」である[12]。

私は、語の意味についての意味論的な研究の分野を「語の意味論」ということにしている。近年「語彙意味論」という用語が一般化しつつあるが、私はこの用語を使わない。「語彙」は〈語の集合〉という意味に解することが一般的で、私の意味研究は語彙よりも語に焦点をあてることが多いこと、「語の意味」とは言うが「語彙の意味」は無意味表現に近いこと(「語の集合の意味」は、「語彙の音形」が意味をなさないように、意味をなさない)、などがその理由である。(ただし、「語彙」を「語」と同じと見る人が言語研究者のなかにもいるようで、「語彙」という用語の使用法に個人差があることは確かである[13]。)

7. 本書の構成

序章に続く各章の構成は大きく4部に分かれる。

---

[12] 「語」をどのような単位と考えるかはそれだけで大きな問題である。ここでは、「辞書の見出しになる可能性のある単位、すなわちあらかじめ記憶しておく必要がある単位」としておく。このような単位には「ことば・言語・スピーチ」「飲みほす・酔っぱらう」「まだまだ・もっと・もう」などの典型的な語だけでなく、「ろれつが回らない・くだを巻く」など形式的には句である慣用句や「酒に飲まれる」などの慣用句、「酒は百薬の長」などのことわざの類などまで含まれる。これらを「語彙素」という用語でまとめることもあり、本書中でその用語を使う場合があるが、ここでは、ひろくそうした単位も含めて「語」ということにする。

[13] 「語彙意味論」は、英語の lexical semantics の訳語として使われているが、lexical には「語に関する」という意味もあるので、「語の意味論」というほうがよい。ちなみに、文部省・日本言語学会・日本英語学会編『学術用語集　言語学編』(1997、日本学術振興会)で lexical は「語彙的」、lexical を含む多数の複合語例でも語彙的となっているが、lexical semantics だけは「語の意味論」としている。これは「語彙意味論」とすることを控えたためかと解釈できる。

第Ⅰ部「意味の本質」には7編をおさめる。第1章は私の意味研究の初期のもので，他の著作物を引用しないでエッセイ風に意味観を述べたもの。そのなかで「言語が現実のコピーであることはなく，それは現実が一定の観点を通して反映されたものではあるが…」と述べているところがある。その当時は「とらえ方」という言い方を意識しなかったが，それに通じるところがあるといっていいだろうか。

　第2章では，私の観点からの「認知」を重要な概念として，意味の要素とのかかわりを論じる。第3章は意味と概念についての先行研究をいくつかとりあげ，両者の関係をさまざまな角度から考えようとしたもの。明確な結論は得られていないが，「意味にしても概念にしても，その表現・説明・考察に「言語表現」を用いざるを得ないというところに，この問題の困難があるように思われる」という考えを述べる。

　第4章は「概念のとらえ方」という考えをはじめて明確に述べたもので，その考えをよりはっきりと展開したのが第5章である。第6章では，具体的な動詞の意味記述に即して，「連語論」の記述を批判的に検討しつつ，語の意味記述一般が進むべき方向を検討する。第7章は，「言語記号の意味」には「ある1つの概念を一定の観点からとらえる様式」が含まれることに加えて，「異なる2つ以上の概念を一定の観点から関係づける様式」が含まれるということを，多義語を例にして考える。

　第Ⅱ部「同義・類義・多義」は5編をおさめる。第8章は，言語表現の意味が同じとはどういうことか，文脈を限ったとき2つの言語表現が「同じに見える」ことがあるのはどうしてなのか，など同義性をめぐる問題を考える。第9章は，「類義語・類義性」という用語の使い方を確認しつつ類義語の認定基準について考える。

　数学・論理学などで用いられる形式言語には同義表現はあるが，「類義語」に相当する単位はきわめて少ないのに対し，自然言語には類義語が山のようにある。それはなぜなのかを探るのが第10章である。

　続く2つの章は多義に関するものである。第11章は格助詞「で」について，第12章は動詞「あがる」を中心に多義語の意味記述の問題を考える。

第Ⅲ部「意味記述の方法」も 5 編からなる。言語記述に用いる「メタ言語」をとりあげたものが多い。第 13 章は私の研究の初期の論考で、記述するときに使う意味特徴が、「言語の差異を超越した、普遍的な存在」ではなく、「個別言語の意味の記述は個別言語を使って記述できるのであり、またそうすべきである」とする。意味記述は基本的に、「ふつうのことば」で記述すればよい、あるいは、むしろふつうのことばを使わなければ記述できないと考えるものである。第 14 章は最近のもので、趣旨は初期のものと同じ。

　第 15 章は、感情の言語表現についてどのようなことが考えられるかを包括的に述べる。第 16 章は、ウレシイ・タノシイなど感情を表す語の記述方法について考えるもの。

　第 17 章は意義素による意味研究の歴史と意義について詳述する。「意義素論というのは、きわめて常識的な考え方だということがあらためて確認される。すなわち、形式化をおこなわず、特別の用語を多用せず、だれにでも納得できる考え方を示している」とし、「意義素分析および意義素論は単に回顧すればいいだけの存在ではない」と結論づける。

　第Ⅳ部「辞書と意味記述」は 4 編。第 18 章は、メタ言語の問題を辞書の意味記述と関連させて考えるもので、第Ⅲ部とも関連づけられる。第 19 章は、『類語大辞典』の編集方針に関する理論的問題を論じる。

　第 20 章は、一般の国語辞典が「見出し（形式）→語釈（意味）」という順序なのに対し、その逆はどうなるかを考えたもので、結局それはシソーラス形式の辞書になると結論づけたもの。以上の 3 編には『類語大辞典』編集の過程で辞書の意味記述について多くを考えたことが反映している。

　最後の第 21 章は具体的な意味記述で、形容詞「いい（良い）」をどのように分析すればいいかを詳しく論じたものである。

第 I 部

意味の本質

第 1 章

固有名詞と意味

　本章は固有名詞を出発点にして意味の性質を考えてみるものである。
　固有名詞と意味の関係についての議論は，大ざっぱにいって次の二つの考え方に分かれる。

　　〔主張1〕　固有名詞には意味がない。固有名詞は指示物を直接に表示するにすぎないものである。
　　〔主張2〕　固有名詞には意味がある。意味は指示関係と同一視することはできない。

　この二つの考え方を「徳川家康」を例に見てみよう。
　主張1を支持する議論は例えば次のようなものである。徳川家康についての知識は人により千差万別である。家康を専門に研究している歴史学者と名前しか知らない素人ではその知識がまるで異なる。にもかかわらず，歴史学者も素人も「徳川家康」という固有名詞を用いて同一人物を指示できる。この「指示関係」はどの場合にも同一であって，これこそが固有名詞の特徴であり，この他に意味のようなものを認めることはできないしその必要もない。
　主張2を支持する議論は次のようなものである。徳川家康についてはその名前しか知らない人が，「徳川家康」という固有名詞について知っている

ことは，これが「トクガワイエヤスという名を持った日本人」だということである。この知識は，歴史学者にも素人にも共通のものである。この共通の知識が「徳川家康」の意味なのである。この知識は，「徳川家康」を用いて同一人物を指示できるかどうかということとは独立のものである。

　私は主張2の立場をとる。その理由は以下に述べるところから明らかになるだろう。

　従来，「意味とは何か」について哲学者や言語学者が頭を悩まし様々な提案を行なってきた。彼らが苦労したのは，意味と言語外の世界との関係のつけ方であって，この相互関係をどう考えるかは，例えば上の二つの主張のどちらをとるかといった問題につながるのである。

　言語と言語外の世界との関係，すなわち指示関係を一応棚上げにすると，「意味とは何か」という問いは答えやすくなる。この限定をつけた場合，（特定言語の言語記号の）意味とは「その言語の話者の言語知識の一部である」とまず言える。言語知識には，専ら形式面に関与する音韻知識，文字知識，記号の配列に関与する統語知識，内容面に関する知識，言語使用の場面に関与する知識などの様々な知識が認められるが，意味はそのうちで専ら内容面に関与するものと考えることができる。しかし，これらの諸知識は互いに全く独立に存在するのではなく，いわば相互に絡み合った様相を呈することもあることに注意しなければならない。「音象徴」に見られる音韻知識と内容面との相互関係や，記号配列そのものに認められる「統語的意味」などはこの例となろう。

　特定の言語を使う社会の構成員がその言語を使うとき，その構成員は自分の言語知識が他の構成員のものと同じであるという前提を持っている。この前提がなければ，言語の主要な機能である伝達が不可能となるであろう。このように考えると，言語知識は，特定言語の話者のすべてに共通している（と想定される）知識だということになる。したがって，ある言語の言語知識がどのようなものであるかを求めるには，誰か一人の話者の言語知識を問えばよいことになる。この点について少し考えてみよう。

　まず言語知識の性質については次のような考えがある。

〔主張3〕 言語知識とそれ以外の知識とはまったく別のものであって，両者は連続していない。

　これは，人間の知識が言語に属するものとそうでないものとに峻別されるとする考え方である。この考え方にもとづく意味のとらえ方の一つは，意味を構成する要素が示差特徴に限られるとするものである。示差特徴は，特定言語の体系内において，ある言語記号を他の言語記号と区別するのに必要でかつ十分な条件を備えた要素のことであり，統語面，音韻面，内容面，その他言語に属する諸相において見出すことのできるものである。

　意味的示差特徴を「歩く」と「走る」という2つの動詞を例にして考えてみる。この両動詞はいずれも，〈手・胴体を使わず両足を交互に動かして平面上を前進する〉という特徴によって他の動詞(例えば「はう，よじる，いざる」など)と区別される。この両者は，さらに「歩く」に〈一方の足が進行平面に接してから他方の足が離れる〉，「走る」に〈一方の足が進行平面に接する前に他方の足が離れる〉という特徴を認めることにより区別される。ところで，この両動詞は「速く，ゆっくり」のいずれとも共起しうるから，示差特徴の観点に立てば，速度は両動詞の区別に関与しないことになる。つまり，速度の違いは，「歩く」と「走る」を区別する示差特徴ではないというわけである。一方，例えば，「泳ぐ」も速度が示差的ではない。この場合は，「泳ぐ」と速度に関して対立する語がないからである。このように，示差特徴の考え方は，ある言語記号が他の言語記号との区別に関与し，かつその区別がすべての場合に通用することを前提にしているのである。

　ところでわれわれは，「急いでいたので駅まで歩いていった」「時間があったので駅まで走っていった」を不自然だと感じるが，「急いでいたので近くの島まで泳いでいった」「時間があったので近くの島まで泳いでいった」は不自然でないと感じる。これらの文脈はいずれも〈速度〉が関与する文脈である。示差特徴の観点から言うと，「歩く，走る」と「泳ぐ」はどちらも〈速度〉に注目しないのに，一方が不自然で一方が自然である。このように非示差特徴が自然さを決める要因となることは珍しくない。「雪」における〈白

い〉も非示差的である（「雪，雹，霰」を互いに区別する特徴ではない）のに，「赤／青／黒い雪」は不自然ないしは特別のものと感じられる。一方，「花」について〈色〉は同じく非示差的であるが，「赤／青／黒い花」は何ら特別なところも不自然さも感じない。このことから明らかなことは，非示差特徴の中にも言語知識に属すると考えた方が良いものと，そうでないものとが存在するということである。

示差特徴は言語記号の体系内においてのみ成立するものであり，言語が言語外の世界とは異なるものである以上，当然言語知識に含まれるものである。ところが言語は独自の内的構造を有すると同時に，現実を反映するものでもある。もちろん，言語が現実のコピーであることはなく，それは現実が一定の観点を通して反映されたものではあるが，とにかく現実を反映していることに相違はない。主張3ないしは意味を示差特徴に限るという考え方はこの側面を無視していると言わざるを得ない。

われわれは主張3とは異なり，言語が現実を反映しているという面をも積極的に認めようとするものである。ところで，一般に言語記号のうち統語面に関与するものは，その数が少なく，極めて整然とした体系をなしている。このような場合には，互いの示差特徴を考えるだけで十分なことが多く，現実を反映する側面はむしろ考えにくい。これに対し，「歩く，走る」「雪」「花」などの行為や具体物を示す言語記号は，現実を直接に反映しているものであって，この面に関与する知識が言語知識としてとり入れられることが普通なのである。もちろん，この場合にも示差特徴は含まれている。主張3が言語知識を示差特徴に限ったのに対し，われわれはそれを含むより広い範囲までも言語知識と認めようとしているのである。

さて，言語知識はすでに見たように，特定言語のすべての話者に共通していると想定されるものである。示差特徴はその性質上，必然的に共通の知識となるが，その他の知識はそうした必然性を持たない。例えば，既に見たように，「走る」について〈一方の足が進行平面から離れる前に他方の足が離れる〉というのは示差的で共通の言語知識であるが，〈速い〉は示差的ではない。しかし，〈速い〉はわれわれの共通の言語知識だと感じられる。一方，「走る」

について，〈楽しい〉というのは個人差が著しく，共通の知識とは言えない。〈速い〉も〈楽しい〉も「走る」についての現実の一面を反映するものであるが，前者が言語知識に属し，後者がそうでないと言うことは，これらの特徴の性質から必然的に導かれるわけではない。これは，日本語でたまたま，「走る」について〈速い〉という点に注目し，〈楽しい〉という点に注目しないということを規約としているという理由によるのである。

この議論から明らかなように，言語知識は特定言語の話者に共有されていると想定されている社会的な規約である。このように個々人を離れた社会的な役割を持つのが言語であって，それはその言語の話者に一定の規約を強制する。一方，言語の使用は個々人によって行われるために，この規約に対する違反が常に生じる。要するに，一方で共通言語知識を保持し，そこに話者を引きつけようとする力が働いているのだが，他方でそこを逸脱しようとする力が同時に働いているのである。この力関係の中で，言語知識と非言語知識の境界は常にゆれ動いていると言える。仮に，日本語の話者の，ほとんどすべてが，「走る」という言語記号に〈楽しい〉という特徴を認めるとしたら，それは言語知識すなわち意味の一部であると言わねばならないのである。

これまでの議論から次のことが言えるだろう。

①個々人の有する知識の総体には非常な個人差がある。このうち，各人に共通でかつそれを示す一定の形式が社会的に確立している場合，それを言語知識ということができる。
②ところが，この共通性の度合は知識のすべてに一様ではなく，ある知識は 100%，ある知識は 90%，また他の知識は 60% といった割合で共有されているのである。
③共有される割合が低下すると言語知識は社会的規約としての価値が減ずるから，これを妨げようとする力が働く。この力は恐らく，言語社会内部の有力な個人ないしは集団によって行使されるものと考えられる。
④結局，言語記号が特定言語社会で価値を持つ限り，いかに個人差があると言っても必ず共通する言語知識を持たなければならない。そうでなけ

れば，「社会性」は保証されず，したがってそれは言語記号でなく，記号と言えるとしても臨時的なものにすぎないものなのである（例えば図形や数字のようなものは言語記号とは言えない）。

⑤言語知識に個人差が許容されるのは次のような理由によるものと考えられる。

（ⅰ）言語知識に個人差が見られるのは主としてその周辺部分においてである。周辺的な言語知識が重要な役割をする度合は，中心部分にくらべてかなり低いと予想されるから伝達に支障はない。

（ⅱ）伝達に際しては，話し手と聞き手は相互に「相手の意図するところを理解しようとしている」ため，仮に相手の言語知識が自分のとずれていると判断した場合，それを適当に修正してしまうのである。

（ⅲ）特定の言語記号についての言語知識が同一言語集団に属すると考えられるあるグループと他のグループとでかなりの差がある場合，この差はどちらか一方が排除されて一つに統一されるか，または併存するかどちらかの道をとる。後者の場合，（この場合は集団的な）言語知識の差が許容されていることになる。

　例えば，「気のおけない」は「あの人は気のおけない人だからつきあいやすい」のように〈気づまりではない〉ということであるのが通例だが，「あの人は気のおけない人だから用心した方がいい」と言う表現も聞かれることがある。この場合は〈気が許せない〉ということである。この用法の割合が極めて低い間は，「誤用」と言われ排除されるのだが，割合が高くなるとそれは一応「認知されて」前者の用法と併存することになる（もっとも「併存」は一方のグループについてだけ言えるのであって，もう一方のグループは初めから，〈気が許せない〉しか持っていないことになる。このとき他のグループは，〈気づまりではない〉というのと〈気が許せない〉のと２つ持つことになるが，前者に〈普通〉，後者に〈新用法〉といったレッテルを貼ることになる）。

われわれは固有名詞から出発して意味を上のように考えてきたのであるが，ここで再び固有名詞に戻ることにする。
　固有名詞についてはつぎのような考え方がある。「固有名詞の機能は，同類を構成するメンバーを互いに区別することである。例えば人名は人間という同類の互いを区別する。ところが普通名詞のイヌとかネコとかはそれぞれ異なった類を示すのであって，同類のメンバーを区別するのではない」というものである。これは通例，固有名詞と普通名詞の違いについてなされる主張である。はたしてその通りだろうか。
　なるほど，イヌおよびネコはそれぞれの類を示すことが可能である。しかし，これらはさらに上位の類の下位類であって，イヌおよびネコは「四足動物」という点では同類なのである。そしてまさにイヌとかネコとかはこの同類のメンバーを区別する機能を持っていると言えるのである。「同類」とは何かを規定せずに議論を行うことが無益であることは明らかであろう。
　ところが，「同類」は，あるものが同類であるかどうかの客観的判定基準が存在しない概念である。あるものごとが同類であると言えるのは，（誰かが）そう認めたからであって，客観的・必然的理由によって同類と見なされるのではない。例えば次のような場合を考えてみよう。国際会議に各国を代表して集まった人々は，「人間」という同類である。一方，それぞれの代表がそれぞれの民族を代表するものだとすると，これらは互いに異なる類を代表するものだと言える。そこで先の考えに従うと，「日本人」と「アメリカ人」は「人間」という同類を区別するという点では「固有名詞」であり，互いに他の民族を示す，即ち他の類を示すという点では「普通名詞」となるわけである。これを見れば，同類にもとづいて固有名詞と普通名詞をわけることにたいした意味のないことは明らかであろう。
　次によく主張されるのは以下のようなものである。例えば，「太郎」で示される指示対象に共通する特徴は何もなく，全く恣意的に特定の人物に「太郎」という名称が与えられたのであるが，「犬」で示される指示対象には共通する特徴（〈四足〉〈吠える〉など）がある。つまり，前者には意味がないが後者にはあるという議論である。

これはおかしな議論である。人間が千差万別であるのは犬にしても同様であって、「犬」に共通の例えば〈四足〉〈吠える〉という特徴があるとされるなら、「太郎」においても〈人間〉〈男〉〈日本人〉などという共通の特徴を認めなければならない。

　本章で規定した意味の概念を適用すると、「犬」も「太郎」も等しく意味を持つことになる。つまり、日本語の話者は「犬」についてと同じように、「太郎」についても共通のある言語知識を持っていると考えられるからである。人名についていうと、例えば

　　太郎，和男，明，実，久，徹

は、〈日本人男性の名前〉であり、

　　ジョン，ロバート，メアリ

は〈外国人の名前〉であることを多くの日本語話者は知っているのである。

　固有名詞の意味については次のような考え方も見られる。すなわち、任意の音連続、例えば「アッポ」を以て何かを示す固有名詞であるとした場合、これによって何が指されるのかは完全に予測不可能であるが、それは「アッポ」に意味がないからであると。

　この理由づけも妙である。われわれが「アッポ」の意味を予測できないのは、それに意味がないからと言うより、それに結びつけられるべき意味を知らないからにすぎない。例えば、次に挙げる諸形式は地名、植物名、動物名であるが、これらを見て、どれとどれが地名でどれとどれが植物名や動物名であるかを言いあてられる人は少ないだろう。

　　ツチグリ，アカゲ，タイラギ，ダルス，イトキナ，ガンガゼ，ソゾ，ソウロ，ヨメガカサ

これは、植物名・地名・動物名の順にそれぞれ繰り返して配列してあるのだが、ここでは固有名詞も普通名詞も区別なく等しく何を指すのか不明である。

　ところが、今挙げた例も、動物・植物・地名の専門家には「意味がある」

のであって，われわれに意味を持たないのは，これらの諸形式と意味との対応関係を習得していないからである。これらの諸形式が意味を持つのは日本語を話す社会の中の極めて限られた部分であるが，その範囲内では，これらも日常語と何ら変わらぬ機能を持つ言語記号なのである。このように，ある種の言語記号が特定の使用領域に限定されるということは特殊なことではなく，むしろ広く見られることである。文法関係を表示する機能語についての言語知識は，特定言語のほとんどすべての話者に共有されていると考えられるが，地名，人名などはそれぞれの地域ないし社会集団を中心にしてそのまわりに集まっているもので，特定言語の話者すべてに共有されていないことが普通である。

しかし，固有名詞でも「日本，富士山」など日本語の話者の共通の言語知識となっているものもあるし，普通名詞でも前述の動植物名の如く極めて狭い範囲内でのみ言語知識たり得ているものもある。すなわち，この点に関しても固有名詞と普通名詞との間に差はないのである。

ここまで「指示関係」を一応棚上げにしてきたが，以下それについて少し考えてみよう。

「指示する」とは「言語記号と外界の事物とを対応させる」ということである。例えば，目の前にネコがいて，それを「このネコ」と言えば，当該のネコと言語記号とを対応させたことになる。ところで，場面が異なると，前に「このネコ」で指示された指示物であるネコは，次に「このネコ」で指示されるネコとは異なる可能性が大きい。同じ時に異なる場面で「このネコ」が問題になるときは，この言語記号によって指示される指示物は必ず相異なるものである。ところがこの場合に，「このネコ」の意味が異なるということはできない。異なるのは指示関係そのものである。

このように指示関係は言語外のことがらに依存しているのであって，われわれがある場面で目の前にいるネコを「このネコ」といって指示できるのは，非言語的な知識（目の前にネコがいるということの知覚・認識）によるのである。

われわれはよく，「言葉は知っているが物は知らない」と言う。これは

「意味は知っているが指示はできない」と言うことと同じである。例えば私は「ムクドリ」という語を知っているが，その実物がどのようなものであるかは知らない。私が「ムクドリ」について知っている意味は〈鳥の一種〉という極めて貧弱なものにすぎない。しかし，ムクドリという語が現われる話を読んだり聞いたりする際に支障はない。そのようなときに，言語外の指示物と対応させる必要がないからである。もし，指示を必要とすることになれば困ることになるが，それはムクドリについての非言語的知識がないからで，その意味を知らないからではないのである。ただし，このように言えるのは，私と同様に「ムクドリ」について知っていることが〈鳥の一種〉ということだけである話者が他にもかなりいるということを前提にしている場合である。もし，私の属する言語社会の他の成員のほとんどがムクドリの実際についての知識を持っているとしたら，私は「ムクドリ」の意味を完全に習得していないことになるだろうが，実際にはそうした事情にないので上のように言えるのである。

　固有名詞についても全く同じことが言える。例えば私の交際範囲および知識の中には，「田中太郎」という人物がいないが，これが〈日本の男性で長男の名〉であるということは知っている。この先たまたま，この名を持つ人物と知り合いになれば，名前と人物とを一致させる，すなわち指示関係をつけられることになろうが，かといってそのときまで，私が「田中太郎」の意味を知らないということにはならないのである。

　われわれは本章冒頭の主張2で「意味は指示関係と同一視できない」と言ったわけであるが，これは上の議論から明らかである。しかし，指示関係が共通の言語知識になることもある。この場合は他の言語知識に加えて指示関係までもが意味に含まれるのである。例えば「太陽，月」などの指示物は唯一的であってしかもわれわれは皆それを承知しているのであるから，これを共通の知識とせねばならない。つまり意味に含めなければならないのである。ところで一般に，固有名詞は普通名詞にくらべて指示関係までも言語知識になりやすいと言えるのであって，両者の違いを求めようとすればこの点に求めるべきではないかと考えられる。

以上から，固有名詞と普通名詞の区別はそれぞれのある一面だけを強調することによってなされるものであって，固有名詞でも普通名詞的であったり，普通名詞でも固有名詞的であったりすることが稀ではないのであること，両者が違うと感じられるのは総体的に見ると固有名詞の方が個人差が大きくまた指示関係までも言語知識になりやすいことによっているのだということ，しかし両者に属する意味の性質は本質的には同じであること，そしてこのように言えるのは意味を共通の言語知識と考えることによっているのだということが結論として言えるのである。

第2章

見せかけの意味要素

1.「意味」の範囲

　意味を分析し記述する場合にいつも問題になることの一つに,「どこまでを意味として認めるか」ということがある[1]。これに対する考え方は様々であるが,方向としては大きく二つに分かれると言える。一つは,語の意味の範囲を言語内の条件だけにもとづいて出来る限り厳密に規定しようとする方向であり,もう一つは,語の意味は社会習慣的特徴からなるものでその範囲は厳密に規定出来ないし,もともと不確定さをもつのが意味であるとする方向である[2]。

---

[1] ここで言う「語の意味」は,厳密には「発話のレベルに属する,語の意味」に対する「文のレベルに属する,語彙素の意義」に相当する。本章では「意味」を,厳密な意味での「意味」と「意義」のいずれをも示しうるものとして使う。両者の区別の必要がある場合は文脈によって示されるはずである。

[2] 前者の考えかたの例としては,「弁別的【示差的】特徴説」がある。すなわち,「ある語の使われかたを他の語と区別するのに必要な特徴を「示差的特徴」(distinctive feature) と呼ぶ」(池上嘉彦 1975: 83) のであり「語 (または後にもっと厳密に規定するように語彙素) の意味とは,その語 (または語彙素) の使われかたを規定する条件であって,示差的特徴によって構成される構造体として表わされる。」(p. 93)。後者の考えかたの例としては「意義素説」がある。すなわち,「「意義素」とは,単語の「かたち」(音声的側面) と連合した意

この事情を具体例について見てみよう。前者の方向の考えかたは，動詞ハシルの意味をほぼ〈胴体を使わず足を交互に動かし，一方の足が進行平面から離れる前に他方の足が離れるようにして，進行する〉と規定するだろう。〈一方の足が進行平面から離れる前に他方の足が離れるようにして〉という要素は，アルクと区別するために必要であり，この要素と残りの要素とによってハシルが他の語から十分に区別される。「速度」は無関係である。なぜなら，「速く」「ゆっくり」という両極的な速度を示す副詞が両動詞に区別なく使われるからである。この分析は，ハシルの動作主体が〈人間〉である場合には一応有効であるが，ハシルの他の用法の説明には全く役にたたない。例えば，犬の足の動き方がどうなっているのかを正確にとらえることはむずかしい。また，ネズミなどの小動物がハシルのを見るときに，われわれはその足の動きに注目しているとは考えられないので，この分析の妥当性はますます低くなる。もっと悪いことは，こうした動作様態だけを取りだす分析は，乗物が主体となるハシルの用法と関連づけることが出来ないということである。
　一方，後者の考えでは，「速度」を有意的な意味要素として扱うことになる。この場合，動作様態に関する意味要素の他にハシルには〈アルクより速い〉という要素が認められる。この要素の趣旨はより正確には次図によって示される。

味的側面のことで，「意味」における社会習慣的特徴から成る」（服部四郎 1968b: 318）のであり「意義素は，外延ばかりでなく，内包（intension, i.e. connotation）にも関係し，その内包が客観的事物とは関係ない言語で表現される民間伝承的知識その他によって豊富となっている場合があり，また「人間（人生）にとってその事物の有する意味」もそれを指し示す単語の意義素の重要な要素をなす」（服部四郎 1974: 18）のである（これに関連して 2 節の引用文をも参照）。また，近年提唱されている「原型意味論（prototype semantics）」は後者の方向の考えかたである（注 6 参照）。

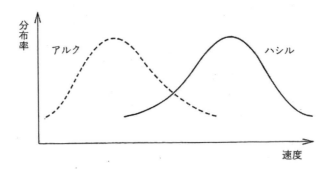

　すなわち，多くの場合にハシルほうがアルクより速いが，ときにはアルクほうがハシルより速いこともあるということである。さらに重要なのは「歩きらしい歩き」の速度が「走りらしい走り」の速度を越えることがないということである。乗物は一般に人間がアルクのより速く進むから，ハシルと言うわけである。このように「速度」を取りだす分析であれば，ハシルの諸用法をより自然に説明できる。

2. 「大多数の人に共有されている」意味

　上述の二つの考えかたのうちの後者の考えかたに問題点が無いわけではない。それは，どこまでを意味と認めるべきかの厳密な基準がないために生じるものである。厳密な基準は無いけれども，何でもかんでも意味に含めるわけでないことはもちろんである。例えば次のような基準がある。

> 　語が使用者の心に喚起する内容は個人個人で大きな差があり，その中から§2.2.1で述べた意味での「大多数の人々に共有されている」という基準で意義素を抽出する。(中略) 意味というものを弁別性というような機能面に限らず，我々がある語を使用する際に喚起される心的内容という面から捉えたいと考えているのである。したがって外側の限界を決める基準は服部四郎 (1968a: 40, fn.3) に述べられているように，'distinctive'〈弁別的〉でなく'relevant'〈関連のある〉という特徴であることになる。

'relevancy'〈関連性〉ということになると，それを明確に「あるかないか」という形で決めることが難しい部分が出てくる。たとえば「猿」について〈木登りがうまい〉ということを意義素の中に含めるか否かについては，おそらく万人の意見の一致を見ることはないであろう。この場合厳密には百分率で記述することになる。「猿」について〈人真似をする〉という特徴を認めるか否かについては，また異なった百分率を得ることになろう。このようにして，外縁の不明確な部分は百分率の高いものから低いものへと順序に並べて行くのが，厳密に記述する場合の方法ということになる。百分率が何パーセントになったら意義素として認めることをやめるか，ということは決めにくい[3]。 （国広哲弥 1982: 54–55）

ここに述べられた基準を文字通りに適用すると，われわれの直観に反するようなものも意味に含まれるということが生じる。例えば，ハシルに〈アルクより疲れる〉という「疲労度」に関する意味要素を認めなければならなくなる。別の例でいうと，ヤマについて「ヤマの中で富士山が日本一の高峰だ」とか「世界一の高峰はエベレストだ」とかいった情報は大多数の人が知っていることであるから，これらもヤマの意味の一部だということになる。

これはどうも不都合である。「語が人の心に喚起する内容で大多数の人に共有されているもの」という意味の規定はもう少し限定する必要がある。語の意味は確かに，社会習慣として習得されるべき知識であるが，それは「言語の意味現象にかかわりをもつ」ものでなくてはならない。「日本一の高峰は富士山だ」とか「世界一の高峰はエベレストだ」とかいう情報は，普通名詞ヤマの用法のいずれかの意味現象に関与する限りにおいて，ヤマの意味の一部であると認められよう[4]。

---

[3] ここで'relevant'は〈関連のある〉という意味だとされているが，服部四郎 (1968a: 40, fn.3) によると，「社会習慣的特徴として問題になる」の意である。

[4] ある要素が「意味現象にかかわりをもつ」か否かを決めることは実際上はかなりむずかしい。比較的はっきりしている場合としては次のものが考えられる。「水はツメタイ」というわれわれなら誰でも経験的に知っている知識は意味現象にかかわりをもつ。例えば，ツメタイと対立するアツイが「水」とは意味上相容れないということにそれが現れている。

3. 「大多数の用法に共通する」意味

　前節で述べたのは「大多数の人に共有されている」という見地から語の意味を規定しようとすることについての問題点であったが，ここでは「大多数の用法に共有されている」という見地から語の意味を限定するということについて考える。

　動詞ミオトスはその用法をみわたすと，典型的な場合に，その対象は〈集合体の一要素〉であることが認められる。例えば，「誤植」「(値札に並んでいる) ゼロ」「答案の誤り」などである。誤植は誤植を構成する活字の集合体，ゼロは数字の集合体，答案の誤りは答えの集合体のそれぞれ一要素である[5]。したがって，

　　目印になる木が途中にあった筈なんだけど，ミオトシタらしい

は，「その木のまわりに同じような木がたくさんある場合であり，その目印の木が一本だけポツンと立っているような状況では，ミスゴスとは言えてもミオトスは使えなくなる。」

　　　　　　　　(以上のミオトスの議論は国広哲弥他 (1982: 55–56) による。)

ところが，「水は H_2O という物質である」というのは大多数の人が共有していると考えられる知識であるが，これが「水」の用法のいずれかにかかわることはないと思われる。本文中の「日本一の高峰は富士山だ」という知識が意味現象とかかわるかどうかは微妙である。清酒のコマーシャルに「山が富士なら酒は白雪」というのがあったが，これを理解するのには「日本一の高峰は富士山だ」という知識が必要となるという点で，これが意味現象とかかわると言えなくはない。一方，「エベレストが世界一の高峰だ」というのは意味現象にかかわらないようである。

[5]　国広哲弥他 (1982: 55) ではミオトスの対象をそれと〈同類のものから成る集合体の一要素〉であると規定している。これを厳密に受けとると，例えば，「誤植」は「誤植と同類のものから成る集合体の一要素」ということになり，このような集合体は「誤字・脱字だけからなる文章」ということになってしまう。この場合の「同類」は「対象と同類」なのではなく，「要素どうしが互いに同類」ということである。それはともかくとして，「同類」という規定はなくてもよさそうである。「集合体」というものがそもそも何らかの意味で「同類のものの集まり」だからである。なお本章では同書のミオトスの意味分析を批判的に検討しているが，この分析には私も参加しており，当時はそれが妥当なものであると考えていたということを是非とも述べておかなくてはならない。

ところが，この例で木が一本だけ立っている場合にもミオトスと言えるとする人が少なくない。また，

> 部屋の中をくまなく捜したつもりだったが，机の上の灰皿をミオトシテいたらしい。

という例で，「灰皿」を何らかの集合体の一要素と考えることはむずかしい。

さて，以上のどちらの場合においても「AがBをミオトス」は〈A［人間］がB［Aの視野の範囲内に入ったもの］の存在に気がつかない〉ことである。これらの「用法の差異」を説明する方法は二通りある。一つはミオトスを多義語であると考え，「誤植」などが対象となる場合の意味と，「ポツンと立っている一本の木」などを対象とする場合の意味とは別のものであり，前者の意味にだけ〈Bは集合体の一要素である〉という意味要素が含まれているとするものである。もう一つはミオトスは単義で，〈集合体の一要素〉という意味要素はミオトスの意味とは独立の事情により付加されるものにすぎないと考えるものである。すなわち，この要素は

> 任意の対象は，その対象とその周囲の対象との対比が強ければ強いほど認知しやすく，対比が弱い，ないしは連続的に移行していくようなものであればあるほど，認知しにくい。

という，人間の一般的で非言語的な認知機構に関する制約にもとづいているものだと考えることが出来る。「対象が集合体の一要素である」場合はそれだけ認知しにくくなるからミオトス可能性が高くなるというわけである。つまり，この〈集合体の一要素〉という意味要素は，上記の一般的制約から推論される意味要素であってミオトスに固有の言語意味には含まれないと見るべきであると考えるのである。以上の二つの説明法のうち，われわれは後者を取る。前者はまず第一に，ミオトスがわれわれには直観的に単義であると感じられる，すなわち「誤植をミオトス」と「（一本だけの）木をミオトス」の二つのミオトスが別義であるとは感じられない，という事実の説明に窮する。次に，このような考えかたでは，ある語にその用法の一部に適用されな

い意味要素がある場合，その数に応じて多義となることになってしまう。

　ここで一つ注意すべきことがある。それはある意味要素が，多くの場合ないし典型的な場合にのみ現れるからといって，その要素が必ずしも付加的なものだとは限らないことである。こうした要素のうちにも固有の言語意味に含まれるものがあることはもちろんである。例えば，動詞コエル（越）は「AがBをコエル」という構文で使われ，〈A［人間・動物・物体］がB［Aの進行方向にある場所］の上を通過して先へ進む〉ことを示す。そして「BはAの進行を妨げる障害であることが多く，典型的には凸状を呈する」（国広哲弥他 1982: 278）。この場合「BはAの進行を妨げる障害であることが多い」という要素は〈　〉内の意味要素にもとづいて推論することはできない。したがって，この要素はコエルに固有の言語意味の一部とすべきである。一方，われわれは経験則として「進行を妨げるものは，凹状よりも凸状のものの方が多い」ということを知っているから，この経験則と，いま述べた意味要素とから，「Bは典型的に凸状を呈する」という要素が推論できる。したがってこの要素はコエルに固有の意味要素とする必要はない。固有の言語意味と一般則ないし経験則にもとづく推論から得られるこうした意味要素は，多くの場合ないし典型的な場合に現れるものでありながら，本来の言語意味に属さないものだから，いわば「見せかけの意味要素」とでも呼ぶことができる[6]。

---

[6]　典型的な用法に認められる意味要素でも本来の言語意味にふくまれないことがあるという考えは Coleman and Kay (1981) に述べられている。彼らはまず，「原型性 (prototypicality)」と「典型性 (typicality)」とを区別することを提案する。C&Kによると，

　　意味の原型とは語や句を言語以前の認識の図式ないしイメージに連合させるものである。話し手はある対象（あるいはその内的表示と言ってもよい）がこうした意味の原型にどれくらい適合しているかを判定する能力を持っている……。(…a semantic prototype associates a word or phrase with a prelinguistic, cognitive schemata or image; and that speakers are equipped with an ability to judge the degree to which an object (or, if you prefer, the internal representation thereof) matches this prototype schema or image.)

(p. 27)

例えば，英語 'lie'「嘘」の意味の原型は3個の要素によって与えられる。つまり，「まともな」嘘の場合，話し手 (S) が相手 (A) に，ある命題 (P) を主張する。この場合，
(a) Pが偽であり，
(b) SはPが偽であると考えており，
(c) Pを発話する際にSはAをだまそうと思っている。

これに似たものに「推論的意味」というのがある。

　なお通例'shoot at him'は上記の三つの用法【(ⅰ)〈銃砲あるいは連発式ピストルでねらいをつけ，発射する〉〈弓でねらいをつけ，矢をはなつ〉(ⅱ)〈砲弾，銃弾，矢などを当てる〉(ⅲ)〈そうすることによって（人，動物などを）傷付けたり殺したりする〉―山田】に用いられるが，'shot him'は(ⅱ)と(ⅲ)の用法にしか用いられない。(ⅰ)は銃砲を発

すなわち，原型的な嘘は，意図的で(b)，人をだまそうとする(c)，虚偽(a)によって特徴づけられる。(…a 'good' lie, where the speaker (S) asserts some proposition (P) to an addressee (A):
(c) a.　P is false.
　　b.　S believes P to be false.
　　c.　In uttering P, S intends to deceive A.
The prototypical lie, then, is characterized by (a) falsehood, which is (b) deliberate and (c) intended to deceive.)　　　　　　　　　　　　　　　　　　　　　　(p. 28)

ところで，「嘘は典型的には，非難されるべき行為である (typically lies are reprehensible acts)」(p. 35) が，C&K はこの要素を意味の原型から排除する。原型的要素と典型的要素との区別に関しては，2通りの考えかたがあるとされるがそれは，

(a) 原型的性質は語の意味に関してある役割を演じるが，典型的性質はそうした役割を演じない，という考えと，(b) 原型的性質も典型的性質も語の意味に関して役割を演じるが，その役割は異なったものである，という考えとである。我々は (a) の考え方をとる。(中略)どちらの考えでも性質に区別があるということについては意見が一致している。異なるのは，この区別が言語にとって有意的な性質と，（大切ではあるが）言語にとって有意的でない性質との区別であると言いたいのか，それともこの区別が二種類の，意味を規定するに際し異なった役割を演じる，言語にとって有意的な性質に関するものであると言いたいのかの違いである。(We could then say either (a) that prototypical properties play a role in the meanings of words, while merely typical properties do not; or (b) that prototypical and typical properties both play roles in the meanings of words, but different kinds of roles. (…) In both cases, there is agreement that the distinction is real. The disagreement concerns whether we want to say that the distinction is one between linguistically relevant properties and (important but) linguistically irrelevant ones, or that it concerns two kinds of linguistically relevant properties which play different roles in determining meaning.)　　　　　　　　　　　　　　　　　　　　　(p. 37)

C&K はこれら二種類の性質を区別する具体的な基準を示してはいない。本章では，C&K の言う典型的要素のうちには語の固有の意味（C&K の原型的要素にもとづく意味）とそうでない付加的な意味とがあるとし，両者を区別する基準を求めようと考えているのである。なお，「嘘」の「非難されるべき行為」という要素は，原型的意味要素の「人をだます」という要素の中に既に含まれていると見ることが出来るから，独立の意味要素とする必要はない。

射したことだけを表しており，弾丸が目標に当ったか否か，さらに傷付けたか否かについては何も言っていない。したがって "I shot at him, but missed."〈奴を目がけて射ったが，当たらなかった〉と言える。(ⅱ)の用法は，「何かをねらって射ったのなら当たるのが普通である」という推論に基づいて生じたものである。(ⅲ)はさらに，「弾丸が当たれば，普通は相手を傷付けたり殺したりする。それが射つことの目的なのだから」という推論に基づく意味である[7]。　　　　（国広哲弥 1982: 117）

　この推論的意味は意義素を構成する意義特徴に含まれるものとされているが，本章の考えかただとこの要素は 'shoot' の意味には本来含まれないものということになる。この「推論的意味」に似たものに，いわゆる「会話の含意 (conversational implicature)」があるが，これは「発話の意味」の一種であって，語彙素のレベルでの意味要素とは区別されるべきものである。
　一方，語彙素のレベルでの現象で類似のことがらに，「意味の重複性 (semantic redundancy)」がある。ある意味要素が他の意味要素から推論されるという意味で「重複的」なものである場合，この要素は語彙素の意味に含める必要はないのであり，語彙素の意味構造とは独立の意味規則，すなわち「重複性規則 (redundancy rule)」によって語彙素の意味に付与されると考える。

　　辞書は辞書記載事項【形態素の意味表示】，すなわち統語部門のレクシコン【統語的・音韻的・意味的情報の集合体】内における，当該言語の有意味な項目の表示である語彙項目【語彙素】のそれぞれに対する辞書記載事項の完全な一覧と我々のいわゆる『意味の重複性規則』からなる。こう

---

[7] この引用文の「推論的意味」は Nida (1975: 38) の 'inferential component of meaning' の考えかたにもとづいたものである。Nida の考えも本章の考えかたとは異なる。Nida によると「推論的意味成分とは，言語表現の使用において推論されることがあるが，義務的で中核的な要素とはみなされない意味成分のことである。(The inferential components of meanings are those which may be inferred from the use of an expression, but which are not regarded as obligatory, core elements.)」。Nida はこの 'inferential component' を 'diagnostic components'〔= 'distinctive features'〕と考えているので，本章の考えとは相容れない。'inferential components' が 'diagnostic features' であるとすると，Nida の定義は矛盾した定義だということになる【「発話において推論されうる，義務的でない要素」だと考えているから—山田】。

した意味の重複性規則により辞書記載事項を簡潔に表現できるのだが，それはこの規則によって，ある語彙項目の読み【意味表示】に生じる意味標識のうちから，その同じ読みに生じるある意味標識にもとづいて予測しうる意味標識を除去できるからである。(The dictionary consists of a complete list of dictionary entries, one for each lexical item in the lexicon of the syntactic component that represents a meaningful item of the language, and a list of what we may call semantic redundancy rules. These serve to simplify the formulation of dictionary entries by allowing us to eliminate any semantic markers from a lexical reading whose occurrence is predictable on the basis of the occurrence of another semantic marker in the same reading.) (Katz 1972: 44)

　この引用で明らかなように，重複的意味要素は記述を簡潔にするために語彙素の「意味表示」から除かれたものであり，本来は語彙素の意味に含まれているものである。さらに，これら重複的な意味要素はある段階で必然的に語彙素の意味に付与されなくてはならないということからも，これらが本章で言う「見せかけの意味要素」とは性質を異にするものであるということが言える。

4. ハシルの意味

　こうした考えかたで上に述べたハシルの意味を見なおすと〈アルクより速い〉という要素はむしろ固有の言語意味で，「足の動かし方」に関する要素は見せかけの意味要素であるとすら言えそうである。まずアルクは〈足を交互に動かして普通の速度で進行する〉ことであり，ハシルは〈アルクより速い速度で進行する〉と規定される[8]。すると，ハシルの意味要素と「早く進行する

---

[8] ハシルの意味に「足の動き」の要素を入れなかったのは，本文中で述べるように，この要素が他の要素から推論しうることがその理由の一つであるが，もう一つは次のような事情を考慮したためである。すなわち，生物以外のものが動作主体となる場合，足の動きが問題にならないからである。これに対し，アルク場合は主体の如何にかかわらず常に足の

ためには，足を早く動かすか，歩幅を広くするかである」という経験則とから，典型的なハシリは「足を速く動かし，歩幅を大きくとるのにもっとも適した足の運びを行なう」ものだということが推論される。ついでながら，2節で述べたハシルの「アルクより疲れる」という要素は見せかけの意味要素である。すなわち，ハシルのは〈アルクより速い〉から，足を早く動かしたり，歩幅を広くしたりすることになる。これは運動量が増大することであるから，ハシル方が「疲れる」ということになる。

　ハシルには，人間・動物・乗物など「自力で進行可能なもの」以外のものが動作主体となる用法もある。

　　道（鉄道・運河・パイプライン）が東西にハシッテイル。
　　光（稲妻）がハシル。
　　感情（悪事）にハシル。

　これらの用法におけるハシルの意味は，人間などが主体となる場合の意味とは一応独立ではあるが無関係なものではないと考えられる。このことを説明する方法の一つとして，「これらの意味は，人間などが主体になる場合の『基本的意味』から転用された意味である」とする考えがある[9]。この「転用」というのは上述の「推論」とは異なる。すなわち，推論は「pならばqである（ことが期待される）」という一般的形式をもつが，転用は「偶発的・個別的」性質をもつ。なぜなら，任意の語の意味が与えられたとき，それが転用されるかどうか，またどのように転用されるかが，個々の語によって「社会

動きが関与する。自動車が人のアルク速度で進行する場合，「自動車がアルク」とは言わない（この場合「自動車がウゴク」と言う）のは，アルクが〈足をもったもの〉だけを主体にとることの現れである。

[9] 柴田武他(1979: 120-121)ではこれらの転用法をそれぞれ次のように説明する。道（鉄道・運河・パイプライン）は「いわば主体が「ハシッタ跡」のように〈直線的〉に延びていることを示す。ハシルことは〈早く前進する〉ことであるから，その跡が直線的になるのが普通である」。光（稲妻）は「地上でなく，空間を〈速く移動〉する」。感情（悪事）の場合は〈性急に〉〈好ましくないもの〉へと〈移動〉してそれに身をゆだねることである。すなわち，「抑制を欠いた性急な」行動であり，その点を〈速い行動〉であるハシルで表現したのではあるまいか」。

習慣的に」決まっているからである[10]。

5. 結論

　語の意味に関与する意味要素を求める際に，言語内の条件だけにもとづいてその範囲を厳密に規定する基準を設定すると，不都合な問題が生じるが，一方そうした基準を設定しないで社会習慣的なものをすべて意味要素と考えるのにも問題点がある。社会習慣的な，つまり大多数の人に共有されている知識のうち「言語の意味現象にかかわりをもつ」ものだけを意味要素と認めるべきである。これらの意味現象にかかわりをもつ要素の中には，ある要素から一般的・非言語的知識ないし経験的・非言語的知識にもとづいて推論されるものがある。これらは，確かに意味現象にかかわるものではあるが，語に固有の意味には含まれない「見せかけの意味要素」であるからこれも（本来の）意味要素とすべきではない。要するに，「語の意味の範囲」はこうした二重の制約によって限定されていると考えられる。

---

[10] 転用の様式が個々の語ごとに異なるのでなく，比較的広範囲の語に共通する場合もある。例えば，「温度・成績・物価がアガル／サガル」「都にノボル／都オチ」「ノボリ列車／クダリ列車」「天気がノボリ坂／クダリ坂だ」など本来は上下方向を持たないものに，こうした上下方向移動動詞が使われるのは，「上方向はプラス，下方向はマイナス」ととらえるというわれわれの認識様式が反映されたものと考えることが出来る。同様のことが英語についても見られる。Lakoff and Johnson (1980: 15) によると，「嬉しさは上向き，悲しさは下向き（HAPPY IS UP; SAD IS DOWN）」というとらえかたをするゆえに，"I'm feeling up." 「浮き浮きした気分だ。」"My spirits rose." 「意気が上がった。」"I'm feeling down." 「気持が沈んでいる。」"My spirits sank." 「意気消沈した。」などと表現するのだという。この種の認識様式は，本文中で述べた認識様式とは異なり，広範囲の語に適用されるといっても，適用のされかたがなお個々の語によって少しずつ異なるということに注意すべきである。

第 3 章

意味と概念とをめぐって

　意味と概念については古来数多くの議論があり，すこし頭をひねったぐらいで明確な答えをだすことはできない。本章は，問題となりそうなことをいくつか取り上げて模索の手がかりをつかもうとするものである。
　意味と概念との関係については論理的に次の可能性が考えられる。

Ⅰ　意味と概念とは等価でない。
　　すなわち，意味と概念の関係は，
　　　　a　互いに別個の存在で共通点を持たない。
　　　　b　互いにその一部が重複する。
　　　　c　概念が意味に含まれる関係である。
　　　　d　意味が概念に含まれる関係である。
Ⅱ　意味と概念とは等価である。

　この分類は，それぞれ，「意味」と「概念」とをどのようなものと考えるかの違いに対応している。
　言語学者が意味と概念について考えたものも上のどれかに属する。

　①「語の「意味」記述は，「個物(実体)」の説明ではない。また，多くの個

物の特徴を一般化し，抽象化した「概念」についての説明でもない。語の「音形」と結びついているのは，ソシュールが言うのとは違って，概念（concept）ではなく，意味（語義）だと考えている。」（柴田武 1982a: 10）
②「新概念に応じて新語が作られた場合，その語の意味が概念と完全に同一のままで用いられ続けることはまれである。多くの場合，その使用者，使用場面などに片寄りが生じ，それがその語に特定の文体的特徴を付け加える。たとえば，'nibling'が新造されても，それはおそらく文化人類学者のみの使用語にとどまるであろう。そうしてその語は「学識語」という文体的特徴を帯びることになるだろう。こうして，概念と意味は重なってはいるが，まったく同一ではあり得ないことにより，概念説は不十分と言わなければならない。」（国広哲弥 1982: 8-9）
③「意義素は，その語義的要素の一部として，上に定義した『概念』を含む」（服部四郎 1974: 24）
④「語の意味は概念構造の表現である。すなわち，言語情報と非言語情報が共存するレベルとは別個のレベルであるような，語の意味の純粋に意味的なレベルだけに充当される心的表現形式は存在しない。」(…word meanings are expressions of conceptual structure. That is, there is not a form of mental representation devoted to a strictly semantic level of word meanings, distinct from the level at which linguistic and nonlinguistic information are compatible.)（Jackendoff 1983: 110）

　①〜④はⅠa〜dに対応する。Ⅱに相当する考え方として，ソシュール（1972）や Sapir（1921）が引かれることがあるが，これらは語の音形に結びつくのが概念であるとしたうえで概念について述べているものであって，「意味」には直接言及していない。
　ところで上の分類は，意味と概念との相対的な関係について述べているものであって，両者の絶対的な内容とは一応独立のものである。
　概念とは何かについては意味についてと同様，一致した見解がない。上記①の著者の概念についての考えは引用部分に示されているように，「多くの

個物の特徴を一般化し，抽象化したもの」である。②の著者は上記引用文献では概念を定義していないが，別のところで，哲学の立場の概念のとらえ方にふれて，「つまり上の引用では「冷たい」と「冷たさ」の間に共通して横たわる1つの概念があるというふうに考えられている。概念とはそもそも「ある共通の属性を抽象したもの」であるからである」（国広 1980: 222）としている。①，②の著者の考え方は，論理学で言う「内包」に近いものと言えよう。

③の引用部分の「上に定義した『概念』」は「事物そのもの（それについて語られることを除く）に関する表象内容の総体」であり，「事物そのものの直接経験から来る表象内容（たとえば，犬の鳴き声の聴覚心像，りんごの大きさ・形状に関する視覚心像，等々）より成る」（服部 1974: 23）とされる。これは，いわゆるイメージをも含むものである。

④の著者は「概念構造 (conceptual structure)」という言い方はしているが「概念 (concept)」という言葉は意図的に避けているようである。Jackendoff によると，人間に直接認識することができるのは，超人間的に存在すると考えられる「実在界 (real world)」ではなく，「人間の精神が映し出した世界 (projected world)」である。この世界を表現するのが，「心的情報 (mental information)」すなわち「概念構造」である (the mental information, or conceptual structure, that gives rise to the projected world) (Jackendoff 1983: 31)。したがって，この著者の「概念構造」は「概念の構造」ではなくいわゆる「概念」に相当するものと言える。

①，②の著者は概念を「客観的」なものと考えている。いわば，既に外在する事物の諸特徴から抽出されたものととらえている。この意味で概念は「普遍的」となる。一方，③，④の著者は概念を「主観的」なものと考えている。それは人間の「心に映し出されたもの」で人間を離れて外在するものではない。この概念は主観的ではあるが，「社会習慣のように民族ごとに異なることなく諸民族に共通のはず」（服部 1974: 23）であり「われわれがみな，類似の精神構造をもった人間であるということで，広範囲の実際的な例において，われわれのとらえた世界がたいていの目的に対して矛盾なく共存

し得ると言える」(…the fact that we are all human beings, with similar mental structure, guarantees that in a vast range of useful cases our projections are for most purposes compatible.)(Jackendoff 1983: 31) ことから，ある意味で「普遍的」だと言える。

「主観的概念」は「心的(mental)」な存在である。「客観的概念」にしてもそれを人間の精神がとらえたところのものはやはり心的な存在である。こうした「心的存在」は「実証不可能」なものとして議論の対象とすべきではないという考えがある。

⑤「「机」という語を聞くと机の概念が思い起こされ，机を思い浮かべると必要に応じて「机」という語が呼び起こされて使われる，というふうに，語と結びついた概念の存在を認めたとしても，この種の概念が日常の言語活動で何かの役割を演じていると証拠立てるものはない」(…even if we grant that there are concepts associated with words, such that…when I hear the word 'table', the concept of a table will come into my mind and, if I think of a table, the word 'table' will be called up for use as required, there is no evidence to show that concepts of this kind play any part in ordinary language-behaviour.) (Lyons 1977: 113)

この種の証拠をまとめるには「内省(introspection)」にたよる他はないが，その内省があまりたよりにならないのだとLyonsは主張する。

実証困難ということに関連する考えに次のものがある。

⑥「意味の定義は操作可能な(operational)ものであることが望ましい」
(安井稔 1983: 29)

安井によると操作可能とは「一定の決められた方式に従ってある操作を繰り返すと，問題になっている語の意味が得られるとか，その定義にもとづいて，次の段階の意味論的考察を推し進めてゆくことができるというふうになっている」ことで，例えばdogを「dogという語によって指し示されるものに関する概念である」とした場合「この定義は間違っていると思われる

が，仮に間違っていないにしても，それは行きどまり的であり，それをばねとして，従来不明確であった意味論的概念が明確になるとか，それに基づいて新しい意味論の展望が開けて来ることはない」(pp. 29-30)。

⑤や⑥の考えにしたがうと，概念は実証も操作もできないものであるから，意味と概念をなんらかの意味で結びつける考えはどれでも失格ということになる。また，「意味」を心的存在と考えるならば，それもまた実証も操作も出来ないということになりはしないか。

心的なものを実証不可能だとして斥けるのは妥当でないと思う。内省と観察とによって得られたものを考察して得られた結論を排除するのは「科学的」とは言えない。そもそも，われわれに認識されるところのもので，どんな点から見ても「心的でない」ものがあるのだろうか。意味を定義して「ある記号 S の意味とは，あるものが，その記号 S によって正しく指示されるために満たしていなければならない条件である」(安井 (1983: 45) が，「極めて優れた」意味の定義だとして引用しているもの）というのは，一見「客観的」存在である。これが正しいとしても，意味の獲得，意味の理解といった「心的作用」となんらかのかかわりがあるはずで，どのみち「心的存在」を考えなくてはならない。

「客観的条件が同一であった場合にも事物に対する認識の仕方が人によって異なり得る」というのは日常しばしば経験することである。一方，われわれは通常「コミュニケーションが可能である」という前提に立って行動しているのであり，実際にそうなるかどうかは別にしても「適当な手段を用いれば他人と同一の認識に達し得る」との想定のもとに行動しているとも言える。個々人が事物に対して得る認識はそれぞれに異なり得るであろうが，その認識に至る認識作用の過程を律する形式（「認識の文法」とでもいうもの）は各人に共通のものであろう。このような個々人の得た認識は個々人の心中に何らかの形で存在しているはずである。それがどのような形で存在しているのかは直接観察できない。とにかく，われわれは，個々の認識を相互に関連づけたり，記憶に蓄えたり，取り出したりという「処理」を行なっているものと想定できる。このような処理の対象となるところの心的存在を〈概念〉

と称することにしよう。心中における〈概念〉の形がどうであるかは分からないが、少なくともそれは互いに弁別し得る状態で心中に表示されていることを要するだろう。

運動選手などが「技を体で覚える」ということがあるが、こうした「コツ」が心中に言語で表現されているとは考えにくいし、実際それは「曰く言い難い」ものである。しかし、コツを身につけた当人はそれをはっきりと自覚できるのである。この種のものも、〈概念〉に含めて考えよう。

〈概念〉をこのように規定した上で、〈概念〉と「言語表現の意味」とに関する次の想定について考えてみる。

(1)　〈概念〉は個々人の心中に存在する。しかし、一定の伝達可能な表示形式をもたないので、そのままでは「他者に伝達できない」。
(2)　〈言語表現の意味〉は個々人の心中に存在する。それは、一定の伝達可能な表示形式にしたがって、「他者に伝達できる」。
(3)　同一対象に関する〈概念〉は個々人の認識能力に応じて異なり得る。一方、人間である以上、われわれは共通の認識機構を有しており、それによって形成される〈概念〉には個々人に共通の要素が含まれる可能性がある。
(4)　個々人が「同一の言語表現」に認める意味は共通のものである、との前提をわれわれは受け入れている。この前提は「社会的規範」によって保証されている。
(5)　言語表現の意味と〈概念〉とを「関連づける」しくみが存在する。
(6)　「人間に認識不可能なもの」が「言語表現の意味」に含まれることはあり得ない。

(1), (2) に関して。何らかの表示形式があった場合、それが「人間の個体どうしの間で伝達可能」となるには、「テレパシー」とか「以心伝心」をさておけば、物理的な媒体を介することが必要となる。〈概念〉も「言語表現の意味」もそれ自体は、心的存在であるが、「言語表現の意味」に「音形」が結びついてそれが「音声」という物理的媒体を介して伝達可能となるのに

対し，〈概念〉は心中で何らかの表示を与えられているはずであるが，それが物理的媒体と関連づけられることはない。

　（3）に関して。複雑な現象を周到に分析して一定の〈概念〉に達するのは限られた人にしかできないであろう。しかし，その〈概念〉を適切な説明を用いることによって，間接的に他者に認識させることはある程度まで可能だと思われる。われわれの周囲の「もの」や形や大きさや色などについての知覚にもとづく〈概念〉は共通する度合いが高いと考えられる。

　（4）に関して。われわれが言語表現を用いるとき，それが他者に伝達されえない，あるいは伝達されるかどうか分からないと想定している，とは考えにくい。「通じる」との前提に立って言語行動を行なっているはずである。この前提は「同一の言語表現に認められる意味は，当該言語の使用者に共有されている」ということを要求する。もちろん，実際の言語活動においてこのことがあてはまらない例はいくらでもある。だからといって，われわれがその前提とは裏腹の前提に立って行動しているということにはならない。タテマエとしてのそのような前提を考えるのが妥当だということである。

　（5）に関して。われわれが外界を知覚し認識して得た〈概念〉は，何らかの方法で他者に知覚できる形式で関連づけ得ると想定しよう（例えば，図式，身振り，絵画，音楽などはその例と考えられる）。こうした，「〈概念〉を，他者に知覚可能な形式に変換するしくみ」があるとした場合，「他者に知覚可能な形式」には言語表現も含まれると考えて差し支えない。

　（6）に関しては言うまでもないだろう。

　（1）〜（6）の想定を認めることにすると，一応次のことが言える。

（7）　人間の認識機構には，〈概念〉を形成しそれを操作する部分がある。〈概念〉そのものは，伝達不可能だが，それを他者に知覚可能な形式に変換するしくみがある。〈概念〉と言語表現とはここにおいて関連づけられる。

　次に，以下の諸点を考える。

(8) 「概念」が議論されるとき,例として出される「概念」を表わす言語表現は「語」であるのが通例であるが,このことが意味するものはどういうことであるか。

(9) 認識作用には言語表現を用いたものがあるが,このような認識の所産は,〈概念〉と言えるのか。

(10) 言語表現の意味を表出したり解釈したりといった「言語活動」は,〈概念〉を操作する認識作用とどのようにかかわるのか。

(8)に関して。「概念」を言語で表わしたものとして,〈私は昨日あの人にあった〉とか,〈言語とは何か〉とか〈コンピュータはたいして役に立たない〉とかいった「文」の例が出されることはほとんどない。「親指の付け根のふくらんだ部分」とか「砂糖をなめたときの味」とかの「名詞句」はときたま見られる。例としてよく見られるのは,「犬,りんご,水,机,民主主義」といった「名詞」,「走る,在る,殺す」などの「動詞」,「赤い,悲しい,大きい」などの「形容詞」などの「語」である。

このことは,われわれが「概念」について常識的に感じていることと符合する。われわれが「概念」を考えるとき,それは「感覚によって容易にとらえ得る」ものとしているようである。その多くは,「言語を介さずにとらえ得る(と,われわれが感じている)」ものである。

「概念」を議論するときに,「語」や「名詞句」が選ばれるのは,「概念と言語はおそらく別のものであろう」という暗黙の前提から出発しているためだと考えられる。したがって「言語にたよらずに感知できる」とみなされる対象が「概念」の例として引かれることになる。

(9)に関して。ここまでの議論で,「認識」という語を使った際に,暗黙の前提として,それが「感覚・知覚による直接経験にもとづくもの」であるとしてきた。しかし,「認識」を「われわれが,われわれの生きる世界の事物を知ること」であるとするならば,言語による認識も認めるべきだろう。言語による認識は当然,言語表現を操作することによって達成される。その認識の所産,すなわち認識作用によって得た〈概念〉が言語表現であると考え

るのは自然なことである。一方，こうして得た〈概念〉が何らかのしくみで「言語表現以外の何かによって表示される」ということは可能性としては考えられる。例えば，

> ⑦「われわれは次のような経験をしたことはないであろうか，たとえば，ある講演を聞きに行って，後でその内容は想い出せるが，何語（どの自然言語）で話されたのかは覚えていない，というようなことである。記憶に留まるのは概念レベルで行なわれることであり，それは当然その人がもっとも親しんでいる言語で再活性化されるのである。」
>
> （ポティエ 1984: 3）

（10）に関して。上記⑤に見られる「日常言語活動に概念が介在することはないのではないか」という考え方は，まれなものではない。

> ⑧「典型的な言語要素が概念にラベルを与えるものであるからと言って，言語使用が常に概念的であるとは言えないし，主として概念的であるとさえも言えない。日常生活でわれわれは概念そのものにかかわるのでなく，具体的な性質とか特定の関係だとかにかかわっている。」
>
> （Sapir 1921: 14）

　言語表現を操作して，ある新しい〈概念〉に達すること，これは「思考」と呼ばれるものに近いと思われるが，われわれの言語活動がこのような思考活動であると考えにくいのは確かである。このことは「対人的言語行動」の場合に特に言えるようである。言語によるコミュニケーションにおいては，「相手との言葉のやりとり」が主なものである。言語を用いて思考することは目的ではない。もちろん相手の言葉についてあれこれ考えたり，そこから新しい情報を得たりすることはある。といっても，それらは「新しい〈概念〉」として記憶にとどめられることはないのが通例であろう。

　言語表現を用いて〈概念〉を操作し，新しい〈概念〉を構成しようとする人間の活動が，言語活動の重要な一面であることは言うまでもない。同時に，既成概念を表出したり，交換したりするための言語活動もまた別の重要な一

面である。ときに，言語の本質が「認識の手段」なのか「伝達の手段」なのかという問題が論じられることがあるが，これはどちらか1つをとるべきものではなく，言語の機能の代表的な2つの面と考えるべきものである。

　(8)～(10)の問題についてどのような答えを出すべきか，私には今のところはっきりとした見通しがない。

＊＊＊＊＊＊＊＊＊

　意味と概念とをめぐって，模索を試みようとしたが，いまだ暗中にあるというところである。結局，意味にしても概念にしても，その表現・説明・考察に「言語表現」を用いざるを得ないというところに，この問題の困難があるように思われる。特に，意味や概念の表示形式は，「記号論理式」「意味成分」「意味公準」など現在行なわれているどの方式もとどのつまりは「言語表現による言い換え」であると思う。

　仮に，「心的存在」が「大脳の生理的状態」と対応づけられ，その状態が明示されるということになれば，その「表示」は循環的でないのかもしれない。もちろん，そのような「説明」にどれほどの意味があるかはさらに考えねばならないだろうが。いずれにしても，私の目の黒いうちにそのような「将来の科学の進展」を見届けることはおそらく不可能である。

第4章

「丸い三角形」はどこがおかしいのか

　「丸い三角形」という表現は明らかにおかしな表現である。このおかしさがどこにあるのかを考えるのが本章の目的である。

　結論を先に言うと，「丸い三角形」という表現のおかしさは「意味」にあるのではなく，それが表現する「概念」にあるのだということである。このように言うためには，「意味」と「概念」とをどう考えるかをまず明らかにしなくてはならない。これについては次の論をとることにする[1]。

　　双曲線の観念を持つに至った人は，以前と違い「そのものに導くだけでなく，それを表現する何かを自分の中に持たねばならない」，つまり双曲線の観念を私が把握したとき，私は，双曲線を何かの表現で表わす能力を獲得する。「双曲線に導く何かを自分の中に持つ」というライプニッツの言い廻しは，私の頭の中に，私を双曲線へ導くイメージがあることを指しているのでなく，私が双曲線を識別することを学ぶ能力を

---

[1] 私は「意味」と「概念」についてはこれまでにいろいろと思いめぐらしてきたのであるが，とくに概念そのものの性格について明確な考えを得られないでいた。本文中に引用した『ライプニッツの哲学』に紹介されている，ライプニッツの（石黒氏による解釈を受けた）考えに出会い，概念について初めて納得の行く思いをした。なお，同書の存在は長嶋善郎氏に教示を受けた。記して謝意を表します。

持っていることを指す。同様に,「双曲線を表現する何かを自分の中に持つ」という言い廻しは,双曲線についての真理を,ことばや,等式や,グラフによって,表現する能力を私が持つことを指す。ここでいう表現とは彼がルプレザンテーション (representation) と呼ぶもので,必ずしも絵のように,描写されるものに似ている必要はなく,機械は図型によって表現されるし,地形は地図によって,数に関する真理は等式によって,音楽は楽譜によって表現され得る。だから双曲線の表現とは,それについての文,グラフ,または等式であり,表現する何かを自分の中に持つというのは,頭の中に絵のようなものを持ち歩くということでなく,これらのことば,地図,等式を,事実なり地形なり,数学的真理の表現として使い,または識別する能力を持つことである。概念 A を持つということは,つまり,A を表わす表現を使いこなし,理解する性質をもつことに外ならない。　　　　　　　　　（石黒ひで 1984: 42–43）

　しかし,概念の同一性の問題と,ことばの同義性の問題は別物である。概念を我々はことばで表現するわけだが,概念とはそのことばの意味ではない。三角形の概念は複合概念であり,三の概念と角の概念（を変数の値としてとる）の関数の値であり,三辺形の概念は,三の概念と辺の概念の関数の値と見做すことが出来る。しかし,異なる関数の値が同じであり得る如く,異なる方法で規定できる概念も同じであり得る。だから,「三角形」という語と「三辺形」という語の意味が違っても,一つの概念に妥当するものが必ずもう一つの概念にも妥当することを理解することによって,いずれもが同じものの概念,つまり,ライプニッツの言葉によると実在的に同じ概念なのである。　　　　（pp. 35–36）
フォーマリテア

ここで,「意味」は「概念を規定する方法」ととらえられている。私の流儀で言うと,「ことばの意味」は「そのことばの形によって表現される概念を,一定の観点からとらえる様式」である。同じ概念をいろいろな観点から眺められるから,それを表わす表現は一つとは限らず,したがって意味もそれだけあることになる。例えば,

{日本はアメリカに自動車を輸出している。
アメリカは日本から自動車を輸入している。
{まだ1時間しかたっていない。
もう1時間もたった。
{注意書きを読んでから記入すること。
記入する前に注意書きを読むこと。
{それはやる必要はありません。
それはやらなくてもいいです。

　このように，ことばには「意味のレベル」と「概念のレベル」が別々のものとして付随しているのである。さて，この2つのレベルについて，次の想定を立ててみる。

　　I 統合上の制約にしたがった「文法的」な表現に対応する意味のレベルにおいては，「不自然さ」は存在しない。
　　II 概念のレベルにおいては，「不自然さ」や「不可能性」が問題となりうる。

　「文法的」というのは，「表現の構成要素のあいだに認められる統合上の制約に違反していない」ということである。「統合上の制約」は「分布にもとづく統合範疇の配列上の制限」のことである。

　　太郎を次郎と似ている。
　　太郎が次郎を光った。
　　太郎が犬を静かだった。

　これらの表現は「太郎」や「次郎」を他のどんな表現にしても不自然である。「XをYと似ている／XがYを光った／XがYを静かだった」は「述語」の要求する名詞句の「格標識」が不整合であり，「そもそもそのようには言わない」ということである。そういう点では，

　　太郎が行った前に雨が降り出した。

も同様である。「前」に先行する要素の,「文法形態」が不整合なのである。
　これに対し,以下の例はすべて文法的である。

　　太郎が電気と似ている。
　　太郎が次郎を歩いた。
　　太郎が降る前に雨が行った。

　今あげた例は「どう見ても変である」が,文法的でない例と異なり,「そもそもそんなことは言わない」という性質のものではない。適当な文脈を与えれば解釈可能なものばかりである。「文法的」でありさえすればわれわれは,「どんなことでも言える」といってよかろう。
　では,これらの「文法的だが変な」文は,「意味が変」なのだろうか。想定Iによると,答は「否」である。「意味」は「概念を一定の観点からとらえる様式」であった。このようなとらえ方の様式が「複合される」と,全体としてのとらえ方の様式が得られるはずである。われわれは何かに対してどういう観点をとろうと自由である。「表現の単位」である「語」のレベルにおいては,「とらえ方の様式」は社会的に規定されていてその点では自由ではないが,「句」以上のレベルにおいては,そういうことはない。表現形式上の制約にしたがった文法的な表現は,「無数のとらえ方のうちのある一定のとらえ方」を示す。これは「意味の世界」といってもよいだろう。
　「意味の世界」は「概念のとらえ方の世界」であるから,われわれは「意味の世界」を通じて「概念の世界」に至ることができる。「概念の世界」はしかし,ことばだけに対応するものではない。冒頭の引用にもあるように,それは様々な形式をもって表現することが可能なものである。いわば,様々な表現形式を統一的に理解可能とするようなレベルであると言える[2]。われわ

---

[2] 「概念」をこのように考えるのはやはり『ライプニッツの哲学』の考えにもとづく。これによく似た考えに次のものがある。
　　「概念構造」という「単一の」心的表示のレベルが存在するのであり,そこにおいては
　　言語的・感覚的・運動的情報が併存しうるのである。　　　　(Jackendoff 1983: 17)
　しかしながら,「意味」と「概念」についての同書の考えはわれわれのものとは大きく異なる。同書でも,「語の意味は概念構造の表現である (word meaning are expressions of

れはこのレベルにおいて,「認識・判断・識別・推論・思考」などの精神活動を行なっているのではないかと想定される。

外界の事象を感覚器官を通じて知覚し,それを識別し,認知することによって得られるのは「概念の世界」であり,この獲得に関して「ことば」は必須ではないと考えられる。例えば,ある「筆舌に尽くし難い」光景を目撃した場合,それが後々まで記憶され,鮮明に思い起こされるという経験は多くの人にあると思われる。そこに,ことばは介在しない。しかし,筆舌に「尽くせない」としても,それをことばで表現しようと思えばある程度は可能なはずである。このとき,われわれは「概念の世界をある観点からとらえて表現する」のである。ことばによる表現は「伝達」に用いられ得る。例えばある光景を目撃した人の中に作られる概念の世界が,ことばによって表現される。その言語表現を理解する人は,「言語表現の意味の世界」を通じて「概念の世界」に至ることが可能となるといったように。

このように,「あらかじめ概念の世界があって,それをことばで表現する」ことが「伝達」に使われると,ことばの受け手は,「それまでに知らなかった概念の世界」に至る手がかりを得る可能性を持つことになる。この場合,概念の世界に至る手がかりは「意味の世界」である。さて,「新しい概念の世界」に至るというのは「伝達」の場合のみではない。あれこれとことばで想念をめぐらせるときに,「新しい概念の世界」を発見することがありうると考えられるからである。この場合にも,そこへ至るには「意味の世界」を通過せねばならない。

ここで,私は最初の2つの想定に加えて次の想定を立ててみたい。

Ⅲ われわれは,ことばの使用にあたって,意味の世界だけを理解し,概念

---

conceptual structure)」(p. 110) としているが同時に次のように主張している。
　語の意味の厳密に意味論的なレベルだけに充当される心的表現形式が存在し,それとは別個に言語情報と非言語情報とが併存しうるレベルが存在するということはない。(there is not a form of mental representation devoted to a strictly semantic level of word meanings, distinct from the level at which linguistic and nonlinguistic information are compatible.) 　　　　　　　　　　　　　　　　　　　　　　　　(同上)

の世界を理解しないことがありうる。

このことを示すと思われる例として次の表現をあげる。

> A=B=0 なら X については数であれ何であれ成功してしまう。A≠0 で A も B も π0 で扱える数ならば，-B/A を計算し，X が変数ならその値を X に与えて成功する。X が変数でなく数ならば -B/A の計算値と比較して同じなら成功する。X が -B/A の計算値以外の値を持っていたなら失敗する。A と B が π0 で扱える数でないなら実行時のエラーをひきおこす。上記以外の場合（A=0 で，B≠0 のとき）は失敗する。
>
> （黒川利明 1985: 44–45）

これは，ある計算機プログラム（「π0」という仕様の記述言語によるもの）の処理手順をことばで説明したものである。いきなりこの表現だけを見た場合，専門家は別として，それぞれの文が「表面的には何を言っているのか分る」が「全体のイメージがつかめない」という人が多いのではないだろうか。想定Ⅲにしたがって言うと，この表現によってわれわれは意味の世界を理解できるが，それを通じて，この表現が表わすはずの概念の世界が理解できないのだということである。

上記のような表現に対応する概念の世界を理解するということは，おのおのの文で表現される概念の世界が，「全体として互いに整合するような世界」を作り出すことではないかと想定される。このような世界を作り出すためには，概念そのものについての知識はもちろんのこと，それにもとづいた推論作用を可能にするような一般的知識や常識も必要とされるだろう。概念そのものは様々な表現形式で様々に表わされうる。同一の概念が，「常識的」にも「科学的に厳密な形」でも表わしうる。ことばもそういった表現形式の一つであるが，それは概念を「直接にではなく」いわば「意味」を通じて表現するものである。

われわれは言語表現を「受容」するとき，「まず意味を理解しようとする」。ここで「意味の世界」が得られたとすると，それは「概念の世界」を

生み出すための「手がかり」となる．それはあくまで手がかりであって，それだけでは概念の世界が十分に生み出されないことがある．われわれは，言語表現を構成する単位としての「語」が表現する概念およびそれをとらえる様式としての「語の意味」を知っている．しかし，語が表現する様々な概念の相互間の諸関係あるいは概念が描写する対象についての知識には非常に個人差が大きい．例えば，「月」と「すっぽん」という語が表現する概念（の対象）について，天文学者と水産学者とでは雲泥の知識の差がありうる．したがって，両者がそれぞれ，〈月〉ないしは〈すっぽん〉を話題にした言語表現を理解するとき，その理解の程度は大きく異なる可能性がある．もちろん，この理解は「概念のレベル」におけるものである．天文学者が知っている〈月〉の概念と，水産学者の知っている〈月〉の概念とはもちろん「同一」であるが，それについての「詳細で科学的な定義」（これも「月」の概念の一表現である）を一方は知っていて，他方は知らないということである．しかし，この両者が〈月〉の概念を表現する「月」という語に認める，「とらえ方の様式」であるところの「「月」の意味」は，「共通のものであるはず」である．

このように，ことば，とくに「語」は，社会習慣として認められた，「概念のとらえ方の様式」を伴った，「概念を表現するもの」であるのだが，それを使ってオリジナルな概念を表現する様式には，「文法的」制約を除いて，とくに制限はない．われわれは任意の「意味の世界」を自由に作り出すことができる．一方，われわれがどういう「世界」を前提とするかによって，「概念の世界」の可能性は一定の制限を受ける．「現実の世界／空想の世界／過去の世界／論理の世界」などのどの世界を前提とするかによって，「概念の世界と事象との整合性」も異なるのではないかと想定される．

さて，以上の考え方に立って始めに上げた「丸い三角形」を考えてみよう．これは「文法的な表現」であり，「角張ッタ所ガ見ラレナイヨウナ三角形」という意味を持つ．われわれが日常馴れ親しんでいる世界において，この表現が表わしうるような概念に該当する対象は存在しない．「対象が存在しない」ことがこのようにすぐに明らかにならない場合もある．例えば「奥舌面と上歯の歯茎を軽く接触させて調音する言語音」は存在しないと考えら

れるが，この表現には「丸い三角形」ほどの「不自然さ」が感じられない。また，「永久機関 (perpetual motion)」というのは「第一種と第二種ある。第一種の永久機関とは，外部に仕事をするばかりで，ほかにまったく変化を残さないようなサイクルをする装置である」(『岩波理化学辞典第 3 版』1971: 125) ということであるが，「永久機関」という語もそれに対する説明にも何ら「不自然さ」は感じられない。しかし，「長い間の経験によりそのような永久機関は実現不可能であることがわかった」(同上) のであるから，これも概念に相当する対象が存在しない例である。

　「丸い三角形」「奥舌面と上歯の歯茎を軽く接触させて調音する言語音」「永久機関」の 3 つの言語表現のうち，最初のものだけがとくに不自然に感じられるのは，われわれが「丸い」と「三角形」によって表現される「概念」に極めてよく親しんでいて，それらの概念の複合概念に相当する対象が存在しないことをよく知っているからに外ならない。「丸い三角形」はやはり「意味が不自然なのではなく」，その意味を通じて得られる「概念」の描写する対象がわれわれの常識的な世界との整合性を欠くことに由来するという結論が得られるのである。

第5章

語の意味特徴の性格

1. はじめに

　語の意味を具体的に記述する作業をしていて，いつも何かしら気になっていることがある。すなわち，これこれの語の意味をこれこれというように表現したのであるが，そこに用いた表現は一体どのような資格で何を表わしているのだろうかと。言い換えると，語の意味記述に用いられる「意味特徴（ここでは，対象語の意味を記述するのに必要な，メタ記号のレベルのすべての要素を指すものとする）」はどのようなものかということである。

　「意味とは何か」という問いは繰り返し論じられてきている大きな問題である。またそれに劣らず大きな問題は，「意味をどのように表わすか」という問題である。具体的な語の意味を記述する様式には様々なものがある。辞書の語釈のように他の語で表わすもの，成分分析のように意味成分を用いるもの，モデル理論のように記号論理式を用いるもの，などである。これらはどれも別の「記号」によって意味を置き換えたものだと言える。そして，こうした置き換え以外に語の意味を表わす手段はないと言ってよい。

　どの方式を取るにせよ，置き換えに用いる記号，つまり「メタ記号」も何かを表わしている。さらに，対象語の記述に際して，メタ記号が何を表わす

かが明らかになっていなければならない。ところが、このメタ記号が何を表わすかあるいはメタ記号そのものの資格がどのようなものであるのか、といったことが必ずしも明らかでない。例えば、国広哲弥 (1982) の意義素論では、「人間心理を意義素規定に参加するひとつの要素と認める」(pp. 47–48) のであり、「(意義素の構成要素としての) 意義特徴」は「言語学者の理論的な仮構ではない」(p. 49) としているので、それがなんらかの「心的存在」であることは明らかだが、それ以上のことは分からない。

ここに「心理」ということばが出たが、個々の語の意味はもちろんそれを使う人間の心 (あるいは頭) の中にある。心が意味をどのように表現しているか (意味記述などの「外部表現」に対する「内部表現」) は非常に興味ある問題である。これは伝統的な学科目の分類では心理学の畑のことがらであったが、近年 'cognitive' (認知) の名のもとに、言語学の畑でも「内部表現」に関心を向けた研究が流行の兆しを見せている。

しかし私には、今のところ、そのように人の心に深入りしてものを考える (意欲はあるが) 能力がない。ここでは、(それらに較べずっと) 浅いレベルのことに関心が向けられる。すなわち、冒頭の疑問を (常識的に) 考えてみようと思うのである。

2. 意味と概念

語の意味記述の対象は言うまでもなく「意味」である。しかし、周知のように、この「意味」のとらえ方が人により相当に異なる。諸説のうちでは、ソシュール以来、「意味」を「概念」と結びつけようとするものが比較的有力な考えのようである。語の意味が概念と等しければ、概念を明らかにすることで、意味特徴の性質も明らかになると期待される。一方、意味論の教科書で「意味の本質」に触れて諸説を検討しているものは、「概念説」に賛同しないものも多い。しかし、意味と概念が別物であるかないかは、それぞれがどのようなものであるかを明らかにしない限り、決着のつかないことである。心に深入りしないと言ったものの、「概念」に触れないわけにはいかない。

意味と概念の関係を述べたものは多いが，それらは大きく「〔意味＝概念〕説」と「〔意味≠概念〕説」の二つに分かれる。ここでは，まず前者の例として Katz（1972）を，後者の例として柴田武（1982b）をとりあげて検討する。この二つをとりあげたのは，それぞれが意味と概念とを同一視するか否かについての典型的な考えであることと，概念についての説明があることからである（概念を与えられたもの，あるいは定義済みのものとして扱う論は多い）。

　さて，Katz（1972）は「意義【'sense'；一つの形態素ないし表現が持つ意味の総体を'meaning'，その個別の意味を'sense'としている—山田。以下，【】内は山田の補いを示す】は自然言語の音声的（ないし正書法的）実体と結びついた概念【concepts】および命題【propositions】である」（p. 39）と主張する。さらに「意義を原子的でも一枚岩的なものでもなく，分解可能な概念と，分解された部分の諸関係との複合体とみなす」（同上）とも言う。要するに，意味は概念表現の一種だと言うのである。

　Katz は概念については次のように言う。

　　ちなみに，概念はイメージ，想像，特定の考えなどを意味しない。これらをまとめて「認識【cognition】」と称することにしよう。認識は，感覚，感情，記憶，幻覚と同じく，個人の意識上の体験の一部をなす。認識は認識する人間ごとに個別化【individuated】される。ジョンがメリーと結婚するだろうとの考えをあなたと私が同じように抱いた場合，認識は一つでなく二つある。認識には日時が指定できる【datable】。それは認識する人間の意識に現れてから消えるまでの期間内に生じる。一方，概念は抽象物【abstract entities】である。我々が円の概念を考えるように，概念について考えることはできるが，概念が誰かの意識的な体験に属すことはない。概念は個々人に個別化されない。あなたと私は同一の概念について考えることが出来る。フレーゲの主張するごとく，概念は思考の主観的作用の要素などではなく，思考作用の客観的内容であり，「思考する複数の人間に共通の性質であり得る」。概念はまた日時を指定できない。概念には時間的性質がない，すなわち時間的諸関係がな

い。 (p. 38)

〔意味≠概念〕説を見よう。柴田武（1982b）は,「語の意味と概念の関係」について次のように言う。(引用は柴田武（1988）所収のものによった。以下, 参照頁は柴田（1988）による。また, 図を横書きに改めた。)

　語彙は言語記号の体系である。というのは, 語彙はことばの体系であって, 概念の体系ではないということである。語と言う言語記号と概念と個物との関係にはまず次のような場合がある。

$$\{イヌ_1 イヌ_2 \cdots\cdots イヌ_n\} - dog - \boxed{\dfrac{犬}{inu}} \cdots\cdots\cdots (1)$$

　上段の片仮名【ここでは左端】で示したのは個物で, ふつう多数個存在する。それらをまとめた（抽象化した）ものが「概念」と呼ぶものに当たる。いま便宜上, 英語を用いる。この概念 dog は inu という音形を持ち,「犬」という意味を持った語と結びついている。

　しかし, この図で見るかぎり, 概念 (dog) と意味（犬）は区別しなくてよさそうに見える。すなわち, 次のような関係で考えることができそうだということである。

$$\{イヌ_1 イヌ_2 \cdots\cdots イヌ_n\} - dog - \boxed{\dfrac{dog = 犬}{inu}} \cdots\cdots\cdots (2)$$

　現にソシュールも言語記号を, 聴覚印象 (image acoustique) と概念 (concept) の結合だと説いている。しかし, これでは説明できない場合がある。音形が waNwaN の場合で, この場合も (2) で説明しようとすると, inu と waNwaN は同一語になってしまう。そこで, どうしても次のように理解しなくてはならない。

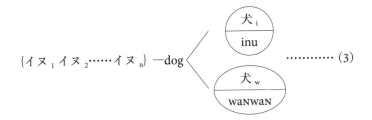

$\{イヌ_1 イヌ_2 \cdots イヌ_n\}$ —dog〈 犬$_i$/inu   犬$_w$/wanwan 〉 ………… (3)

　こう考えることによって，inu と wanwan は，概念は共通だが，語の意味は異なるということで説明できる。犬$_i$ に対して犬$_w$ は，〈子供の愛玩の対象になる犬$_i$〉という意味を持つといえるだろう。（pp. 65–66）

　この説明では概念と意味の区別はよく分かる。しかし，概念の定義はあるが，意味の定義はない（室山敏昭（1989）参照）。〔意味＝概念〕説では概念を定義すれば意味の定義は必要ないのに対し，〔意味≠概念〕説では概念を定義しただけでは意味がどういうものであるかは明らかにならない。

3. 概念の定義

　上述の柴田（1988）の概念の定義に見られる「個物」は，「現実に存在するもの」の意味で使われているようである。ところが，概念があって個物がない場合も考えられていて，例として「竜」が挙げてあるが，これは「架空物」とされている。この場合は，概念を「個物をまとめた（抽象化した）もの」とは規定できなくなる（「架空物」を個物とみなす立場もありうるが，［否定］［仮定］などはやはり個物とは見られない）。一方，Katz（1972）は「概念」について，上記引用に見られるように，「客観的で超時間的な抽象物」と言うだけなので，もう一つ分からないという思いが残る（Katz（1972: 39）は意味論の研究において「概念」の存在論的な資格をあらかじめ論じる必要はないとする）。

　概念の性質を考えるのに，ライプニッツの考えを論じた石黒ひで（1984: 42–43）の考察が私には非常に参考になった。すなわち，

双曲線の観念【概念と同じものとして扱われている―山田】を持つに至った人は，以前と違い「そのものに導くだけでなく，それを表現する何かを自分の中に持たねばならない」，つまり双曲線の観念を私が把握したとき，私は，双曲線を何かの表現で表わす能力を獲得する。「双曲線に導く何かを自分の中に持つ」というライプニッツの言い廻しは，私の頭の中に，私を双曲線へ導くイメージがあることを指しているのでなく，私が双曲線を識別することを学ぶ能力を持っていることを指す。同様に，「双曲線を表現する何かを自分の中に持つ」という言い廻しは，双曲線についての真理を，ことばや，等式や，グラフによって，表現する能力を私が持つことを指す。ここでいう表現とは彼がルプレザンタション（representation）と呼ぶもので，必ずしも絵のように，描写されるものに似ている必要はなく，機械は図型によって表現されるし，地形は地図によって，数に関する真理は等式によって，音楽は楽譜によって表現され得る。だから，双曲線の表現とは，それについての文，グラフ，または等式であり，表現する何かを自分の中に持つというのは，頭の中に絵のようなものを持ち歩くということでなく，これらのことば，地図，等式を，事実なり地形なり，数学的真理の表現として使い，または識別する性質を持つことである。概念 A を持つということは，つまり，A を表わす表現を使いこなし，理解する性質をもつことに外ならない。

　ここでは，「A」「概念 A（＝ A の概念）」「A の表現」の 3 つが区別される。「概念 A」は「A」と「A の表現」を関係づける存在と解しうる。「A」はどのようなものであれ，表現しうるものであればよいと考えれば，それが外界に指示物を持つかどうかは問題とならない。このように，［否定］の概念を持つことは，否定の表現を使いこなせることだ，というのは納得できる考えだと思われる。

4. 意味の定義

「意味」について，石黒ひで (1984) には概念についてのように明示的に述べた箇所がないが，次の一節が参考になる。

> 概念を我々はことばで表現するわけだが，概念とはそのことばの意味ではない。三角形の概念は複合概念であり，三の概念と角の概念（を変数の値としてとる）の関数の値であり，三辺形の概念は，三の概念と辺の概念の関数の値と見做すことが出来る。しかし，異なる関数の値が同じであり得る如く，異なる方法で規定できる概念も同じであり得る。だから，「三角形」と言う語と「三辺形」と言う語の意味が違っても，一つの概念に相当するものが必ずもう一つの概念にも妥当することを理解することによって，いずれもが同じものの概念，つまり，ライプニッツの言葉によると，実在的に同じ概念なのである。　　(pp. 35-36)

ここでは，「(語の) 意味」が「概念を規定する方法」であるととらえられている。概念を規定する方法は一通りとは限らないから，ある概念に対することばの「意味」は一通りではなく，この点だけでも概念と意味はたしかに異なる。さて，「(複合) 概念」は「関数の値」であり，その関数は他の概念を変数の値としてとるとされる。そして，異なる関数が同じ値を持ち得ることと，異なる意味を持つ語が同じ概念の表現であり得ることとが類比されている。

私は以上の考えを参考にして，次のように考える。「A (＝認識し得るなにか)」「概念 A (＝ A の概念)」「W (＝ A の表現)」について，「W の意味」は「概念 A を一定の観点からとらえる様式」であるとする。概念そのものとその概念をとらえる様式とは明らかに異なる。しかし，われわれは W の意味を通じて概念 A をとらえることができる。そして，その概念 A は A を表わす表現を使いこなすことであるから，W を用いて A を表現し，また A を表現したものを識別できることになる。この考え方を，〔意味＝様式〕説と称することにする。したがって，語 W1 と W2 の指示物が同じで，意味が異な

ると言うことは，両語ともに同じ概念を表現するものだが，その概念をとらえる様式が異なると言うことになる（〔意味＝様式〕説は，本書第4章および山田進（1989）で触れている。同様の考えは「『概念は，……観念である』という定義は，類義語による言い換え以上に出ないと思われるが，『概念』と『意味』を区別することには，評者も賛成である。『意味』の場合は，対象が表す概念そのものよりも，それをどのように捉えるかという共同主観的な様式が重要になってくると思うからである」とする室山敏昭（1989: 53）にも見られる。ただし，これらは意味特徴の資格については述べていない）。

5. 語の意味の表現

〔意味＝概念〕説と〔意味≠概念〕説の具体的な意味表現を見てみる。

まず，〔意味＝概念〕説における意味表現であるが，（Katz 1972: 40）では，'chair'について，下記の意味表現が与えられる。

(Object), (Physical), (Non-living), (Artifact), (Furniture), (Portable), (Something with legs), (Something with a back), (Something with a seat), (Seat for one)

() 内の記号は'semantic marker'と称されるが，それは「理論上の構築物で，自然言語における形態素などの構成素の意義の一部である概念を表わそうとするものである。」(p. 38)。'semantic marker'は要するにその一つ一つが概念の表現である。

Schank (1975: 15) は'John gave Mary a book.'に次の意味表現を与える（Schankは，意味表現の基本要素は「語を関係づける意味レベルより深いレベルにおいて定義されなければならない。これを概念レベルと呼ぶ。概念レベルは，特定の言語と無関係であるから，実は意味レベルと同じではない。」と言って，「意味レベル」の存在を示唆するが，例示されている意味表現は概念レベルのもので，「意味レベル」が別に示されることはない）。

John ⟺ᴾ ATRANS ←ᴼ book ←ᴿ ─┬→ Mary
　　　　　　　　　　　　　　　└→ John

　ところで，これは，John が本を Mary に直接に手渡すなどの物理的行為を行った場合の意味である（この図式を「翻訳」すると，⟨John が book を John から Mary へ ATRANS (abstract transfer (of possession)) する行為をした⟩のようになろう）。一方，「あげるよ」と言って Mary が自分で本を取った場合の意味は次のように表わされるのだと言う（⟨John が何かをしたことが，Mary が book を John から Mary へ ATRANS する行為の原因となった⟩と翻訳される）。

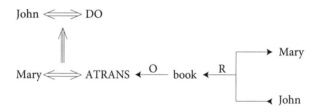

　一方，〔意味≠概念〕説，例えば，柴田（1988）は「わんわん」の意味を⟨子供の愛玩の対象になる犬ᵢ⟩と表わす。⟨ ⟩内がその「語の意味の表現」である。問題は，⟨犬ᵢ⟩⟨子供⟩⟨愛玩する⟩等の意味特徴が何を表わすものなのかということである。

　その答えとして，意味特徴を「意味を表わすもの」と言うことができるかも知れない。すなわち，語 W の意味表現を⟨a, b, c⟩としたとき，意味特徴 a, b, c はそれぞれ，意味を表わすのだと。ここで注意すべきことは，単なる「意味」というものは存在しないのであって，それは必ず「何かが持つ意味」でなければならないということである（これに対し，「概念」はそれ自体で存在し得る。［犬］なる概念は何か他のものに結びつけられる必要はない）。つまり，意味特徴 a, b, c は「他の何かが持つ意味を表わすもの」ではあってもただ単に「意味を表わすもの」とは考えられないということである。す

ると，語Wの意味の表現である⟨a, b, c⟩は，語Wとは別の何かの意味を表現するものということになる。(⟨犬ᵢ⟩は「犬」という語の意味を省略的に示す記号と考えられるし，これらの「意味特徴」はメタ記号として用いられていると思えるが，柴田(1988)では⟨ ⟩内の記号の資格については述べられていない。)

6. 意味特徴は概念表現である

〔意味＝様式〕説をとると，必然的に意味特徴を「概念の表現」であるとみなすことになる。「語Wの意味」は「概念Aを一定の観点からとらえる様式」であり，「意味表現」にその様式が表わされている。この意味表現は概念の表現であるから，それを構成する要素もまた概念の表現と考えるのが妥当である。

例えば，W1とW2がa, b, cを意味特徴として持つとしたとき，それぞれの語に対する意味表現⟨a, b, c⟩と⟨b, c, a⟩は異なる意味表現でありうる(「車椅子」に対して，それと同じものを表わす「椅子車」という語はないが，あってもおかしくはない。一方が，他方とは異なる概念のとらえ方をしているのであり，その一方だけが語として存在しているのだと考え得る)。ここでは「意味特徴をどのように構成するか」が，様式を表わしている。W1とW2のそれぞれに対する意味表現が⟨a, b, c⟩と⟨a, b, d⟩であり，W1とW2で表現される概念が同一である場合(上述の「三角形」「三辺形」がその例である。異なる概念から構成される「複合概念」が同一概念を表わし得ることに注意したい。)，「どの意味特徴を使っているか」が様式を表わしている。

ところで，上述の柴田(1988)の図を見直してみるとおもしろいことに気づく。柴田は図(2)について，「この図で見るかぎり，概念(dog)と意味(犬)は区別しなくてよさそうに見える」と言う。つまり，概念と結びつく語が一つしかないときには，〔意味＝概念〕が成り立つことを認めているようである。実際，⟨犬ᵢ⟩⟨子供⟩⟨愛玩する⟩等の意味特徴が「概念表現」であると

しても，〈子供の愛玩の対象になる犬$_i$〉という表現は〈犬$_i$〉とは異なる「様式」を表わすものだから，それは「意味」の違いを表わし得る。

このように，意味表現は意味特徴と表現様式とが合体したものである。だから，語の意味特徴をとりだして羅列しても，その語の意味表現にはならない。要するに，語の意味表現は，それ自体が概念の表現である意味特徴を，一定の様式で構成した概念の表現であることになる。ところで，これは〔意味＝概念〕説になるのではないかという疑問が生じるかもしれない。意味表現の構成要素である意味特徴を概念表現と見なす限りでは，両者は異ならない（〔意味＝概念〕説は，ここでいう「概念表現」を単に「概念」としているが，その「概念」は「概念表現」のことを指している）。

〔意味＝様式〕説は「意味を様式ととらえる」点を重要視する点が特徴的であり，その点が〔意味＝概念〕説と異なる。したがって両者は，その記述の姿勢が異なる。〔意味＝概念〕説は語と「対象」との関係に多くの注意を向け，その語が表わす対象の概念を重点的に記述しようとする傾向がある。これに対し，〔意味＝様式〕説では，それに注意することはもちろんであるが，語を「語彙」の一要素であると言う点（句や文の意味の記述とは異なるということ）に重点をおいて，その表現様式を考えようとする。

例えば，上述の，'John gave Mary a book.' が ambiguous であるという Schank (1975) の主張は認めにくい。この種の違いは文脈的情報に依存する違いで，'give' に帰せられるべきものではない（これは 'vagueness' という概念でとらえるべきものである）。このような分析になるのは，一つにはこの文が表わすとされる対象にのみ注意を向けているからであって，語の意味の記述が句の意味の記述とは異なる面を持つことを考慮していないためではないかと思われる。さらに極端と思われる例は，'John ate a frog.' の意味表現に「John がむかついた可能性がある」というものまで含ませるというものである (p. 25)。

7. 語彙の要素としての語の意味

　概念をより単純な概念に分析でき，それを使って意味表現ができるとすれば，動詞などの意味表現は非常に複雑な概念を表わしているものが多いことが分かるだろう。非常に複雑ではあっても，その意味を例えば「句」によって表現することはできる。そうすると，語も句も同じ意味を表わすことになりそうである（「三角形」と「三つの角を持った形」は「概念のとらえ方」は同じと言わなくてはならない）。

　同じ意味が語でも句でも表現できるなら，語の存在理由は何だろうか。理由は，まったく常識的で，「語があれば便利だから」というものだろう。いちいち複雑な表現を使わなくてすむのは便利に違いない。語の意味には，概念の複雑なとらえ方が集約されてつめこまれていると言ってよい。この集約された様式はその語を使う人々に共有されている「社会習慣的」なものである。

　語は句と異なり，概念のとらえ方の様式が必ずしもすべて形態に反映されてはいない（語構成の形式のうちに概念のとらえ方が反映している「透明な語」（「三角形／三辺形」）もあるが，「形態素」一つだけからなる「単純語」では「恣意的」であり，まったく反映されていない）。語は，多くの人に共有されているといっても，始終使われるものもあれば，あまり使われないものもある。それに，まったく同じ状況で使われることはない。話し手にとって，概念を同じ様式でとらえているのだ，と保証するのは，「語が共通の概念のとらえ方を表わす」ものだということを話し手が前提にしていること以外にない。ある話し手がある語に認める「様式」が，他の話し手とは異なることも十分にありうる。それに対し，「句」表現では概念のとらえ方が形式に表わされるから，個人の間での差は比較的小さくてすむ，と考えられる。一方，語そのものに差があっても，通常の言語使用は句を通じて行われるから，つめこまれた概念の一部に出入りがあっても，たいして困らないと言うことがあろう。語に「多義」があるのは，このようなことが一因となった結果ではなかろうか。また，語に「転用」が見られるのも，形態と独立に様式を表わし得る語の特性によるのだろう（「句」の比喩的用法は必ず「語」の転

用を前提にする）。

　語の意味と句の意味はこのように違う性質を持つのだから，仮に，とらえ方の様式が同じ概念でも，その意味表現になんらかの区別がなければならない。「透明な語」でさえ，そのとらえ方の様式が実際に認識されているかどうか疑問の点がある。「おむすび」と「おにぎり」は同じものを指すが，その意味は同じか違うか。これらによって指示される対象をわれわれが常に，異なった観点からとらえていると言えるだろうか。言えるとするなら，その意味表現に対応する「内部表現」のあるレベルでも，その差が表わされているはずである（「おむすび」と「おにぎり」は形態の上からはそれぞれ〈結んだもの〉，〈握ったもの〉というとらえ方がされている（いた）と言える）。しかし，これらは，単にある対象を他から区別するだけ，つまり対象を同定するだけの働きしかしていないと見ることもできるのではないか。語の中には概念と意味が等しいとしてよいものが多数あるのだということである（この点につき，コセリウ (1982) の考えが参考になる。「しかし重要なことは，ある言語の「語彙」と呼べるものの中には，純粋に「物を指し示す」だけの機能しか持たない分野が広く存在し，そこにおいては唯一の可能な「構造化」は列挙であり，その他の分野は構造化されてはいるが，言語的見地から構造化されているのではない，ということを認識することである。」(p. 95)）。

　「固有名」や「非基本的」な動植物名などの「意味」をめぐっては種々議論があるが，〔意味＝様式〕説は一つの解答を与える。つまり，この種の語は「とらえ方の様式」よりも「指示機能」に重点が置かれるので，一般に「意味を持たない」とされるのである（ただし私は，これらに意味がまったくないとは考えない。この点については本書第1章参照）。

8. おわりに

　具体的な語の意味を記述するとき，われわれが記述しているのは社会習慣として固定された概念の表現様式であり，それを表現する意味特徴は概念表現であること，そして，語の意味は句の意味とは異なる意味上の特質を持つ

ことに注意すべきだと言うことを述べてきた。

　このことは，次のような状況を想定すればよく分かる。われわれは，新しい概念を獲得したとき，その概念をことばを用いて表わすことができるが，その表現は常に句の形式をとる（「概念があって語がない場合」の例として出される概念の表現は必然的に句表現となる）。その表わし方は様々であり得る，非常に厳密に科学的な定義もあるだろうし，極めて印象的な記述もあるだろう。それらは，同じ概念を異なった観点から表現したものである。これらの表現が「語彙化」されたとしよう。それぞれの句表現に対応する語は，それらの句表現の意味すなわち概念のとらえ方の様式を表わすことになる。その語はそれだけではなく，既存の語との諸関係に応じて，さまざまな「特徴」を帯びることになる。国広哲弥 (1982: 9) はこうした状況の場合，「その使用者，使用場面などに片寄りが生じ，それがその語に特定の文体的特徴を付け加える。(中略)こうして，概念と意味は重なってはいるが，まったく同一ではあり得ない」とする。これは「句表現と語とは同一ではあり得ない」と言うのに等しい。その通りである。しかし，両者とも，「概念表現」であることはこれまで述べてきた通りである。「文体的特徴」などの諸特徴(の表現) そのものをも一種の概念 (の表現) と考えればよいのである。

　長嶋善郎 (1989) は「意味特徴は，ふつう言葉で記述され，その記述に用いられた言葉自体が意味を持っている。(中略)用法を説明するために仮定されたメタ言語で，この『意味』はあらかじめ分かっているものとされている。」(p. 208) と言う。これは一般的な見解だが (このメタ言語も概念表現と見ることができる)，次の指摘は重要である。「意味特徴の『意味』は，ある種の『不確定性』を持つ。これは，意味を言葉で説明する以上，避けられないことである」(p. 209)。われわれの結論にしたがえば，概念の表現は不確定でありうることになる。概念は，伝統的に，「曖昧さがなく真偽が問える」というように考えられてきたようであるが，必ずしもそのようである必要はない（例えば，「プロトタイプ」的な概念。上記のライプニッツの見解は伝統的なものだが，われわれの結論はこの点の見解の如何にかかわらず維持できると考える）。

語の意味を別の語を使った句で表現する試み，例えば，辞書の語釈が表わすものはこのように考えれば，それがある語をそのものとして成り立たせている諸特徴すなわち「概念をとらえる様式」をとらえている限り，決して「別の語による単なる言い換え」ではないことが分かる。「【'mental models'以外の】他の諸理論は抽象的な主張を含めすべての主張を究極的に空虚な記号式【ultimately empty symbolic formulae】に翻訳しているに過ぎない」(Johnson-Laird 1988: 116) として，意味特徴による表現を否定する考えもあるが，われわれの「浅いレベルの記述」でとらえられた諸特徴が，存在しない無意味なものであることにはならない。それはどのようなモデルにおいても表わされるべきものだからである。

第6章

語の形式と意味

語の形式と意味について，動詞を中心にとりあげて考え，語の意味記述一般について，その進むべき方向を検討する[1]。

1. 語の統合形式

ヒラクはアクと似た意味・用法を持つこともあれば，アケルと似た意味・用法を持つこともある。この2つのヒラクは音声形式は同じだが，他の語と結びついて句・文を作る様子が異なる。

(1) a 門がヒラク
　　 b 門番が門をヒラク

---

[1] 本章でとりあげた奥田靖雄(1983)の「連語論」の具体的記述についてはその記述の「細分化」が印象にあったこと，その一方で個々の動詞の具体的な意味記述には及んでいないことなどから，これまで「意義素論」の立場で主として「個々の語の意味の区別」に興味の中心があった私にはとりつきにくく，十分に検討してみることがなかった。ところが，奥田靖雄(1985a, b)の理論的な提言を見ると，そこには賛成できない点もあるが，私がこれまで漠然と考えていたことと通じる面があって，大いに刺激を受けた。本章はその刺激を受けて考えてみた結果である。

他の語との結びつき方の違いで a・b のヒラクが区別される。この結びつき方は，それぞれ［〜が］および［〜が〜を］などと表すことができる。この結びつきの型を「統合形式」と呼ぶことにしよう。

一般に類義語は統合形式を共有することが多い。『分類語彙表』の 2.353「競争・攻防・勝敗」のなかで，おそらく「競争」の部としてまとめられているものに次のものがある。

(2) 　争う　もめる　平らぐ　平らげる
　　　きそう　せる　せり合う
　　　戦う　渡り合う　斬りかかる　斬り合う

これらのうち「争う，もめる，きそう，せる，せり合う，戦う，渡り合う，斬り合う」は［〜が〜と］という統合形式を典型的なものとして共有するが，他の「平らぐ，平らげる，斬りかかる」はその形式を典型的なものとしては持たない。前者の語群は類義語群と言えるが，それと後者の語群とは類義の関係にない。また，後者のうち「平らぐ，平らげる」は［〜が〜を］という統合形式を，「斬りかかる」は［〜が〜に］という統合形式を持ち，それぞれ意味的に異なる語（群）として対立する。

統合形式を共有する類義語群には当然ながら共通の意味が認められる。このことを説明するのに次のように言ったらどうだろうか。

(3) 　共通の統合形式をとることにより，語群に共通の意味が与えられる。

(3)は特定の類義語群については当てはまるように見えるが，類義でない語も当該統合形式を取りうることから，一般には成り立たない。例えば，「争う」の［〜が〜と］という統合形式を「会う」「結婚する」も取りうるが，これら後者の語は前者の語とは類義にならない。

逆に次のように言ったらどうだろうか。

(4) 　語群の共通の意味が共通の統合形式を選択する。

この場合，「争う，もめる，きそう，せる，せり合う，戦う，渡り合う，

斬り合う」に共通の意味要素が[〜が〜と]を求めるのである。ここで複数の異なる意味類型が1つの統合形式に対応することを認めるなら、「争う」などとは類義でない別の語が別の意味要素にもとづいてその同じ[〜が〜と]と言う統合形式を選んでもよいことになる。

奥田靖雄（1985a: 73）は（4）の考え方に近いと思われるが、この点に関して次のようにまとめている。

(5) 単語の valence が単語の語彙的な意味にかかわっていることは、一般に承認されている。単語の valence とは、単語の語彙的な意味がほかの単語のそれとむすびつくとき、あらわにする構文論的な特性である。

'valence' は「結合価」と訳されるのが一般的である。仁田義雄（1980: 9）は結合価について次のように言う。

(6) 結合価という概念は、語詞が主要素（governor）として機能する時、その語詞の語義のありかたによって、その語詞と共存的に生起して整合的な連語や文を作る従要素（dependent）のクラスの種類と数、およびその従要素に属する実質語の意味特性が、定まっている、という仮説に基づいている。

2. 統合形式の意味

さて、ツカムとヨムは以下に見るように、互いに意味が離れているにもかかわらず同じ統合形式を取りうる。ここでは両語の意味の差が統合形式の違いに反映されていない。

(7) a 絶好のチャンスをツカンダ
　　b 蛇を素手でツカンダ
　　c 右手にナイフをツカンダ
　　d ナイフを右手にツカンダ

　　　　e　上から相手の首をツカンダ
　　　　f　友達と蛇をツカンダ
(8)　a　相手の顔色をヨンダ
　　　b　細かい字を虫眼鏡でヨンダ
　　　c　1年前にその小説をヨンダ
　　　d　その小説を1年前にヨンダ
　　　e　10ページからその本をヨンダ
　　　f　友達と本をヨンダ

　これは，統合形式の「枠」だけを考えているからである。統合される要素の意味的な性質を規定すれば，格助詞の組合わせによる枠の数に比べるとずっと多くの異なるタイプが認められるわけで，同じ形式的な枠がさらに相互に区別されることになる。「連語論」を提唱する奥田(1985a)はこの立場に立つと考えられる。

(9)　もしも，構造的なむすびつきから，それをつくりだす構成要素のカテゴリカルな意味，構文論的な特性をとりのぞいて，これをじゅんすいな関係としてみるなら，《与格の名詞＋対格の名詞＋動詞》というような公式をうけとるだろう。しかし，この種の公式は構造的なむすびつきの内容をなんら表現しはしない。このことは，おなじ与格の名詞がかざられ動詞との関係において，ことなる構文論的な特性をあらわしていて，ことなるむすびつきをなしている，つぎのふたつの連語がおしえてくれる。

　　　　神田君に部屋をかりる
　　　　神田に部屋をかりる

　与格の名詞と《やりもらい動詞》とのあいだにあるむすびつきの性格は，ふたつの連語ではことなっているのだが，そのちがいは，名詞が与格の形をとるということだけでは，表現されない。やりもらい動詞との関係において，一方は《相手＝対象》を，他方は《やりもらいの対

象のありか》をあらわしていることを，したがって名詞のカテゴリカルな意味がやりもらい動詞との関係のなかであらわす構文論的な特性を，公式のなかにさしだすことが必要である。こうして，はじめて構造的なむすびつきの内容が明確な表現をうけとる。　　（pp. 82-83）

　結合価を中心に考える結合価文法も，統合形式の構造的なタイプを中心に考える連語論も「語の意味特徴の一要素として，構文的に実現される意味要素に関する特徴を含む」という点では一致するものの，両者は意味と形式の関係のとらえ方の方向が異なる。結合価文法の一つのタイプである「格文法」では，「形態格」よりも「意味格」を重視する（意味格はまた「意味役割」と呼ばれることがある）。

(10) 形式のレベルで明確に区別できる格とは異なり，格によって表現される，項の述語に対する意味的関係の具体的な内容は，疑いもなく多様である。同一の格で表されていても，その意味的関係の内容は一様なものではない。例えば，(1)【太郎が次郎に花子を紹介した—山田】のヲ格と次に挙げる (2) のヲ格とは，完全に同一の関係を表しているとは言えない。

　　(2)　太郎が花子を抱き上げた。

　　(2) のヲ格は，(1) のヲ格とは異なり，物理的移動が関与する。(1) と (2) のヲ格の述語に対する意味的関係は，このような具体的レベルにおいては，同一のものとすることはできないわけである。

　　しかしながら，項の述語に対する意味的関係をこうした具体的レベルで捉えようとすることは，文法記述にとっては，たいして意味のあることではない。具体的レベルを問題にすればするほど，言語現象に見られる一般的原則（規則性）を記述しようとする文法論の対象からは掛け離れてしまう。文法論の立場からは，語（語句）の意味的関係についても有意義な一般化が得られるレベルに関心が向けられるのである。このような抽象的なレベルで捉えられる，項の述語に対する意味

的関係の諸類型を「意味役割」と呼ぶことにしよう。

(益岡隆志 1987: 100-101)

　こうした意味格・意味役割を用いた分析はまず何よりも「語の意味内容」にもとづいた分析である。統合形式を示す「格助詞」はむしろ二次的な役割しか与えられない。また，意味役割は具体的な形式とのかかわりを直接には持たない一般的な概念を表す。

　格文法の意味格・意味役割が個々の動詞からは独立した，一般的・抽象的な概念を示すものだととらえられているのに対し，連語論での「カテゴリカルな意味」は格助詞および具体的な動詞群と密着している。連語論によると，「太郎が花子を抱き上げた」における「を格名詞と動詞のむすびつき」の構造は「物に対するはたらきかけ」の下位類である「うつしかえのむすびつき」の構造であり，その構造での「花子」は「はたらきかけをうける物」であり「空間的な位置変化をするにとどまる」ものである，と言ったように規定される (奥田靖雄 1983: 33)。一方，「太郎が次郎に花子を紹介した」は「人に対するはたらきかけ」の下位類である「社会的な状態変化のむすびつき」の構造を持つとされる。「社会的な状態変化をあらわす連語では，かざり名詞でしめされる人間が，あたらしい人間関係のなかにひきこまれる。あるいは，その人の社会的な状態を変化させることが表現されている」(p. 54) のであり，「花子」はそういう変化を受ける人間である，と規定される。

　このように，二つの立場は同じ現象の記述にきわだった違いを見せる。これは，形式と意味の関係をどう考えるかの違いにもとづいているように思われる。形式と意味が相互に比較的独立に存在する，と考える立場が格文法に，形式と意味が相互に切り離しがたくむすびつく，と考える立場が連語論につながると見られる。また，1つの形式には一般的な意味が1つあるいは少数むすびつくと考えるか，それとも1つの形式に多様な意味がむすびつくと考えるかの違いも両者の違いに反映する。

3. 形式と意味の関係

　語が具体的な文脈において多様な解釈を持つことは言うまでもない。この多様な解釈のよってきたるところをどこに求めるかで，語の意味の記述の性質がずいぶん異なる。

　一つの極端な立場は，個々の解釈はすべてもともと多様な形で語に内在するものであり，それが文脈によって選ばれたのだとするものである。もう一つの極端な立場は，個々の解釈はすべてもともと語に内在する1つの意味が文脈によって修正されたものだとするものである。前者を「多義論」，後者を「単義論」と呼ぶことにしよう[2]。例えば，動詞トルは多くの用法の一部として(11)に示した用法を持つが，多義論ではトルにその数に応じただけの異なる意味があり，単義論ではトルの意味は1つであるということになる。

(11) a 　本を手にトル
　　 b 　網で虫をトル
　　 c 　新聞をトル
　　 d 　息子から家賃をトル
　　 e 　広角カメラで写真をトル
　　 f 　洗剤で汚れをトル
　　 g 　試験で満点をトル

　さて，(11)でトルと統合される「を格」の名詞句に対し格文法はおそら

---

[2] ここでまとめた多義論および単義論の内容はそのもっとも一般的な規定である。実際に提唱されている意味の考え方はさまざまな程度にそのどちらかに属する。多義論は一般の国語辞書が取る立場である。単義論はこれまでに様々な形で提出されてきた。国広哲弥(1982)の「意義素論」はその一つである。最近では，田中茂範(1990), Ruhl (1989), Tobin (1990)が英語を対象に単義論を展開している。ヤーコブソン(1986)はロシア語の格について「一般的意味」を論じたものであるが，そこには Hjelmslev の考えが次のように引用してある。「ひとつの言語形式がそうであるように，ひとつの格が幾つかの異なったものを意味するということはない。ひとつの格が意味するのは唯ひとつのものである。すなわち，具体的な諸用法をそれから派生しうるところの唯一の抽象概念を担っているのである。」(p. 75)。

く《対象》という1つの意味類型を与えるだろうし，連語論はおそらくいくつもの意味類型に分けるだろう。この点の扱いについて格文法は単義論に近く，連語論は多義論の方を向いている。

次の(12)は［〜が〜に〜を］という統合形式を取るが，これを［〜が〜を〜に］という形式にした(13)は不自然である。

(12) a 　先輩が後輩に遅れをトル
　　　b 　部下が自分の行動に責任をトル
　　　c 　議長が議案に決をトル

(13) a 　?先輩が遅れを後輩にトル
　　　b 　?部下が責任を自分の行動にトル
　　　c 　?議長が決を議案にトル

「遅れをトル／責任をトル／決をトル」において，統合されたそれぞれの語は互いに緊密に結びついていて切り離しにくい。これは形式上は句であるが，機能的には「語」に近いことを意味する。一般に，語はその構成要素を分割してそのあいだに他の要素を割り込ませることのできない単位である。「火の手」と「父の手」を比べてみると，その違いが分かる（「大きな火の手／?火の大きな手」と「大きな父の手／父の大きな手」）。「分割のしにくさ」は「慣用句」にも当てはまる。「ヤクザから足を洗った／?足をヤクザから洗った」と「3時から足を洗った／足を3時から洗った」）。

語は「使い手が使用に先立ってあらかじめ記憶しておくべき単位」である。それに対して，句・文は「使用の都度作り出されるもので，あらかじめ記憶しておく必要のない単位」である。「遅れをトル／責任をトル／決をトル」はその点から言うと記憶しておく単位に入る。使い手が，それぞれをさらに小さな要素に分析して記憶しておき，使用の都度合成しているとは考えにくい。

慣用句の「足を洗う／手を染める」などでは，さらに小さな要素への分析自体が不可能である。これらはそれぞれ「手／足／洗う／染める」の意味とはつながりを持たないし，慣用句の中でどのような意味をになっているかも

不明である。「悪事に手を染めた」人が「悪事から手を洗う」とは言わず「足を洗う」と言うのがどうしてかは合理的に説明できない。慣用句に比べると、「遅れをトル」などはまだ、構成要素の部分の意味が生きている（「？ヤクザから洗った足」と「後輩にトッタ遅れ（を取り戻す）」との不自然さの程度を対比せよ）。

　（12）で動詞と統合される「遅れ／責任／決」が動詞と一体化しているのに対し、（11）の場合は動詞と統合される名詞句が動詞から独立している。では、これらの統合形式を表示する形態格と動詞についてはどうだろうか。ある種の格文法では意味格・意味役割は動詞の意味の構成要素であり、そこから、個々の動詞からは独立した一般的な「格助詞対応規則」によって形態格が導き出される。動詞の意味要素として記憶されるのは、具体的な統合形式ではなく、こうした意味格・意味役割である。一方、連語論では具体的な動詞群と形態格とが結びついて、「連語の構造的なタイプ」を作ると考えるので、特定の動詞がどのタイプに属する動詞かが記憶されていなければならない。一方が、意味格・意味役割を形態格に対応させる、つまり形態格そのものにある意味類型を与えるのに対し（上記（10）参照）、他方は動詞から切り離された形態格そのものには何の意味もないとする（同（9）参照）。

4. 語の内在的特徴の分析的表現

　動詞の内在的意味特徴と形態格について、次のことが認められる。

(14) a　動詞の内在的意味特徴には、その動詞が示す事象についての概念、およびその概念をどういう観点から、どの部分に注目してとらえるかという特徴がすべて含まれる。
　　 b　動詞のそのような特徴が、その動詞と統合される語句によって特定化されて分析的に示される。
　　 c　形態格の数が少数であるのに対し、動詞の内在的意味特徴の数は多数である。

動詞の示す事象は一般的に言って，動作・変化・状態のいずれかである。動作についてはその内容およびその動作にかかわるものが，変化については変化の前後の状態およびその変化にかかわるものが，状態についてはその内容およびその状態にあるものとが，個々の動詞の意味特徴として含まれるはずである。そのため，単に「走る／止まる／居る」と言っただけで，そのようなかかわりを持つことがらを想起することができる。これが(14)aの内容である。

　もちろん，語は単独ではきわめて抽象的な存在である。そこには何の具体性も特定性もない。そこには，不定項しか含まれていないとも言える。この不定項を特定化するのが，語と統合される諸形式である。

(15) a　雲
　　 b　白い雲
　　 c　大きな白い雲
　　 d　?たどたどしい雲

　「雲」の意味(の一部)が示すのは〈空に見える気象学上の物体〉という概念であり，物体の概念には〈色／形〉の特徴が含まれる。(15)aはそうした特徴を特に指定しない表現であり，b・cは指定した表現である。「雲」が表す概念には〈行為〉という特徴は含まれえないから，その点を特定化したdは不自然に感じられる。

　「動詞の内在的な特徴」とは「それが使われたときに，文脈に実際には表されてはいなくても，その動詞を使う以上当然の前提として存在している意味要素」である。「実際には表現されない」要素はきわめて多くある。名詞の場合と違い，動詞の場合は，具体的な事象を述べようとするとき，その事象にかかわるもののすべてを特定化しないでおくわけにはいかない。動詞が示す事象に関与するものの中で動詞の内在的特徴のどれを特定化して分析的に示さなければならないかには一定の傾向が認められる。例えば，個々の動詞を互いに弁別する意味特徴としては働かない〈日時〉・〈場所〉の特徴は「必ずしも分析的に示されなくてもよい要素」であるが，他動詞の〈対象〉の特徴

は「分析的に示されなくてはならない要素」である。動詞の意味特徴のなかで中心的なものほど分析的に表されやすいのは当然であるが、実際にどれが表され、またどれが表されないかは文脈・場面によって異なるのであり、〈主体〉・〈対象〉などが現れない文は珍しくない。もちろん、動詞と統合する語句がすべて動詞の内在的特徴に呼応したものというわけではない。理由・原因などを示す語句は、動詞の内在的特徴と無関係に動詞と統合しうる。これを一般的に言うと、語が他の語を修飾する場合、修飾する語が修飾される語の内在的特徴を特定化して分析的に示す場合と、内在的特徴とは直接かかわらない意味特徴を付加する場合とがあると言うことである。以上が、(14) b の言わんとするところである。

　次に、(14) c である。「が／を／に／と」などの格助詞で表示される形態格の数は10に満たない。一方、動詞の内在的特徴の数は、統合される語句に関するものだけでもずっと多い。連語論の分析では、前述のように形態格そのものに意味を認めず、構造的なタイプに生じる限りでの名詞句に類型的な意味を認める。そして、それぞれのタイプに現れる特定の形態格で表示された名詞句にさまざまな「カテゴリカルな意味」を認める。例えば「を格」と統合する連語の場合は、まずそれが「対象へのはたらきかけ」と「状況的なむすびつき」とに大別され、前者はさらに「対象へのはたらきかけ／対象の所有、やりもらい、うりかい／対象への心理的なかかわり」の3つに分かれる。また、それらのそれぞれがさらに下位分類される。例えば、「対象へのはたらきかけ」は「物にたいするはたらきかけ／人にたいするはたらきかけ」に二分され、そのそれぞれがさらに下位分類されると言った具合である。「物にたいするはたらきかけ」の下位類とその具体例を次に示す(分類および例文は奥田靖雄(1983)による)。

(16) a 　もようがえ
　　　　さんまをやくにおいは季節のよび声だ。
　　 b 　とりつけ
　　　　あかい受話器をみみにあてがって‥‥

c　とりはずし
　　‥‥ほした川魚をくしからぬいて‥‥
d　うつしかえ
　　死骸を品川の沖へもっていって‥‥
e　ふれあい
　　かたがわの壁にかた手をつきながら‥‥
f　結果的なむすびつき
　　出窓でぐつぐつ御飯をたいていると‥‥

　意味格・意味役割はかなり厳しくその数を限定されたものであるが，それでもその数は格助詞を大きく上回る。益岡隆志（1987）によって認められた意味役割は次のようになる。

(17)　動作主，対象，経験者，相手，着点，起点，場所，時間，共同者，道具，受益者，原因，その他

5.　形態格の意味

　奥田（1985a）が言うように（上記（9）），《与格の名詞＋対格の名詞＋動詞》という統合形式の枠そのものには何の意味もない。この枠の動詞の種類が指定されていない以上これは当然のことである。
　ここで，動詞が特定されればどうなるか。

(18)　XにYをカリル

　こうなるとかなり具体化するが，まだX・Yの種類を完全には特定化できない。奥田（1985a）によると，カリルは《やりもらい動詞》であり，この種の動詞の「に格」には，「やりもらいの」《相手＝対象》と，《やりもらいの対象のありか》とが区別されるのだと言う。それはその通りだが，そもそもこの二つの区別は動詞カリルの内在的特徴にもとづくのである。そしてこの段階ではXが不定であるから，そのどちらとも特定できない。

Xを特定するとそのどちらかになるのだが，それを決めるのはXの内在的意味である。つまり，(19)aが《相手＝対象》，(19)bが《やりもらいの対象のありか》となるが，(19)aを《やりもらいの対象のありか》とすることはできない。これはひとえにXの内在的意味と「に格」の意味の働きによる。

(19) a 　神田君に部屋をかりる
　　 b 　神田に部屋をかりる
　　 c 　九月に部屋をかりる

また，(19)cの一般的な日時を示す「に格」名詞は「連語の構造的なタイプ」にはおそらく入らないと思うが，これが《日時》となるのもXの内在的特徴と「に格」の意味特徴による。形態格そのものになんの意味もないと考えるならば，以上のことは説明しにくい。つまり，名詞句の格を表示するそれぞれの形態格に固有の意味特徴を認めなければならない。

分析的に表されるべき動詞の内在的特徴とそれを表す手段の数に上記の不均衡があるのだから((14)c)，形態格そのものに意味を認めるとすると，その意味は必然的に抽象的なものとなる。格文法で「を格」に対応させられる意味格・意味役割の《対象》はその典型的な例である。

益岡 (1987: 107) は《対象》について次のように言う。

(20) 「対象」は，他の意味役割が表す意味的関係以外の関係を広く表すことができる。述語との結びつきが強く，その意味的関係の内容は述語の種類に大きく左右される。その意味で，対象については，消極的な形での性格づけで満足する他はない。

形態格は互いに他を規定しあいながら閉じた集合を作っているので，1つの形態格の意味が他の格の意味との相対的な関係の中で決まる面がある。他の格の意味をどう規定するかによって《対象》の内容の範囲が広くも狭くもなる。ここでは，格を比較検討してそのことを具体的に述べる余裕がないので，《対象》の意味について多くを語ることはできない。しかし，その意味が非常に一般的なものであることは確かである。仮に「を格名詞句」の一般的

意味を〈動詞の表す事象の中で，主体からの影響が全面的に及ぶととらえられるもの〉と想定したとする。この想定は例えば，(16) に挙げた「を格名詞句」の具体例に関しては当てはまる。これは当然でそもそも (16) は「対象へのはたらきかけ」の例であった。奥田 (1983: 140-148) はそれに対して次のタイプを「状況的なむすびつき」としてあげる。

(21) a 空間的なむすびつき
　　　　そこから谷底をながれる千曲川もみえる。
　　 b 状況的なむすびつき
　　　　志野田先生は‥‥花のにおいのなかをあるいて，部屋の廊下にあがった。
　　 c 時間的なむすびつき
　　　　その年の暑中休暇を捨吉は主に鎌倉の方でくらしたが‥‥
　　 d 時間＝量的なむすびつき
　　　　たったひと晩を芸者家というものにねた梨花は‥‥
　　 e 空間＝量的なむすびつき
　　　　この往来はわずか二三町だった。が，その二三町をとおるうちに‥‥

(16) の「を格」名詞がすべて他動詞と統合されたものであったのに対し，(21) はほとんどが自動詞との結びつきである。自動詞の場合，その内在的意味特徴に〈なにかに影響を与える〉という要素は本来的には含まれていない（あるいは，そのような特徴を含まぬものを自動詞と言っている）。このような自動詞と統合される「を格」名詞句にも，〈動詞の表す事象の中で，主体の行為の影響が全面的に及ぶととらえられるもの〉という意味が認められるだろうか。(21) a・b にはそれが認められるが，他のものには認めにくい。しかし，そこには〈影響〉はともかく〈行為が全面的に及ぶ〉という特徴は認められる。(21) a・b・e の動詞には〈移動〉という意味特徴が含まれる。これらが表すのは「〈移動〉行為がある〈空間〉に〈全面的に及ぶ〉」と言うことである。(21) c・d では〈空間〉が〈時間〉となっているだけの違いである。〈な

にかに影響を与える〉という特徴を本来的には持たない自動詞に，「を格」の意味特徴によって，そのような特徴が付加されたのである．すなわち，きわめて抽象的なレベルでは(16)および(21)の「を格」名詞の諸用法を通じて，ある一般的な意味が認められると言える．

次に，「を格」名詞句の持つ一般的な意味が具体的な文構造の中でその名詞句の内在的特徴とあいまって，さまざまに変容して現れることを見ておこう．このことは，(16)・(21)に挙げた，連語のタイプのそれぞれの分類名称が，そのタイプの動詞の内在的意味特徴をそのままうつしとったものであることに見て取れる．例えば，(21)の「谷底／花のにおいのなか／暑中休暇／ひと晩／二三町」にはそれぞれ「〈空間〉／〈状況〉／〈時間〉／〈量〉〈時間〉／〈量〉〈空間〉」が内在的意味特徴として含まれている．その内在的意味特徴と「を格」の意味特徴とが複合した形で，個々の「を格」名詞句の意味が具体化している．これらの変容した意味は，使用の都度一般的な手続きにしたがって新たに産み出されまた解釈されるものだから，あらかじめ個々に記憶しておく必要のないものである．

6. 語の意味の存在様式

ここまで，格の意味というきわめて抽象的なものを対象に，意味と形式とのかかわりを考えてきた．そこで観察したことがらは，他の，より具体的な意味を持つ語の意味にも原則的に当てはまるのではないかと考える．すなわち，語の意味一般について次のように想定する．

(22) a 語の意味特徴には，その語が示す事象についての概念，およびその概念をどういう観点から，どの部分に注目してとらえるかという特徴がすべて含まれる．
　　 b 語のそのような特徴が，その語と統合される語句によって特定化されて分析的に示されることがある．
　　 c 語には，それが生じうる具体的な構造からは独立した，一般的な意

味がある。

　　d　語が他の語句と統合して具体的な構造において生じるとき，その意味は統合される諸要素と相関して変容する[3]。
　　e　この種の変容は使用の都度一般的な手続きにしたがって，新たに産み出されまた解釈されるものである。
　　f　この種の変容には，特定の語と統合されるときに個別的に生じるため一般的な手続きからは予測できず，あらかじめ記憶しておくべきものがある。
　　g　語の意味特徴が分析的に表現された形式がその語と緊密に結びついて固定表現となることがある[4]。

　(22) c は，別の観点から言うと，「語の意味はその語がどのような統合形式，文脈で使われようとも，その統合形式・文脈に対応するに十分な一般性を持っている」ということである。

　語の諸用法を説明するには以上に加えて，次の想定が必要になる。

(23)　語が具体的な文脈で使われるとき，その一般的意味特徴のある特定の部分に焦点があてられる。語と統合される表現（内在的特徴の分析的表現および臨時的に統合される表現）は，その焦点の当て方を明示的

---

[3] (22) c, d は意義素論の基本的な考え方である。「意義素【ここで言う一般的意味を含むより広い概念―山田】はそれが用いられる場面・文脈からは原則として独立しており，それが場面・文脈の影響を受けて表面的にはいろいろと変容した姿を見せる」（国広哲弥 1982: 44）。

[4] 奥田靖雄 (1985b: 8) は「特定の構造的なタイプの連語のなかでのみ実現していて，そのそとには存在しえない」意味を「連語の構造にしばられた意味，あるいは構造的にしばられた意味」と呼ぶ。これは本章の「固定表現・慣用句など，一般的な手続きから意味が予測できない，したがって統合形式もろともあらかじめ記憶しておかなければならない単位における意味」に対応する。一方，奥田は「その存在が文のなかでの単語の機能，連語の構造，単語の形態，慣用句にしばられていない」意味を「自由な意味」と呼ぶ (p. 5)。これは「現実の世界の物や現象や過程や質など，ひときれの現実と直接にかかわって，それを名づけている」意味であり，「単語の意味をたずねるとき，ただちに意識にのぼるのは，いつでもこれである」ような意味だと言う。これは「抽象的意味」に対しての「具体的意味」ということであり，本章の「一般的意味」はそれとは異なる。

に示す手段である[5]。

　(22)・(23) は「単義論」の立場の考えである。「多義論」は，次のように想定する。

(24) 語はその語が使われる統合形式，文脈に応じただけの，互いに異なった意味特徴を持つ。
(25) 語が具体的な文脈で使われるとき，その個々の意味特徴のうち，その文脈に適合した意味特徴が選ばれる。語と統合される表現（内在的特徴の分析的表現および臨時的に統合される表現）は，その意味特徴を選択する役割を明示的に示す手段である。

　多義論の立場から語の意味を記述しようとすると，原則的には個々の用法ごとに意味を与えていくことになり，限りない細分化の方向に向かう。もちろん限りはあるのだが，その限界を示すのは難しい。また，この立場は文脈に応じた他の語句での言い換えで個々の用法の意味を説明しようとする具体化の方向に進みがちである（以下の (26)・(27) の記述例参照）。一方，単義論の立場に立つと，なんでもかんでも一つのもので説明しようとするあまり，限りない抽象化に向かうかに見える。しかし，そこで (22) e, f, g を考えにいれることにより，抽象化に一定の歯止めをかけうる。具体的な記述に当たっては，まず，問題となる諸用法に (22) c, d, e および (23) の原則が適用されるかどうかを考える。仮にこの原則が適用されない用法があった場合，それは固定表現・慣用句，すなわち一般的な手続きから予測できない個別的なものとしてあらかじめ記憶しておくべき単位である可能性が高いと考え，それぞれに個別的な説明を与えておく[6]。このような基本的な態度で臨むなら，過度の抽象化に陥る恐れは減少するのではないだろうか。この点で，

---

[5] 意義素論では，一定の意味特徴が使われないか注意されずに抑えられて，その他の部分に焦点が当たることを「抑圧」という概念でとらえて，意味上の関連性をとらえようとする。田中茂範 (1990) の言う認知意味論の「焦点化」も同様の考えである。

[6] 語の固定的・慣用的な結びつきにもさまざまな融合の度合いがあり，それらは互いに程度の差をもって一般的な意味と相関する。

多義論よりも単義論をとる方が有意義な記述をもたらす確度が高いと考える。

　具体例を見よう。『三省堂国語辞典第4版』によると，トドメルの意味・用法は(26)のように説明される（原文の［1］，［2］などをアルファベットに変え，一部の漢字の読みを略してある）。

(26) a 〔ある時間，同じ所に〕とめる。とめておく。
　　　　　　　「原級に―」
　　b　あとに残す。「足跡を―」
　　c　さしとめる。「行こうとするのを―」
　　d　それ以上のことはしないで，やめる。
　　　　　　　「注意するに―」

　これらは，トドメルの意味特徴を〈そのままにしておくとある領域から外に出ていくと思われる対象を，その領域に限定してその外に出ないようにする〉と考えれば統一的に説明できる。(26) a, d は，トドメルの意味特徴の〈領域〉を分析的に取り出して特定化し，(26) b, c は〈ある領域から外に出ていくと思われる対象〉の部分に注目して取り出して表している。(26)のどの用法においても，分析的に取り出された語句のそれぞれの意味特徴とトドメルの内在的意味特徴とが相関して具体的な意味が実現している。

　同辞典は，トルの意味・用法を次のように30種に分ける。

(27) a　持つ。にぎる。　　　　　　「手に―」
　　b　うばう。　　　　　　　　　「おかねを―」
　　c　取りのぞく。　　　　　　　「しみを―」
　　d　使う。　　　　　　　　　　「弓矢を―」
　　e　かさねる。　　　　　　　　「年を―」
　　f　取ってあつめる。　　　　　「きのこを―」
　　g　うけいれる。　　　　　　　「料金を―・わいろ(賄賂)を―」
　　h　もらう。　　　　　　　　　「満点を―」

i	自分のものにする。	「天下を―・場所を―」
j	つくる。	「型を―」
k	手もとにとめ（てたくわえ）る。	「取っておく」
l	〔食事を〕食べる。	「昼食を―」
m	解釈する。	「悪く―」
n	うまくあつかう。	「きげんを―」
o	呼ぶ。	「あんまを―」
p	むかえる。	「よめを―」
q	取り寄せる。買う。	「品物を―・店から―」
r	ひきうける。	「責任を―」
s	〔すもうで〕取組をする。	「もう一番取ろう」
t	〔身につけていたものを〕ぬぐ。はずす。	「帽子を―」
u	ついやす。	「時間を―」
v	〔前から〕用意する。また，そこを使う。	「部屋を―・宿を―」
w	書く。	「メモを―」
x	つける。	「連絡を―」
y	あわせる。	「ひょうしを―」
z	殺す。	「打ち―・切って―」
A	〔野球で〕アウトにする。	「打たせて―」
B	かぞえる。	「数を―・脈を―」
C	よくない結果をまねく。	「おくれを―・不覚を―」
D	〔動詞のあとについて〕…して，自分のものにする。	「買い―」

　この場合，d，e，j，l〜p，r，s，u，v，x〜Dの諸例は固定表現とみなせる。
　固定表現については個別的な意味特徴を考えねばならない。残りの諸用法は，次の意味特徴で説明できる。

(28) トル〈主体が，一定の領域内に存在するものに働きかけて，それが主体のものとなる状態にする〉

　(28)の特徴から〈ある領域から他の領域（＝主体の領域）への移動〉が含意されるが，(27) c, t の場合，〈一定の領域内〉という特徴に焦点が当てられているため，〈その領域から出る〉という具体的意味が生じる。これは，「しみ，帽子」というものについての一般常識（「あるところにそのままあると不都合なことがある」）との相関で，そのような特徴に焦点が当たったのだと考えることができる。「(本を)手にトル」「きのこをトル」などでは，統合される名詞の特徴から，〈働きかけて〉という部分の具体的な動きが含意されて(27) a, f の語釈となり，「(それまではじぶんのものではない) かね／料金／わいろ」に〈働きかけて主体のものになるようにする〉のであれば，b, g の語釈となる[7]。

　語は，その意味が一般的・抽象的であるほど，さまざまに異なる具体的な場面に広く適用でき，逆に具体的なほど適用場面は狭くなる。語の意味についてしばしば「具体的用法の抽象化」が言われるが，すべてではないにしろ語とくに動詞の意味は本来的に一般的・抽象的なものではないだろうか。固定表現は，本来抽象的な語の意味が用法を広げていくときに過度に抽象化することを防ぐ手段であるとも考えられる[8]。語の意味をこのようにみなすなら，その意味記述は多義論よりも単義論に向かうのが自然であろう。

　これまでに述べてきた想定が妥当なものかどうか，それが語のタイプを問わずに考えられるものなのか，「抽象的な語彙体系（ラング）のレベル」と「具体的な言語使用（パロル）のレベル」との分離が妥当であるにしてもそのあいだの対応はどうなっているのか[9]などは，具体的な分析を行うことでし

---

[7] トドメルおよびトルについて本文で〈〉内に示したのは意義素論で言う意義素（の一部）である。なお，ここでのトルの意味特徴の記述には，田中(1990)の英語動詞'take'の分析を参考にしたところがある。

[8] イタルがイタッテとなることなどに見るように，固定表現は「抽象化」の手段ともなる。

[9] この問題に答えようとしているのが，最近の「認知的」な研究であると思われる。語の

か答えられないのは言うまでもない。本章ではその出発点に当たって注意しておくべきことを述べたのである[10]。

使用にあたり「人間の一般的な認知機構」が関与することは否定できないし、「焦点化」などの概念は認知的なものだろうが、語の意味記述にそれをどの程度取り入れるべきかは明らかでない。認知機構の装置を求める前に、形式から遊離しない範囲で具体的な記述をすべきだろう。

[10] 「われわれは、あらかじめ1つの意味とは何であるのかを定義し、それを操作的にみとめうる方法を考えてから記述にむかうという下降型の態度をとるべきではなく、記述の実例を多くつみかさね、多義語における意味の関係の具体的なあり方を追及するなかから、この問題の解決にせまるという上昇型の方法をとるべきだと考える。くわしい記述は理論的解決への十分条件ではないが、必要条件である。」(宮島達夫 1972: 510)。この見解の後半部はその通りだと思うが、前半部には同意できない。どのような実際な意味記述にも、必然的にどのような態度で臨むかが伴っているのであり、それがないというのはそれが意識されないだけのことである。時制・相・法などの「文法的な意味」に関する記述・解釈の相違や対立は単義論・多義論の立場の違いにもとづくことが少なくない。「意味」についてあらかじめ考えておくことは必要である。

第7章

事物・概念・意味

1. はじめに

　言語記号あるいは言語表現の意味をどうとらえるかについて一致した見解がないことは改めて言うまでもない。それぞれの見解は細かく見れば千差万別といえるが，大きく見るといくつかの基本的な点についての考え方の相違に帰着する。その1つに，言語記号ないし言語表現と「外界の事物」との関係をどう考えるかについての立場の違いがある。大雑把に言って，「言語が世界を分節する」という「言語優先の立場」と，「世界が言語に反映する」という「事物優先の立場」とが，大きく対立する2つの立場であると言えよう。言語と事物とをつなぐものとして「概念」が持出されることがあるが，「概念」をどう考えるかがもう1つの基本的な考え方の相違となる。本章は，「事物」・「概念」・「言語の意味」の関係がどのようなものとしてとらえうるかを考えようとするものである。

2. 外界の事物の認めかた

　人間は「外界の事物」に囲まれ，それらとさまざまにかかわりあう。「外

界の事物」をとりあえず「人間の外部にあって，人間とは独立に存在する一切の事物(存在物および現象)」であるとしよう。われわれはさまざまな具体的な場面でたえず「外界の事物」とのかかわりを持つ。たとえば人間関係について言うと，たいていの人は家庭や職場で毎日同じ人物と顔を合わせたり口を聞くなどしてかかわりを持つ。ここで「同じ人物」と言うのは，「(われわれが) 同じであると認める人物」のことで，たとえば自分の家族だとか職場の同僚だとかである。さて，よく知られているように，「同じ」という状態には少なくとも2つの種類がある。「きのう春男は秋子と同じ新幹線に乗っていた」というときの「新幹線」のように「具体的なものそのものが1つであり，同じである」場合と，「あした春男は秋子が乗ったのと同じ新幹線に乗る」というときのような「繰り返される型が1つであり，同じである」場合とである。上記の「同じ人物」は前者の場合である。われわれは，ある特定の人間をさまざまに異なる場面・状況で「同じ人物」であると認める。さらに，その人物を目の前にして直接的に認めるだけでなく，その人物の「写真／肖像画／映像／銅像／署名／声／指紋」など「その人物そのもの」とは言えないが「その人物の一面を表すもの」を当該の「同じ人物」と結び付けて，その人物を間接的に認める[1]。

　このような手掛かりとなる特定の写真や映像や声などがある特定の人物そのものと結び付くものだということを保証する何かをわれわれは用いているはずである。この何かは「人物そのもの」ではないし，また「人物の一面を表すもの」とも異なる。この何かは，それら2つを関係づけるものである。われわれはこの「何か」を通じて，「人物そのもの」に「思いを致す」ことができるのであり，また逆に「その人物そのものの一面」を「表現する」ことができる。

　上に人物について述べたことは，「空」や「犬」といった「外界の事物」にもあてはまる。ただし，この場合「同じ空」や「同じ犬」は「繰り返され

---

[1] これらの写真や映像は「その人物そのもの」ではなく「その人物そのものの一部を表すもの」である。その人物を目の前にしているときにも，実はその「姿」を手掛かりにして認めているのであるが，この「姿」も「その人物そのものの一部を表わすもの」と言える。

る型が同じ」である場合をも含む点で「人物」とは異なる(「きょうもきのうと同じ空だ」「秋子は春男と同じ犬を買った」)。さまざまに異なる場面で現れる空や犬を「同じ空」であり「同じ犬」であると認める際に,われわれはそれらの姿・形・動きなど「そのものの一面を表すもの」を手掛かりとする。ここでも,手掛かりとなる特定の姿・形・動きなどがある特定のものそのものと結び付くものだということを保証する何かをわれわれは用いているはずである。

この「何か」は,具体的なものそのものとして1つのものがさまざまな場面・状況で現れたときそれらを「同じ」と認め,ものそのものとしては2つ以上であっても繰り返される型が1つであるので「同じ」と認め,あるいは,ものそのものと「ものそのものの一面を表わすもの」とを結び付けることを可能にする,そういった「何か」である。そのような働きをなしうるものとして「事物そのものおよびさまざまに異なるその事物の一面を表すものに共通に認められる特徴」を想定できる。

この場合,この「何か」としての「共通の特徴」には以上の働き,つまり「その事物をそれとして同定し他の事物と識別するのに関与する」ものだけが含まれる。すなわちこの「何か」は「さまざまな関与的な特徴の集合体」とみなせる。さて,「事物の特徴」は「事物そのもの」と「事物の一面を表すもの」との両者に含まれるが(「事物の一面」は「事物の特徴の一部」である),そのいずれとも一致はしない。

この「何か」をここで「概念」と呼ぶことにしよう。概念は「互いに異なるものを関係づけ,同じものとして認める,さらには事物そのものとその表現とを結び付けることを可能にする」ものである。

3. 概念

前節ではひとまず「外界の事物」を「人間の外部にあって,人間とは独立に存在する一切の事物(存在物および現象)」であるとした。さらに,そうした事物はさまざまな場面・状況でさまざまな様相で現れ得るが,それらを

「同じであると認める」際にわれわれは「概念」を用いているのだと考えた。概念を用いてあるものごとを1つの同じものごとであると認めること，つまり「同定すること」は，同時にそれらのものごとが「他のものごととは異なるものごとである」と認めること，すなわち「識別すること」を伴う。

　言うまでもないが，われわれが「識別」するのは，このような「外界の事物」ばかりではない。「人間とは独立に存在しえない」ものごとは無数にある。たとえば，「痛み」である。さまざまな場面・状況で現れる諸感覚を同じように痛みとして識別することができる。これらを同じ感覚として認める際に，われわれは「痛みの知覚」を手掛かりとする。「知覚する主体」がなくなれば痛みそのものもなくなるはずだから，痛みそのものは人間と独立には存在しえない。「痛み」のような「外界にないものごと」を識別する際に用いている「何か」は「痛みの特徴」であるから，この点で「外界の事物」を識別する際の「概念」と同種のものであると言える。異なるのは，識別の対象である痛みそのものが外に取り出せないこと，具体物のように触ったりできないこと，他人の痛みは経験できないこと，また，「痛みを表すもの」が視覚や聴覚などの知覚によりとらえられる形で表されることはないことなどである。痛みに限らず，「感覚」は総じてこのような性質を持つ。

　「美人」なる存在もまたここでいう「外界の事物」ではない。ある特定の人物を美人であると認める際に，われわれはその人物の「姿・形」などいくつかの性質を手掛かりとする。しかし，ある特定の人物が人によって美人であったりなかったりすること，あるいはあるときまでは美人と認めていたのが，あるときからそうとは認められなくなること，などは珍しくないことを考えると，美人は「人間と独立に存在する外界の事物」とは言えないだろう。ただし，ある個人がある時点で特定の人物を「美人」かそうでないかを識別する際に手掛かりとする性質は一定しているはずである。そうでなければ，その人は「美人とそうでない人を識別できない」ことになる。ここでもまた「美人とそうでないものを識別する際に用いる何か」があるが，これは「美人の概念」であると言ってよい。

　これまで見てきた，特定の個人といった個体についての概念，あるいは空

や犬といった類についての概念は、「姿・形・動き」など「ある一定のイメージないし図式」で示すことができそうに思える。それに対し「痛み」をイメージや図式で表すのはむずかしい。ただし「美人」については、自分のタイプの美人として具体的な人物を想起することはありうる。イメージでも図式でも示すことができそうにない概念もある。たとえば「いいこと」とか「いいもの」を識別する際に用いる「いい」という概念である[2]。

ここで考えている「概念」についてもう一点述べておくべきことがある。「美人」の例で見たように、「人間とは独立に存在しえない」事物を識別する際に用いられる概念は、「個人的」なものでありうる、と言うことである。美人と認められる人物の範囲には個人差があるのだから、個々人の「美人の概念」は個人的であることになる。しかし、同時に「美人の概念」には「社会的」な面もある。「だれもが美人と認める人物」や、「だれもが美人でないと認める人物」がいるからである。概念はこのように個々人において少しずつ変異しうるのであるが、そのような個々人が共通の文化の中で生活することにより、「社会的に共通な」側面を獲得する。また、「同じもの」を知覚するときには「同じように知覚する」という「人間の知覚の機構」も概念の共通化に関与している[3]。さらに、「基本的な概念」は多くの場合、「語彙化」されていて、そのこともこれらの概念の共通化にかかわっている[4]。

概念について以上に述べてきたことをまとめれば次のようになろう。概念は、（外界／非外界とを問わず）事物を同定し、他の事物と異なるものとして識別し、事物そのものとその一面を示す表現とを結び付けるのに働くもので

---

[2] 本章では、ある特定の概念を表すのに「言語記号」を用いているが、概念を言語記号で表すことがどういうことなのかについては後述する。

[3] 人間の「認知のメカニズム」が言語に反映するというのが「認知言語学」の立場の一つであるように見受けられる。これは言うまでもないことであって、「認知」の関与しない意味現象はないといってよい。ただし、認知機構が直接に反映するのは概念であって、その概念とかかわる「意味」はあくまで言語と言う制度の枠をはめられたものである、というのが後述するように本章の取る立場である。

[4] 後述するように、われわれが日常用いる概念の多くは「語」によって表される。語はそれが通用する社会で共通に了解されるという前提があるから、語によって表される概念が社会的に共通の枠をはめられることになる。

あり，個人的な面と社会的な面とを同時に含み得るものであり，「人間が事物を同定し識別する際に関与すると認めうる，事物に含まれる特徴の集合体」とみなすことができる[5]。

このように考えたときの概念が言語以外の手段で「表示」できるとして，それがどのようになされるかは明らかではない。概念が必ずしもイメージ・図式などで示せるとは限らないことはすでに述べた通りである。なお，イメージ・図式などを概念でなく「(ある立場からとらえられた)事物」であると考える見解があるが，本章では事物は概念によって同定・識別されてはじめてそのものとしてとらえられるのであり，われわれが「認識・判断・思考する対象」はつねに事物そのものではなく事物の(ときにはイメージ・図式で表示可能な)概念である，と考える[6]。

4. 概念と言語表現

ある事物の概念を，「その事物に含まれるさまざまな関与的な特徴の集合体」であるとみなすことによって，そうした特徴の一部を表すものがその事物と関係づけられるということが説明できる。たとえば，ある特定の人物の声でその人物を認めることができるのは，「その人物の概念」に声について

---

[5] 概念を構成する「特徴」そのものの性質は一様ではないと想定される。たとえば，「感覚器官による知覚」あるいはそれにもとづくイメージなどがその中に含まれよう。次節で述べるように，概念は言語によっても表される。「感覚器官による知覚」などによって獲得された概念が言語で表されると，さらにそれをもとにして他の概念が獲得されていくのだと想定できる。本章はどのような概念でも言語で表されると主張するわけではないが，たとえば直接の知覚にもとづかない新しい概念の形成に言語は不可欠であり，人間の概念の多くの部分が言語なしでは存在しえないものであると考える。

[6] たとえば国広哲弥 (1994) は「多義語のあるものは，語の指示物である外界の現象そのものを基礎としてその多義を考えなければならない」(p. 23) とし，そのような現象そのものを「現象素」と名付け，それを言語では表現できないものとして図式的に表す。ただし「指示物は言語とは関係のない外界の存在物と考えられていたのに対して，現象素は言語の用法から帰納された，言語と関連を持った外界の一部と捉えられるもの」(p. 25) とされる。もっともこの「現象素」は「単なる外界の一部というものではなく，人間の認知作用を通して，ひとまとまりをなすものとして把握された現象を指す」(p. 25) とも言われるところを見ると，本章の「概念」とそうへだたるようには思われない。

の特徴が含まれているからである。では「指紋」はどうだろうか。指紋を扱う専門家においては指紋が関与的な特徴でありうる。指紋は日常的な場面で人物の同定・識別に用いられないという点で，他の特徴とはたしかに異なるのであるが，それがある人にとって「関与的」である限りにおいてその人の持つ概念に含まれると言える。すでに述べたように，概念には個人差がある。つまり，どのような特徴を関与的とするかについて必ずしも一致しないのである。

　ある事物の「一面を表すもの」は文字どおりその事物の一面しか表さない。それが結局はその事物に結び付けられるのは，概念を通じてのことであった。これが可能であるのは，概念がその事物の関与的な特徴をすべて含んでいて，事物の「全体をとらえる」ものであることによる。たとえば，具体的な物理的実体を表す「絵」は，そのものの「形／大きさ／色」などの特徴は表しうるが，そのものの機能的性質などは表しえない。これに対し，そのものの概念にはそのものがさまざまな場面・状況で示す状態や機能を含めた全体的な特徴が含まれる。ここで概念について，事物の全体を「とらえる」といって「表す」と言わなかった。「AがBを表す」という場合，Aは「知覚可能な，一定の形を持つもの」である。「特徴の集合体」とみなされる概念にそのような存在を考えることはできないから，「とらえる」と言ったのである[7]。

　しかし，概念を言語記号で「表す」ことがあるではないかとの疑問が出されるかもしれない。概念を言語記号で表すことはたしかにある。たとえば「空の概念／空という概念」「痛みの概念／痛みという概念」「大きいという概念」などの言い方は，言語記号が表すのは概念であることを示唆する。一方，「空というもの」「痛みというもの」「大きいということ」などの言い方は，言語記号が表すのは事物であることを示唆する。言語記号が概念と事物

---

[7] 概念どうしは互いに区別されるのだから，それぞれの概念は「なんらかの形でまとまっている」はずである，つまりそれが外部的に知覚可能な一定の形によって媒介されないとしても，内部的にはある「表示（表象）」を持つことにはならないのかということについては，その通りであると思う。ただし，「まとまった関与的特徴の集合体」それ自体が「表示」であるとすれば，それとは別に何らかの「記号的形式」を想定する必要はないと考える。

の双方を表すものだと言ってよいだろうか。

「空というもの」「痛みというもの」「大きいということ」などによって表される事物は個々の特定の事物ではない。これは，「空」「痛み」「大きい」を一般的にとらえた表現である。これらは，さまざまな場面・状況で「同じである」と認められ，他と識別される事物である。これはまさに概念の働きによって認められるのであるから，言語記号には概念がなんらかの形で関与すると言わざるをえない。一方，「東京の空」「この痛みをなんとかしてくれ」「こっちの方が大きい」などのように，言語記号は特定の個体・事態をも表す。この場合，言語記号で表されるべき特定の個体・事態はあらかじめ同定され識別されていなければならない。同定も識別もできないものは表しようがないからである。この同定・識別は概念を通じて行われると考えれば，言語記号には常に概念が関与しているということになる。

5. 概念を一定の観点からとらえる様式としての意味

概念が言語表現に関与するとしてその関与のしかたはどのようなものとなるだろうか。まず，もっとも単純な関与のしかたは「言語記号が概念をそのまま表す」というものである[8]。ただし，言語記号は社会的に共通であると認められるものであるから，それによって表される概念も社会的なものとなる。前述の通り，概念によっては相当の個人差が見られるし，きわめて個人的な概念がありうる。ところが言語記号で表される概念においては，言語記号の社会性によって，個人差がある範囲に収まるようになっている，と考えるのである。実際，われわれが認識・判断・思考などに日常用いている概念のほとんどは言語で表せるように思える。この立場では，言語記号が「ある事物を表す」ことができるのは，それが概念を表しているからだということになる。前述したように，絵や図式がある事物を表すとき，それが表すのはその事物の一面であった。これに対し，言語記号は事物全体を表すことがで

---

[8] たとえば，ソシュール『一般言語学講義』の有名な図に示されるようなものである。もっとも，ソシュールの言う「概念」がここで考えている概念かどうかは明らかでない。

第7章　事物・概念・意味 | 111

きる。これもまた，概念が事物の全体をとらえる働きを持つものであることによるのだと言うことになる。

　これは要するに，（少なくとも言語記号に結び付く）概念が言語記号以外の表現に還元できないのなら，その概念と言語記号を分離することはできないのではないか，という考え方につながる。私は基本的にこの立場にたつ。しかし，「言語記号は概念を直接に表すだけの存在である」とは考えない。

　仮に言語記号が概念を直接に表すだけのものであるとすると，「言語記号の意味」は概念と等しいことになる。言語記号に「意味」が結び付くことは否定できないからである。私はこの種の立場を「〔意味＝概念〕説」と呼んでいる（より詳しくは本書第5章を参照）。この立場で具合の悪いことは，同じ概念でとらえられる事物を2つ以上の言語記号が表すことがあり，その場合の「意味」が同じとは言えないことがある，ということである。たとえば，「四角形」という語で表されるものの同定・識別にかかわる概念の関与的特徴には少なくとも「角が4つある／辺が4つある／図形／平面」という4つの特徴が含まれる。これらの特徴が認められる事物が「四角形」として同定され，他の図形と区別される。この概念で同定・識別される事物はまた「四辺形」という語でも表せる。つまり，「四角形」と「四辺形」は「同じもの」を表す。これらは「語」であるが，「角の数が4である平面図形」や「4つの辺からなる平面図形」などの「句」もまた「同じもの」を表す。これら4つの言語記号（列）で表される概念は同一であり，すべて「同じもの」を表す。すると，「〔意味＝概念〕説」では，これら4つの言語記号（列）の「意味」もまた同じであることになる。しかし，これは明らかにわれわれの直感に反する。

　ここでは，相異なる言語記号が同じ概念を表し，かつそれらの意味が同じでないということが生じている。これは，「言語記号の意味」を「概念を一定の観点からとらえる様式」であると考えることで説明できる。つまり，言語記号は概念を表すのであるが，その表しかたが一定の観点にもとづいているということである。「（言語記号が）一定の観点から概念に含まれる特徴のあるものに注目する様式」を「（その言語記号の）意味」であると考えるので

ある(「意味」は,正確には「意味の要素の一部」であると言うべきである。この点はさらに6節で論じる)[9]。

「四角形」ないし「角の数が4である平面図形」は「角が4つある／辺が4つある／図形／平面」という特徴で示される概念の「角が4つある／図形／平面」という特徴に,「四辺形」ないし「4つの辺からなる平面図形」は「辺が4つある／図形／平面」という特徴に,それぞれ注目しながら表している。これらが概念のあるものに注目しているといっても,それらだけを表しているのではなく,概念の全体をも表していることを忘れてはならない。なお,「一定の観点から」という点については次のような例をあげられる。「曙は貴ノ花より大きい」と「貴ノ花は曙より小さい」は「同じこと」を表すが,前者は「曙」を主体として取り立てているのに対し,後者は「貴ノ花」を取り立てているという観点の違いがあり,したがって「意味が異なる」[10]。

6. 異なる概念を関係づける様式としての意味

ここまでに取上げた例は言語記号の表す概念が1つの場合だったが,中には2つ以上の概念が同一の形式を持つ言語記号で表されているように見える場合がある。たとえば,「人の口」と「びんの口」に見られる/クチ/という音形を持ち,「口」と漢字表記される語の表す2つの「口」はたしかに「似ているが同じではない」というのが直感的・常識的な判断であろう

---

[9] いわゆる「意味特徴」として提示されるものは「言語によって示される」ことが多く,またそれは「概念」ないしは「図式・イメージ」などを排除したものとみなされる例が一般的のように思われるので,本章では「意味特徴」という言い方をせず,「意味の要素」という言い方を用いた。

[10] 「青空」と「夜空」,「秋田犬」と「プードル」など,「外界の事物そのもの」としては「かなり異なる」ものが「同じく空」であり,あるいは「同じく犬」である,と認められることがある。ここには,このように異なるものどうしを「同じもの」ととらえる概念が働いている。このように概念自体も事物のある特徴に注目すると言えるのだが,概念の働きは事物の全体を同定し識別することなのであって,その事物をどのような観点からとらえるかということではない。観点の相違にかかわらず概念としては同一だからである。

(この場合の「同じ」は「繰り返される型が1つである」という場合)。これに対し,「犬の口／鳥の口／魚の口」などは「人の口」と,「樽の口／缶の口／ポットの口」などは「びんの口」とそれぞれ「同じもの」としてとらえられるのではなかろうか。つまり,一方で「人／犬／鳥／魚」などの「口」は1つの概念でとらえられ,もう一方で「びん／樽／缶／ポット」などの「口」はまた別の1つの概念でとらえられる(以下,この2つの概念を《X》・《Y》と示すことにする)。

これに対し,「人の口」と「びんの口」を「同じもの」としてとらえる,つまり《X》と《Y》に共通する特徴だけで事物をとらえる概念があり,「口」はその1つの概念を表すのである,言い換えれば《X》と《Y》の「上位概念」があって,それを「口」が表しているのだとは考えられないだろうか。これはすこし無理だと思われる。「人の口」と「魚の口」の関係と,「人の口」と「びんの口」の関係とを「同じもの」とはできないからである。「人の口」と「びんの口」の関係はむしろ「同じではないが似ている」という関係である。つまり,《X》と《Y》の2つの概念に含まれると考えられる以下の特徴は〈ものの一部〉〈ものが出入りするときの通過場所〉〈開いたり閉じたりする〉などの特徴を共有する。

《X》：動物の顔の一部にある器官／歯・舌・空洞部を含む／飲食物を取入れるときの通過場所／多く,内部の空洞部が外部に面する部分が丸い形に開いたりすぼむように閉じたりする／声を出すところ／息をするところ

《Y》：入れ物の一部にある外部と内部をつなぐ空間／中身を出し入れするときの通過場所／外部に面するところが丸い形であることが多く,そこを閉じたり開いたりすることがある／ふた・栓などをして閉じることがある

ところで,異なる2つの概念を表す言語記号・表現がある場合,それらの「上位概念」がつねに考えられないわけではない。たとえば,「ハヤイ」の用法にはそれぞれ「7時は8時よりハヤイ」に見られる《時間》の概念を表

すものと,「ウサギはカメよりハヤイ」に見られる《運動》の概念を表すものとがある。しかし, この両者は1つの特徴で関連付けることができる。つまり,「7時は8時よりハヤイ」で示される事態は「7時までの時間的経過の方が8時までのより少ない」ということであるし「ウサギがカメよりハヤイ」で示される事態は「同じ距離をウサギが走るときの時間的経過がカメが走るときのより少ない」ということであるというように, この2つの事態には〈基準時からの時間的な経過が少ない〉という共通の特徴が認められる。このとき,《時間》か《運動》かは「ハヤイ」の文脈の特徴に依存するから「ハヤイ」の示す概念に固有の特徴はこの特徴であると言うことになり, この2つの用法の「ハヤイ」の表す事態は1つの概念でとらえられているといえる。つまり, その1つの概念を表す「ハヤイ」の意味は1つだと言える。

　これに対し, 言語記号「口」も《X》と《Y》という2つの異なる概念をとらえて表しており, この2つの概念にはある類似性が認められるが, 上で見たようにこの2つに共通の上位概念を考えることはむずかしい。この場合は1つの意味を考えるよりも,「口」が表す2つの異なる概念に応じてたとえば①〈《X》; 飲食物を通過させるところ, 開いたり閉まったりする, 発声に使う〉と②〈《Y》;（《X》に似ている,）中にものを出し入れするときに通過させるところ, 丸い形で開いたり閉まったりする〉の2つの意味があるとする方が適当だろう。

　一般に, 同じ音形を持つ言語記号が2つ以上の概念を表すとき, それらの概念には互いに類似性が認められる。この状態は「多義」と呼ばれる。「多義」の扱いは各人各様であるが, その中でも, 大きく対立するかに見える2つの立場がある。それは「言語記号が表す異なる概念の数と同じだけの数の意味がある」とする「多義志向」とでもいうべき立場と,「言語記号が表す異なる概念を一般的にとらえ, 概念の数よりは少数の意味がある」とする「単義志向」とでもいうべき立場とである。「口」の例で言うと,「口」が表す2つの異なる概念に応じて2つの意味があるとするか, それともたとえば〈本体の一部で開けたり閉めたりでき, 中に何かを出し入れする

ためにものを通すところ〉といった1つの意味があるとするかの違いである（「多義志向／単義志向」について詳しくは本書第6章3節以下参照）。

　ところで，多義か単義かが問題となるのは，2つ以上の「意味」が1つの形式で表される場合であって，それらが異なる形式で表されたとしたら何の問題も生じない。まさに，「同じ形式で表される」からこそ多義か単義かが問われるのである。では，仮に別の形式で表されていたらおそらく別であるとみなされるであろう「意味」が，同一の形式で表されるときに別か否かが問題になるのはどうしてなのだろうか。それはおそらく「同じ1つの形式が表す諸概念は互いに類似したものとして関係づけられる傾向がある」ということによるものだと考えられる。一般に，「類似したもの」はどのような基準をとるかによって，その類似の度合いが異なりうる。非常に緩やかな基準をとればそれは「同じもの」とさえみなされることがある。

　「多義」であると見られる言語記号の「意味」は，多くの場合，基準の取りかたによって多くもなりあるいは少なくもなったりするのである。たとえば，「ハヤイ」の例で言うと，ある面では《時間》的ととらえられる概念と《運動》的ととらえられる概念が区別され，それぞれに応じた「意味」があるように見えるが，これらに認められる共通の特徴を基準にすると，1つの「意味」になるというように。これは，別の見方をするなら，「多義」の言語記号の「意味」があるレベルでは同じでありまたあるレベルでは異なることがあるということを示唆する[11]。

　先に，言語記号の「意味（の一部）」を，「1つの概念をある観点からとらえる様式」であると考えた。ここで，「意味」のもう1つの要素として「異なる概念を類似のものとしてとらえる様式」を考えることにしよう。この関係づけを成り立たせる特徴を「意味」の1要素であると考えるのである。2つの概念の関係づけられかたにはいくつかのタイプが考えられる。1つのタイプは2つの概念がいわば共通の特徴で対等に関係づけられる場合である。たとえば，上で見た「ハヤイ」の場合である。

---

[11] たとえば，田中茂範(1990)に見られる「コア」と「プロトタイプ」の考えなどはこのレベルの差異を記述しようとする試みであるとも考えられる。

関連づけのもう1つのタイプは，2つの概念が共通の特徴で関係づけられるものの，一方が他方に依存するようなものである。たとえば，上記の「人の口」と「びんの口」の場合である。《X》と《Y》がともに「口」で表されているのだが，「口」は先に見たようにこの2つの概念の「上位概念」を表すものではない。「人の口」と「びんの口」の関係は，「びんの口が人の口に似ている」のであり「人の口がびんの口に似ている」のではない，つまり「人の口」が元にあり「びんの口」はそれにもとづく「派生的」なものであるというのがわれわれの直感である。ただし，この派生関係は言語記号「口」と独立に，2つの概念《X》《Y》だけを見ていたのでは分からないことに注意すべきである。この派生関係は，「口」が2つの概念をどのように関係づけるかという「意味（の1要素）」にもとづくのである[12]。

7. おわりに

以上に述べたように，「言語記号の意味」には「ある1つの概念を一定の観点からとらえる様式」が含まれるのであった。それに加えて，「異なる2つ以上の概念を一定の観点から関係づける様式」が含まれるのであると考えるのである。上でたびたび「意味の1つの要素」という言い方をしたが，それは言語記号の「意味」はただ1つの要素からなるような単一体ではなく，いくつかの要素からなる多面的なものであると考えるからである。これまでに見てきた要素だけで意味現象のすべてが説明できるのでないことはもちろんである。ただ，多面的な意味の要素の中でも，この「概念のとらえ方」が意味の中心的な要素となることは強調しておかなければならない。

事物と概念，そして言語の意味の関係を以上のように考えることによっ

---

[12] 「びんの口が人の口に似ている」ということが使い手に「意識されている」かどうかによらず，「意味の表示」にはそのことが表されるべきであると考える。「派生的であると直感できる」のはわれわれがそれを「（無意識的に）行っている」からである。注11で触れた「コア」などもこのような「意識されることのない意味の要素」と言えるだろう。この場合の「諸概念を結び付けるものとしての意味」は歴史的な成り立ちを持ち，したがって社会的な面を持っていて，それは個人の意識を離れたものとみなされる。

て，さまざまな事物を 1 つの同じものとしてとらえる一方でそれを相異なる言語表現で表すこと，またさまざまな事物をいくつかの互いに異なるのものとしてとらえながらそれを同一の言語表現で表すことが説明できるのではないだろうか。

第Ⅱ部

同義・類義・多義

第8章

同義に関する二三の問題

　2つの言語表現の「意味が同じであること」すなわち「同義性」について考える。とりあげる問題は「言語表現が『同じこと』を表すとき，それを同義としてよいのか」，「意味が同じとはどういうことか」，「文脈を限れば2つの言語表現が『同じに見える』ことがあるが，それはどうしてなのか」などである。

1. 双方向含意と言語表現の同一性

　次の (1) ～ (3) a の文が表すことと (1) ～ (3) b の文が表すことはそれぞれ「同じ」である。

(1) a　その部屋にいたのは独身者ばかりだった。
　　 b　その部屋にいたのは独り者ばかりだった
(2) a　彼女はおにぎりを 3 つ食べた。
　　 b　彼女はおむすびを 3 つ食べた。
(3) a　会は 6 時半に始まった。
　　 b　会は 6 時 30 分に始まった。

同じ状況で(1)～(3)のa・bのどちらを使っても「言っていることに変わりはない」というように見える。ところで，(1)a・bは，「独身者」と「独り者」という部分が違うだけで，文の他の部分は等しい。これらを相互に置換してもa・bの「言っていること」は変わらないから，「独身者」の表すものと「独り者」の表すものは「同じ」と考えられる。(2)の「おむすび」と「おにぎり」についても同じことが言える。これらの言語表現は，どちらを用いても「同じこと」でありまた「同じもの」を表している，と言うようにも言えるが，この「同じこと」あるいは「同じもの」とは何だろうか。文が表すものは通常「意味」であると考えられている。すると，この「同じ」というのは意味についてのことなのだろうか。

「文の意味」をその文の「真理条件」であるとする立場がある。この立場では，2つの文の「意味が同じである」というのは「真理条件が同じ」ということである。ある文の真理条件は，ある世界でその文が表す事態が成り立つための条件である。論理学では，真理条件を持つのは「命題」，あるいはその命題を述べる「言明」であるとされるが，これらは通常の言語では「文」によって表される。Lyons (1977: 169) は「文の真理条件」を「(命題ではなく) 文がその内部で真となる，あるいはそれに関して真となるような，どの可能世界においても成り立つべき条件 (the conditions which must hold in any possible world in which, or of which, a sentence, rather than a proposition, is true)」であると規定する。S_1 と S_2 の2つの文について，「S_1 が真であれば必ず S_2 が真である」とき，「S_1 が S_2 を論理的に含意する (entail)」と言う。このとき同時に，「S_2 が S_1 を論理的に含意する」ならば，つまり，「S_1 と S_2 が互いに他を論理的に含意する (双方向の含意)」ならば，「S_1 と S_2 の真理条件は等しい」とされる。

そこで，文の真理条件を双方向含意で確かめることが行われる。「S_1 と S_2 の双方向含意関係」を「$S_1 \leftrightarrow S_2$」のように示すなら，確かに (1)～(3) で「a ↔ b」となる。この関係は，(4)・(5) の a・b にも成り立つ (例文および含意の判定は Kempson (1977: 40) のもの。彼女はこれらを 'synonymous' であると言う)。

(4) a　Bill is a bachelor.
　　b　Bill has always been unmarried.
(5) a　Bill is Sue's husband.
　　b　Bill is married to Sue.

　また，(6)〜(8)でも，ある状況でaが真であれば，bも真であり，またその逆も言える。つまり，「a↔b」が成り立つ。言い換えると，任意の状況あるいは文脈で一方が成り立てば，それを他方に置き換えたものが常に成り立つ。

(6) a　太郎が大阪にいたとき，次郎は東京にいた。
　　b　次郎が東京にいたとき，太郎は大阪にいた。
(7) a　太郎が次郎に金を貸した。
　　b　次郎が太郎から金を借りた。
(8) a　3は2より大きい。
　　b　2は3より小さい。

2. 同一なのは何か

　2つの異なるA・Bというものについて「真理に影響することなく，一方を他方で置換し得るものは同じものである」という「真理保存原理」が成り立つとき，ここにいう「同じもの」は「概念」である，という考えがある（石黒ひで1984: 28）。本章はこの考えに従う。すなわち，(1)aの「独身者」をA，(1)bの「独り者」をBとすると，(1)aの文において，AをBで置き換えてもその文の真理値に影響がないことはすでに見たとおりである。AをBで置き換えても「同じである」すなわち「変わらない」ものは「A（そしてB）が表す概念」である，というのである（「同じである（変わらない）」のは「概念」であって，「それを表す表現」ではない。表現は異なるのである。なお，「真理条件」は「文」についてのものであり，「概念」とは一致しない）。
　このように考えると，(1)〜(8)の双方向含意が成り立つa・bはそれぞれ「同じ概念」の「別の形式による表現」であるということができる。双方向

含意によって「同じもの」とされたのは「概念」だったのである。

　以上から，双方向含意が成り立つのは，「概念が同一である」ときであり，また，その一部が互いに置換可能な場合それらの「概念が同一である」ことが明らかになった。では，概念の同一を以て「意味の同一」すなわち「同義」と考えてよいのだろうか。

　同義に関する諸見解の中には「意味」を「概念的意味」と「喚情的意味」（あるいは，「認知的意味／論理的意味」対「感情的意味／社会的意味」など）とに大別し，前者についての同一性基準を双方向含意に求めるものが少なくない[1]。確かに，ここまで検討してきた文のうちで双方向含意が成り立つ2つの文の中には，「概念」のみならず「意味」も「同一」であると感じられるものがある（例えば，(1)〜(3)のa・b。なお，ここでの「意味」は常識的・直感的な意味でのものである）。一方，(7)・(8)のaとbあるいは，次の例のaとbは「意味が同じ」と即座には言いにくいのではなかろうか。

(9) 　a　この電車は終点まで次の急行に抜かれません。
　　　b　この電車は次の急行よりも先に終点に着きます。

　私は言語表現の意味の中心的な要素を「その言語表現が表す概念の表現様式」であると考える。つまり，2つの言語表現は，その表す概念が同一であっても，その概念の表現様式が異なるならば，「意味が異なる」と考えるのである。「概念の表現様式」には，「概念をどのような立場からとらえるか」また「そのとらえ方をどのように呈示するか」などが含まれる。例えば，「平行四辺形」という語で表される概念は，「2組の対辺がそれぞれ等しい四辺形」「1組の対角がそれぞれ等しい四辺形」「1組の対辺が平行で長さが等しい四辺形」「対角線が互いに他を2等分する四辺形」という4つの表現が表す概念と同一であるが，これら4つの言語表現の「表現様式」はすべて異なる（概念と意味の関係についての私の見解の詳細については本書第5章参照）。

---

[1] 例えば，Cruse (1986: 88) の「(認) 知的同義 (cognitive synonymy)」の定義である。

2つの言語表現の表す概念の同一性は双方向含意で判定できる。しかし，それらの「概念の様式」の同一性は双方向含意では判定できないことがある，ということである。

3. 概念の同一と意味の同一

(10) a・b には双方向含意が成り立つから，2つの文は同じ概念を表す。この文は意味も同じだろうか。問題は，「イカとエビ」と「エビとイカ」の意味が同じかどうかということである。

(10) a 私はイカとエビを食べた。
　　 b 私はエビとイカを食べた。

言語表現は「直線的」であるから，2つのものを前後わけへだてなく同等に表すことはできない。どちらかを先に言わねばならない点では，話し手に「選択の余地はない」。選択の余地のないところに「違い」は生じないが，この場合はどちらを先に言うかは選べる。この場合，同じことについて，「どちらか一方を先に言う」という選択が働いているから，「意味」を「概念のとらえ方」であるという立場に立つと，この2つの表現は「意味が違う」と言いたくなる。

次の (11) はどうだろうか。

(11) a 弘法にも筆の誤り
　　 b 猿も木から落ちる

この2つの文は「能力のある人も時には失敗することがある」という「同じこと」を表している。しかし，これはいままで見た例とは趣が違う。今までの例が，「普通の文」であるのに対し，(11) がことわざという「特殊な句・文」であるためだろうか。今までの例と違うのは，それらが a・b に形式上の共通部分を多く持つのに，(11) は共通部分がほとんどない，という点だろう。この点は，次の (12) にも言える。

(12) a 忙しくて目が回りそうだ。
　　 b 猫の手も借りたいくらいだ。

　(12)は慣用句だが,「同じことを表す」慣用句がすべて「形式上の共通部分が少ない」というのでもない。例えば,(13)の下線部は「同型」である。

(13) a その商売から足を洗った。
　　 b その商売とは縁を切った。

　(13)a・bはともに「その商売が良くないものだと考えて,その商売をやめた」ということを表す。
　ことわざや慣用句の特徴の一つはそれらが「比喩的」だということである。一般に比喩は言語表現の意外な取り合わせにより「新しいものの見方」を提供する。その言わんとするところは「文字通りの表現」でも表せないことはないのかも知れない。しかし,比喩においては概念そのものよりはむしろ「概念のとらえ方」である「意味」が主要な役割を果たしている。

4. 特定の文脈における同義

　2つの異なる言語表現が「特定の文脈において,ほとんど同じことを表す」と感じられる場合がある。例えば,(14)aの「あがって」とbの「のぼって」である。この2つの表現はしかし(15)においては「同じことを表さない」。

(14) a 階段をあがって2階に行った。
　　 b 階段をのぼって2階に行った。
(15) a 風呂をあがって2階に行った。
　　 b 風呂をのぼって2階に行った。

　(14)はa・bに双方向含意が成り立つ。2つの文の違うところは「あがって」と「のぼって」の部分である。この2つが「置換可能」ということに

なるから，この 2 つの表す「概念」は同じということになる。ところが，この同じ 2 つの言語表現は (15) a・b になると，双方向含意が成り立たず，したがって「置換できない」ので，こつ 2 つの表現の表す「概念」は違うということになる。

2 つの言語表現があるときには「同じ概念」またあるときには「違う概念」を表すと言う状況である。これは，(14)・(15) の「あがって」(あるいは「のぼって」) が「違う」ものだと考えれば，一応の説明はつく。それらの概念が違うのだから，それらの意味もまた異なる，つまり，それらを「別語」あるいは「多義語 (同じ語が複数の異なる意味を持つもの)」と考えるのである。例えば，「あがって」は (14) a では「上に向かって移動する」ことを表し，(15) a では「(風呂を) 出る」ことを表す，別のものであるというように。

さて，次の (16) の「トドイタ」は「一つの同じ語」の実現形だろうか，それともすべて「別語」の実現形，あるいは「多義語」の各用法なのだろうか。「トドイタ」を「ツイタ」に置き換えた (17) との関係で調べてみよう。

(16) a 私に手紙がトドイタ。
b 天井に手がトドイタ。
c ロープが遭難者にトドイタ。
d 車が家にトドイタ。
e 声が相手にトドイタ。
(17) a 私に手紙がツイタ。
b 天井に手がツイタ。
c ロープが遭難者にツイタ。
d 車が家にツイタ。
e 声が相手にツイタ。

まず，(16) a と (17) a には双方向含意が成り立つようである。次に，(16) b と (17) b は一定の状況で言い換えが利くが，(17) b が言える場合に (16) b が必ずしも言えないことがある (何かの拍子に「ツイタ」場合など)。c・d・

eではそうした双方向含意は成り立たない（(17) e は「不自然な」文でもある）。結局，(16)a～e はすべて「別のもの」であるということになった。実際，トドクを多義語として記述する国語辞書は少なくない。(18)は『岩波国語辞典第4版』，(19)は『新明解国語辞典第4版』の語釈である。

(18)　差し出したものが向こうに着く。㋑至る。達する。
　　　　㋺（送った）品物・郵便などが，相手方に着く。
　　　　㋩四方に（すみずみまで）行き渡る。
(19)　㊀出・（延ば）した物が目的のところまで行き着く。
　　　　㊁心に思っていることが，先方に受け入れられる。
　　　　㊂相手を思う気持ちが細かいところまで行き渡る。

　ある言語表現の様々な用法における「同一性」をこのように「互換性」を基準にして判定していくと，同一形式をもつ「語」はほとんどが「別語」か「多義語」ということになる。直感的に言ってこれはおかしい。また，そのように多様なものがどうして「同じ形式」で表されるのかという疑問も生じる。

　「意義素論」では，「語」は本質的に「一つの意味」すなわち「意義素」を持つのであり，それが「文脈の影響を受けてさまざまに異なって見える」というように考える[2]。(14)a・bや(16)a・(17)aは「特定の文脈でたまたま同じに見える」例かも知れない。このことを確かめるために次節で「トドク」と「ツク」について，意義素と文脈とのかかわりを詳しく見てみよう。

5.　トドクとツクの意義素

　「トドク」の「意義素（の一部）」は大略次のように分析される。

(20)　［AがBにトドク］

---

[2] 「意義素はそれが用いられる場面・文脈からは原則として独立しており，それが場面・文脈の影響を受けて表面的にはいろいろと変容した姿を見せる」（国広哲弥1982: 44）。なお，「多義語」には「意義素」が多義の数だけ含まれる。

Ⅰ 〈AとBが離れている〉
Ⅱ 〈Aとは別の主体Xが存在して，AがBと同位置になるように意図する〉
Ⅲ 〈AがBと同位置になるようにコントロールされる〉
Ⅳ 〈AがBと同位置になる〉

この分析にもとづいて「トドク」の用法がどのように説明できるかを以下に示す。

(21) a 私に手紙がトドイタ。
　　 b 荷物が家にトドイタ。
　　 c 足が地面にトドイタ。
　　 d 相手に声がトドイタ。
　　 e 私の願いが彼女にトドイタ。

(20)Ⅰは「トドク」の「前提」を表す（最初から同位置にあったのではトドクことはできない）。(20)Ⅱは，トドクで示される「移動((20)Ⅳで示される変化)」の背後に「その移動を意図する他の何者かが存在する」ことを表すが，その「何者か」は(21) a・b では「差出人」，c では「足の持ち主」，d では「声を出す人」，e では「私」である。a〜e において，それらの者は，「私」・「家」・「地面」・「相手」・「彼女」をそれぞれ「目標として」，そこに「手紙」・「荷物」・「足」・「声」・「願い」が「位置するようにコントロールする」。(21) c は「鉄棒にぶらさがっている」状況にふさわしい言い方だが，「歩いている」時にはこの表現は適当ではない。これは，歩いている時に「足と地面が同位置になる」のは当然でありそのようにわざわざ「意図する」必要がないからであろう。(20)Ⅲは，同位置になるのに A が「自分の意志で動くのでなく，他者の意のままになる」ということを表す。

ここで注意すべきことは，これらの文を理解しようとする者は「コントロールする主体が何であるか」を「文脈にもとづいて推論する」という点である。(21) e には文中に「私」があるが，a〜d には明示されていない。「ト

ドク」の「意味」が与えるのは,「Aがコントロールされる」ということだけである（ここから「コントロールする主体が存在する」ということが導かれる）。「推論」は言語使用者の「知識」および「文脈情報」にもとづいて行われる。上に述べたのは「常識にもとづく，ありそうな一例」であり，場面に応じていくらでも変わり得るものである。例えば,「誰かが手紙を手に持ち，その手を『私』の方に伸ばしている」といった状況で,(21) a が発話されることも考えられる。また,「何らかの事情で,『足』を高層ビルの屋上から地上に運ぶという状況」でcが発話されることも考え得る。われわれは，こうした「状況」を「トドク」の意味に重ねて「解釈する」のである。文脈から与えられる情報は,「トドク」の「意味には含まれていない」のである。すなわち,(21) a～eで「トドク」そのものの「意味は同一である」。

「ツク」の「意義素（の一部）」は大略(22)のように分析される。これにもとづいて「ツク」の用法(23)がどのように説明できるかを以下に示す。

(22) ［AがBにツク］
　　　Ⅰ　〈AとBが離れている〉
　　　Ⅱ　〈AがBと離れていない状態になる〉
(23) a　車が駅にツイタ。
　　 b　団体の一行が東京ドームにツイタ。
　　 c　大統領が日本にツイタ。
　　 d　足が地面にツイタ。
　　 e　頭が天井にツイタ。
　　 f　ロープの先が地面にツイタ。
　　 g　粘着テープが壁にツイタ。
　　 h　針が磁石にツイタ。
　　 i　墨が顔にツイタ。
　　 j　ハンカチに染みがツイタ。

(22)Ⅰは「ツク」の「前提」を表す（最初から同位置にあったのではツクことはできない）。(23) a の「車」と「駅」, d の「足」と「地面」, f の「ロー

プの先」と「地面」はそれぞれ「AがBにツク」という構文型のAとBに対応するが、これらはすべて(22) I の特徴に適合する。(23) b・c・e・g～j でも同様である。また、これらはすべて、(22) II の特徴に適合する。

「ツク」も「トドク」と同様、それが現れる文の「解釈」には「文脈から推論される」特徴が付加される。(23) a ～ c は、「離れた場所に存在する、車・団体の一行・大統領」がそれぞれ「駅・東京ドーム・日本と離れていない状態になる」ということで、これは、A・Bの語句の意味特徴ないしそれに関する知識（Aは〈主体的に動くもの〉、Bは〈場所〉）から、「AがBに向かって動いた結果、Bに居る」という解釈を与えられる。(23) d ～ j で、A・Bはともに〈物〉であり、それらが「離れていない状態になる」とき、それらはA・Bの性質に応じてさまざまな解釈を与えられる。d・e・fでは「足・頭・ロープの先」(A) と「地面・天井」(B) なので「AがBに接触し」、gではA（粘着テープ）の性質上「AがB（壁）に付着し」、hでは「A（針）がB（磁石）に吸着する」という解釈が得られる。iでは、「A（墨）がB（顔面）に塗り付けられたようになる」。また、jではA（染み）は「B（ハンカチ）に染み込む」。

トドクの場合と同様に、ここでも、推論は常識的である。もちろん、「非常識」な文脈を与えられれば、また別のそれに応じた解釈が得られる。例えば、(23) b には、「団体の一行が超常現象で東京ドームに吸い寄せられていく」場面では、(23) h と同じく「AがBに吸着する」という解釈が与えられる。また、(23) i で、「小人が巨人の体の上で墨を運んでいる」場面を考えると、「墨が到着した」という解釈が得られる。こうした解釈はすべて、ツクの〈AがBと離れていない状態になる〉という一つの意味特徴にもとづくものである。つまり、(23) a ～ j の「ツク」そのものの「意味は同一である」。

6. 文脈から補われる意味特徴

語の意義素を構成する意味特徴を「体系的意味特徴」と呼び、句や文の中で文脈・常識などから語に与えられる特徴を「文脈補充意味特徴」と呼ぶこ

とにしよう。言語表現の「解釈」は一般にこの両特徴の合わさったもの、つまり「体系的意味特徴＋文脈補充意味特徴」から構成される。そこで、「文脈の影響によって違うものが同じものに見える」ということを、次のように図式的に示すことができる。

(24)　表現Ⅰ（体系的意味特徴〈α〉＋文脈補充意味特徴［β］）
　　　≒表現Ⅱ（体系的意味特徴〈γ〉＋文脈補充意味特徴［δ］）

　(24)は、「体系的意味」の異なる2つの表現が、「常識や特定の文脈により補われる意味特徴」を考慮したとき、「解釈が同じになる」状況を示したものである。

　トドクとツクについての(16)・(17)の文の解釈を検討してみよう（体系的意味特徴をローマ数字と〈〉で、文脈補充意味特徴をアラビア数字と［］で示す）。

(25)a　私に手紙がトドイタ。（＝(16)a）
　　　Ⅰ〈手紙と私が離れている〉
　　　Ⅱ〈手紙を私と同位置にしようと意図するXが存在する〉
　　　Ⅲ〈手紙が私と同位置になるようにコントロールされる〉
　　　Ⅳ〈手紙が私と同位置になる〉
　　　1［手紙が私に向かって動く］←(25)aⅠ・Ⅳ
(26)a　私に手紙がツイタ。（＝(17)a）
　　　Ⅰ〈手紙と私が離れている〉＝(25)aⅠ
　　　Ⅱ〈手紙が私と離れていない状態になる〉
　　　1〈手紙が私と同位置になる〉＝(25)aⅣ；←(26)aⅡ
　　　2［手紙が私に向かって動く］＝(25)a1；←(26)aⅠ・Ⅱ
　　　3［手紙とは、XからYのところに移動するように、Xが手配するものだ］
　　　4［手紙が私のところに移動するように手配するXが存在する］
　　　　≒(25)aⅡ・Ⅲ；←(26)a2・3

　(26)aⅠは(25)aⅠと同じである。(26)aⅡから導かれる(26)a1と、(25)

aⅣは等しい。(25) aⅠ・Ⅳから導かれる (25) a1 と，(26) aⅠ・Ⅱから導かれる (26) a2 も等しい。(26) a3 は手紙に関する一般常識であり，(26) a2 とともに (26) a4 を導く。この (26) a4 は (25) aⅡ・Ⅲと「ほぼ同じこと」を表す。このように，文脈・常識を計算に入れると，(25) a と (26) a の「解釈に含まれる意味特徴」は「ほぼ同じ」になると言ってよい。

(16) b の解釈は次の通りである。

(27) b　天井に手がトドイタ。(=(16) b)
　　　Ⅰ〈手と天井が離れている〉
　　　Ⅱ〈手を天井と同位置にしようと意図するXが存在する〉
　　　Ⅲ〈手が天井と同位置になるようにコントロールされる〉
　　　Ⅳ〈手が天井と同位置になる〉
　　　1 ［手は譲渡不可能所有物である］
　　　2 ［手が天井に向かって動く］←(27) bⅢ
　　　3 ［手の所有者はXである］←(27) bⅡ，(27) b1
　　　4 ［Xは手を伸ばす］←(27) b2，(27) b3

(27) b1 は「一般的な知識」である。譲渡不可能所有物を動かすのは一般にその所有者である。手の所有者は「意思を持った生物」であり，「手の動きを意図する者」つまり (27) bⅡ の X に相当するものと考えられる，という推論が (27) b3 である。(27) bⅢ から (27) b2 が導かれる。(27) b2・3 は (27) b4 の特徴を導く。さて，この場合も「常識に反する」推論がありうる。例えば，誰かが他人の手を持って動かす場合には，(27) b3 は「手の所有者はXとは別の者である」という推論に置き換えられる。

(17) b の解釈は次の通りである。

(28) b　天井に手がツイタ。(=(17) b)
　　　Ⅰ〈手と天井が離れている〉=(27) bⅠ
　　　Ⅱ〈手が天井と離れていない状態になる〉
　　　1 〈手が天井と同位置になる〉=(27) bⅣ；←(28) bⅡ

　　　　2［手は譲渡不可能所有物である］
　　　　3［手が天井に向かって動く］←(28) b I・II
　　　　4［手の所有者は X である］←(28) b2
　　　　5［X は手を伸ばす］←(28) b3・4

　(28) b II から導かれる (28) a1 と，(27) bIV は等しい。(28) b3 は「天井が固定していて，手は動くものである」という一般常識と，(28) b I・II から推論される特徴である。(28) b2 から (28) b4 が導かれ，(28) b3・4 から (28) b5 が導かれる。(28) においても「文脈補充特徴」はさまざまに変り得る。「手の所有者の意図に反して天井に手が接触する」状況，例えば「思わず手を振り上げた」とか「床がせりあがってきて上にあげていた手が偶然に触れた」とかいう状況が考えられる。(27),(28) に示したのはそうした状況の一例であり，この場合はたまたま「体系的意味特徴と文脈補充意味特徴の和がほぼ等しい」ことになったのである。

7. 対比による特徴

　前節では 2 つの異なる意義素が具体的な文脈で意味特徴を補われ，全体として同等になる姿を見たのだが，(16) d～e と (17) d～e では事情が異なる。(16)・(17) d を検討しよう。
　(16) d の一般的な解釈は「車が家に運ばれてきた」，(17) d では「車が家に到着した」のようなものと考えられ，両者はかなり異なる。(16) d の一つの解釈として次のようなものが考えられる。

(27) d　　車が家にトドイタ。(=(16) d)
　　　　　I〈車と家が離れている〉
　　　　　II〈車を家と同位置にしようと意図する，車とは別の X が存在する〉
　　　　　III〈車が家と同位置になるようにコントロールされる〉
　　　　　IV〈車が家と同位置になる〉
　　　　　1［車が家に向かって動く］

2 ［Xが車とは別のところにいる］

（27）dⅡ・Ⅲから「車とは別のXが，その車をコントロールして家の位置と同位置にしようとする」という解釈が得られる。「車をコントロールするX」は「車の運転者」とは限らない。誰かに命じて車を動かしてもよいのである。（27）d2はそういう解釈の例である。このような状況は「運搬」と呼ぶことができるのであり，「車が運ばれてきた」という解釈につながる。

一方，（17）dの一つの解釈としては次のようなものが考えられる。

（28）d　車が家にツイタ。（＝（17）d）
　　　Ⅰ〈車と家が離れている〉
　　　Ⅱ〈車が家と離れていない状態になる〉
　　　1 ［車が家に向かって動く］

一般に「車はあたかも意志があるかのように動くものである」という常識がある。（28）dⅠ・Ⅱ・1から，そのような車が「家に向かって動き，そこに位置する」という解釈が得られ，「到着」の解釈につながる。

要するに，車は（27）では「動かされる」のであり，（28）では「動く」のである。ここで注意すべきことは，「トドク」はその体系的特徴に「コントロールされる」という「受動性」を含んでいるのに対し，「ツク」はその点について何も述べていないことである。「トドク」のこの体系的特徴は「車はあたかも意志があるかのように動くものである」という常識をいわばキャンセルして，「運搬」の解釈を与える。両語はともに「車が家に──」という文脈で使えるが，「ツク」が「トドク」との対比で体系的特徴には含まれない「能動」の要素を与えられたものと見ることができる。

さて，（27）・（28）もあくまで「一つの解釈」にすぎない。例えば（28）が「購入した車が運ばれてきた」という「運搬」の状況で使えないということはない。「ツク」の体系的特徴は「能動／受動」について「無標」であり，どちらの解釈も可能だからである。

8. 結語

「句」あるいは「文」では，統語構造が「構成要素を呈示する様式」となっていて，統語構造が異なれば必然的に「意味」が変わる。句・文に対し「語」とくに「単純語」では，その形式に「概念の表現様式」が表されないのが普通である（「言語記号の恣意性」）。これまで意味論で同義が論じられる場合，それは多く「同義語」を対象にしてきた。それは，句や文においては，形式に「意味の違い」が表されることが多いのに対し，語ではそうでないことが多く，2つの言語表現の「意味が同じ」かどうかがとくに「語」について問題となることが多かったためであろう（「単純語」でなくても，「語」は一般に，「ひとかたまりのもの」ととらえられ，言語使用者がその「内部構造」に注意することはないことも理由の一つにあげられる）。

このような「同義語」を扱う場合，本章で言う「体系的特徴」と「文脈補充特徴」との区別およびその相互関係の考慮が必要であるが，従来この点に特に留意した見解はあまり見られないようである[3]。

本章では，「概念の同一」は必ずしも「意味の同一」ではないこと，「語の意味」の「体系的特徴」つまり「意義素」は各語に独自のものであり，このレベルでの「同一」はほとんどないこと，しかし，そのような語でも特定の文脈において補われる「文脈補充特徴」を考え合わせると「全体としてほぼ同じ」解釈が得られる場合があること，を論じた。

---

[3] 国広哲弥（1982）は本章とは異なる視点から語の意味と文脈との相互関係を論じている。

第9章

類義語とはどのような語か

　本章は，類義語の認定基準について主な先行研究をとりあげて比較検討し，それらの異同を整理して示すことを主な目的とする。1節では「類義語・類義性」という用語の使い方を確認し，2節で主な先行研究の考えを概観する。3節では，それらで提案された認定基準の問題点を検討し，類義語認定基準の相違には，類義語の範囲をどう考えるかが大きくかかわることを確認する。4節では全体のまとめと今後の課題を述べる[1]。

1.「類義」「類義語」という用語の使い方

　まず，自明のことがらについて一応の確認をし，本章での用語の使い方を規定する。ある語 X について，「X は類義である。」という言明は不完全である。類義という概念はある1つの語だけでは成り立たず，X の他に少なくとも，もう1つの別の語がなければならない。それを Y とすると，「X は Y

---

[1] 今回の共同研究【学習院大学人文科学研究所共同研究プロジェクト「語彙的意味関係の対照研究—日本語・韓国語・英語・ギリシャ語・アラビア語の対照—」2002–2004】では，類義語だけでなく対義語も扱っている。意味の近さという点で，類義語と対義語はいくつかの重要な問題を共有する。対義性について私がまとまった見解をいまだ得ていないため，本章では対義語についてわずかに触れることしかできなかった。

と類義である。」「XとYは類義である。」のような言明が成り立つ。類義の関係は双方向的である。つまり，「XはYと類義である。⇔YはXと類義である。」という関係が成り立つ。類義関係は多く，推移的でもある。つまり，「XがYと類義である。」および「YがZと類義である。」がともに成り立つならば，「XがZと類義である。」という関係も必ず成り立つ（「うるさい≒さわがしい」＆「さわがしい≒やかましい」したがって「うるさい≒やかましい」）。ただし，推移関係が成り立たない3つの語が類義語とみなされることもある（「きく≒たずねる」＆「たずねる≒おとずれる」しかし「きく≠おとずれる」）。

　ある語が他の語とのあいだに類義の関係を持つという性質を，「類義性」と呼ぶことにすると，「類義語」とは，類義性を持つ語ということになる。

　「意味が似た語」を「意味が同じ語」に置き換えれば，同義という概念についても類義の場合と同様のことがいえる。ただし，同義関係はつねに推移的である。ここでは，「同義」および「同義語」という用語は，以下特に断らないかぎり，類義および類義語の特別な場合として扱うことにする。

　なお，具体的にどういう範囲の語を類義として認めるかについては，論者によってかなりの開きがある。そのことが，類義性の基準を考える際に大きな問題になる。これについては，節を改めて触れることにする。

2. 類義語の基準についての主な考え

　これまで，類義語とはどのような語であるかについていくつかの互いにかなり異なる考えが提唱されている。本章では，その中から類義性を正面から論じた3つの研究をとりあげ，それらを概観する。

2.1 松尾拾・西尾寅弥・田中章夫（1965）『類義語の研究』

　『類義語の研究』（以下，松尾他（1965）という）は，具体例の調査にもとづいた，類義語の先駆的かつ包括的な考察である。そこでは，類義語の認定について次のようにいう。

第 9 章　類義語とはどのような語か｜139

　どういう範囲の語を類義語と認めるかについては，意味研究の未開拓な現状では，客観的な基準を立てにくい。ここでは，作業仮説として，
　（イ）　二つ（以上）の語のさしているものごとが同一（に近い）か。
　（ロ）　それらのさし方・とらえ方において，明らかな違いはないか。
の 2 条件を立て，二つをともにパスすると判定したものを，ここで扱う類義語の範囲とした。この 2 条件の適用のありさまを例示すれば，
　　　甘藍／キャベツ／球菜　　去年／昨年　　買い入れる／購入する
のごときは，2 条件ともパスするものと考え，
　　　顔／つら　　おいしい／うまい　　うがい薬／含嗽剤
のごときも，（イ）をパスし，（ロ）においても客観的に明らかなとらえ方の違いはないと見て，扱う範囲内とした。一方，
　　　等辺三角形／等角三角形／正三角形　　明けの明星／宵の明星
のごときは，それぞれの語が，結局さし示すところのものは同一であるにしても，それぞれは，まず客観的に明らかに異なった概念（例，等辺と等角）に分析された上で総合されており，条件（イ）はパスしても，条件（ロ）はパスしないものと判定した。　　　　　　　　　　（pp. 16–17）

　上記引用にある条件（イ）の「語のさしているものごと」は，意味論で言う「指示対象」のことだと考えられる[2]。語の指示対象と語の意味とを同一視しないのであれば，類義語の判定基準に意味ではないものを用いていることになる（松尾他（1965）は「意味の重なり合い」の判定に，「指示対象の重なり合い」を用いている節があるが，明示的に意味と指示対象とを同一視してはいない）。

　松尾他（1965）の条件（ロ）が正確に何を言わんとするのかは明示されていない。前後の文章の，「客観的に明らかなとらえ方の違いはない」「客観的に明らかに異なった概念（例，等辺と等角）に分析された上で総合されており」などから判断すると，「語構成要素（形態素）に客観的に明らかに違う概念を

---

[2]　ここでの指示対象は，話し手が発話の場で指示する特定の対象ではなく，語が適用される事物・事態の範囲，すなわち概念で言えば外延に相当するものをいう。

含まない」ということだと解釈できそうである。注意すべきは,「等辺三角形／等角三角形／正三角形」は客観的に同一の概念を表す3つの異なる語だということである。これらの語の構成要素のうちに,客観的な概念として明らかに異なるものが含まれるのはたしかだが,それぞれの語の全体としては,客観的に同一の概念を表している。

　以上から,条件(イ)(ロ)は,語の指示対象および,語が表す客観的概念にもとづく条件だと言える。そこにはまだ,意味は登場しない。松尾他(1965)は,上記2条件によって類義語と判定された語について類義関係を調べていくのだが,その際に「語の意味を,観念的・抽象的に定立していくという方法・態度はとらなかった。それぞれの語の実際の用例・用法に即して,意味等の異同を追求するというせまり方をした」(p. 17)という。ここから,意味の異同を追求することになるわけで,次のように類義語のタイプわけが行われる (pp. 18-19)。

　　厳密に言えば,部分的にせよ,2語の意味は重なり合うことはあり得ないとも言える。しかし,語の微妙なニュアンスなどを無視して,知的・概念的な意味だけに関して言えば,2語(以上)が重なり合う場合は,しばしば存在する。多義的な語の意味に番号がつけられると仮定して,1番の意味では他の語と共通するが,2番の意味では共通しないというようなことがある。類義語における,知的な意味の重なり合いかたは,2語の間の関係について言えば,次の3類が考えられる。
　(1) ほとんど重なり合う関係(意味の広さが大体一致する関係)
　　　腐る／腐敗する　　来年／明年　　投手／ピッチャー　　ふたご／双生児
　(2) 一方が他方を包摂する関係(意味の広さがかなり違う関係)
　　　はば／幅員　　うまい／おいしい　　時間／時刻　　木／樹木　　木／材木
　(3) 両方の語がそれぞれの1部分において重なり合う関係
　　　きれいだ／美しい　　勉強する／まける

この分類と，先の2条件との関係を見てみよう（以下に示す関係は，松尾他(1965)では言われていないもので，あくまで私の解釈である）。2条件と3分類の例示に，同じ類義語の組が1つ使われている（2条件では「おいしい／うまい」，3分類では「うまい／おいしい」の順で呈示）。ここから単純に考えると，「おいしい／うまい」は「客観的に明らかなとらえ方の違いはない【条件(ロ)】」語の組であり，「一方が他方を包摂する関係（意味の広さがかなり違う関係）【分類(2)】」にある組ということになる。

また，2条件の例にある「去年／昨年」と3分類の例である「来年／明年」が同種であることから，これまた同様に考えるなら，「去年／昨年」「来年／明年」は，「それらのさし方・とらえ方において，明らかな違いはない【条件(ロ)】」語の組であり，「ほとんど重なり合う関係（意味の広さがだいたい一致する関係）【分類(1)】」にある語の組ということになる。

さて，【条件(イ)】は「二つの語のさしているものごとが同一(に近い)」というものだが，「同一」と「同一に近い」とは明らかに異なる。上例でそのどちらが意図されているのか不明なので推測するしかないが，前後関係から見て，「おいしい／うまい」は同一に近いもので，「去年／昨年」「来年／明年」は同一と考えて差し支えなさそうである。そうすると，これらは表1に示す関係になると考えられる。

表1

		さしているものごと	
		同一	同一に近い
意味（の広さ）	ほとんど重なり合う（だいたい一致する）	「去年／昨年」「来年／明年」	B
	一方が他方を包摂する（かなり違う）	A	「おいしい／うまい」

この関係は，「さしているものごとが同一であっても，意味は同一ではない」こと，「意味の広さがかなり違う場合でも，さしているものごとは同一に近いこと」を示唆する。上の図の空欄のうち，「さしているものごとが同一で，意味において一方が他方を包摂する」という部分(表1のA)に該当す

る語の例は，3分類に例示されている語のうちには見あたらない。どの例も，明らかにさしているものごとが同一ではないからである。その他にここに該当する例があるかというと，どうもないようである。

「意味において，一方が他方を包摂する」のは，2つの語がいわゆる上下関係にある場合だが，その場合も指示対象は同一ではない。指示対象が同一であって文体的特徴が異なる語の例は多い。例えば，2条件に挙げられた，「甘藍／キャベツ」は，「甘藍」が農業関係の専門用語，「キャベツ」が日常の一般語という違いがある。この例を，一方の意味（ここでは文体的特徴）が他方の意味を包摂する例とすることができるだろうか。つまり，〈一般日常語〉という「意味」が〈専門語〉という意味を包摂すると言えるのか，である。

松尾他（1965）にしたがうかぎり明らかにそうは言えない。上表に整理した関係は，知的な意味に限ってのものだからである。また，それらの意味の広さが「かなり違う」というべきものなのか。「甘藍／キャベツ」の例は，むしろ「去年／昨年」と同類ではないのか。そうすると，この空欄に該当する語は果たしてあるのかかなり疑わしい。

もう一つの空欄（B）は，「さしているものごとが同一に近く，意味においてほとんど重なり合う」というものである。3分類で挙げられた例のうちで，「腐る／腐敗する」は，ここに該当するかに見える。この語の組は3分類では，「意味においてほとんど重なり合う」例である。一般に，腐るという現象と腐敗するという現象はほぼ重なるので，「さしているものごとが同一に近い」と言える。そのかぎりでは問題の空欄に当てはまる。

しかし一方で，「腐る／腐敗する」は「うまい／おいしい」の関係にきわめて近い。「うまい」は「おいしい」の他に「じょうずだ」とも類義関係にあり，かつそれを包摂する。「腐る」は「腐敗する」の他に「ふてくされる」と類義関係にあり，かつそれを包摂する。つまり，「腐る／腐敗する」は「うまい／おいしい」と同じ欄にあってもおかしくない。

こうしたことになるのは，2条件と3分類の規定にあいまい，あるいは不明確な点があるため，あるいはそれらが妥当性を欠くためなどの可能性が考えられる。特に，「意味（の広さ）」と「さしているものごとの同一性」との

関係が不明瞭である。

2.2　長嶋善郎（1982）「類義語とは何か」

長嶋善郎（1982）は，類義語であるための条件を以下のように規定する。

> ある単語の意味は，その単語がどういう場面・状況で（どのような事物——具体物であれ抽象物であれ——について）用いられるか，またどのような文脈で用いられるか，によって条件づけられる。前者をその単語の場面的機能，後者を文脈的機能と呼ぶと，類義語とはこの二つの機能において著しく類似している単語を指し，また同義語とはこの二つの機能がまったく同じ単語を指すということになる。そして，一般に，ある単語の場面的機能はその単語の文脈的機能に反映するから，たとえば，生まれた年をも問題にする「生年月日」は「誕生日」とは違って次のような文脈では使えない。
>
> 　a　　今日は僕の誕生日だ。
> 　b　×今日は僕の生年月日だ。
>
> 類義性，同義性をこのように考えると，たとえば同義語——その場面的・文脈的機能がまったく等しい二つ（またはそれ以上の）単語——というのは，一般に存在しないと言える。両機能を同じくする，形の異なる二つの単語——形が同じならひとつの単語ということになる——は，仮に併存するとしても，コミュニケーションの手段としては不経済であるから，その一方が次第に使われなくなるか，あるいはその両者の持つ機能に違いが出てくる。　　　　　　　　　　　　　　（pp. 43-44）

長嶋（1982）はこの引用部にあるように，まず意味を条件付ける要素を規定し，その類似性ないし同一性にもとづいて，類義語および同義語を規定し，語の意味について，さらに次のように言う。

> はじめに，単語の持つ場面的機能と文脈的機能の観点から類義性，同義性について考えたが，単語の意味は，その単語が語彙の部分体系の中の

どのような単語と対比されるかによっても規定される。この観点を導入することによって個々の単語の意味が幾つかの弁別的要素（あるいは特徴）から構成される、という考え方が可能となる。(p. 45)

　長嶋（1982）は，このような考えにもとづき，「走る」「駆ける」「歩く」を例にして類義性を説明する。すなわち，これらの語群は他の語群との対比，および語群の内部での他の語との対比によって，互いを区別する弁別的要素に分析できるのであり，それぞれの語を構成する要素を比較することで，例えば「走る」は「歩く」よりも「駆ける」により近いというわれわれの直観が説明されるのだという。これは次に引用する部分に見られるように，意味要素の共有度にもとづいている。

　ところで，ある要素を共有する単語は，それらによって構成される一つの意味分野に属すると言われる。上例の単語で言えば，「走る」「駆ける」「歩く」「蹴る」「踏む」は〈足の動き〉を共有する意味分野に属し，また〈移動〉という要素について言えば，「走る」「駆ける」「歩く」，さらに「飛ぶ」「泳ぐ」「這う」等がこの意味分野に属することになる。したがって，二つの単語について，それらの属する意味分野――言い換えればそれらの共有する要素――が多ければ多いほどその類義性が高まると言える。(p. 45)

2.3　大鹿薫久（1989）「類義語・反義語」

　大鹿薫久（1989）は，類義語と反義語（対義語）をあつかったものだが，特に類義語がどのような基準で認定されるべき語なのかを詳細に論じている。
　大鹿（1989）は語の意味について，「対象との関わり（語の指示機能という側面）で規定される意味を概念的意味という（以下，この概念的意味に限って考えていく）」（pp. 240-241）とした上で，次のようにいう。

　ある語の概念的意味を知っているということはある語の指し示す個としての対象（個体）をすべて知っているということではなく（一般にある語

の示すことのできる個としての対象の集合は無限集合なのであり、それを知っていることは原理的に不可能である)、ある対象をその語で呼ぶことができるかどうかを知っていることに他ならない。　　　(p. 241)

そして、「鉛筆」を例に取り、この語の概念的意味を知っているということは、「書く道具」であるかないかで対象の世界を区切るということができることであるという。したがって、鉛筆の形そっくりの消しゴムがあってもそれを「鉛筆」と言わないのは、それが「書く道具」ではないからである。「鉛筆」はまた万年筆を指して言うことはないが、それは万年筆も同じ書く道具だが、それが、「鉛筆」のように「芯で書き跡を記す」ことがないからであり、シャープペンを「鉛筆」と言わないのは、「芯を削り出す」ことがないからである、とする。そして、以下のようにいう。

> このようにある個体を「鉛筆」と呼ぶか否かを知っているということはそれ自体は区別も差異もない対象の世界を区切るその仕方を知っているということである。(後略)
>
> 　この区切り方を語による対象の指し示し方と呼び替えるならば概念的意味は、語がどのようにして対象世界を区切るかという対象の指し示し方の総体として規定されうる。翻って、語は決して他と切り離されて存在しているのではなかった。このこといま述べた意味のあり方とは別のことではない。(中略)いわば、指し示し方という差異は語と語の関係において見出されるのであり、それが付加なり対立なりという関係として考えられるのである。　　　(pp. 241-242)[3]

---

[3] 「付加」を大鹿 (1989) は次のように定義する。
　　ある語が指し示す対象の範囲が別の語の範囲の中に入ってしまうような関係——言い替えれば指し示し方がより限定されるという関係にある場合、指し示す範囲の広い——限定が少ない語を上位語、逆の関係を下位語と呼ぶ。また、この関係を上下関係と呼ぶこともあるが、ここでは指し示し方における限定が加わるという点に着目して付加関係と名付けておこう。　　　(p. 238)
　また、「対立」は次の通り。
　　ある語の指し示す対象の範囲内にあって、お互いに上下関係になくしかも限定の仕方 (指し示し方) が対立的であるとき、これを同位語という。この関係を対立関係と呼ん

大鹿 (1989) は，このように意味を語と語の関係によって規定されるものと考える立場に立って，松尾他 (1965) およびその流れを汲む先行の考えが「さしているものごと」を類義語の基準とすることを厳しく批判して，「これらの考え方の問題点は語の意味と語の指し示す対象とをまったく混同してしまっているということである。」(p. 249) といい，次のように結論づける。

> 結論をいえば，「さしているものごと」の近さなど分からなくても類義語の意味の近さを考える上でなんら支障はないし，したがって条件にも何にもならないのである。結局類義語を考えようとする際，(イ)という条件【二つ（以上）の語のさしているものごとが同一（に近い）か。―山田】を考えざるをえなかったというところに意味に対する考えの未熟さを見ることができるが，わが国における意味研究の初期のものとしてその不十分さをここであげつらうつもりはない。　(p. 247)

それでは，類義性とは何かと言うことになるが，それについて大鹿 (1989) は次のようにいう。

> 以上，『研究』以来の類義に関する一つの考え方を検討する中で，意味が似ているということがどういうことかが見えてきたように思う。それは共通した指し示し方を持っているということである。語彙には体系があり，語と語が関係する。その関係は何がしかの共通性の下で成立するのであり，したがってその程度を問わないとすれば意味が似ているということと語彙に体系性があることとは相即するのである。　(p. 253)

2.4　3研究のまとめ

ここまで，松尾他 (1965)，長嶋 (1982)，大鹿 (1989) の類義性についての見解を概観してきた。3つの見解を，類義性を規定する基準という観点からまとめると表2のようになる。

　　でおこう。　　　　　　　　　　　　　　　　　　　　　　(p. 239)

表2

	松尾他（1965）	長嶋（1982）	大鹿（1989）
①指示対象の重なり合い	○	○	×
②対象のさし方の共通性	?	?	○
③語と語の関係（体系性）	−	○	○
④出現文脈の共有	−	○	−

　ここで，○は該当する特徴が類義性を構成する積極的な基準であることを示し，×は類義性の基準にはならないことを示す。また，−は，類義性の基準を構成するかどうかが明示的に述べられていないことを示す。
　①に関して，長嶋（1982）を○としたのは，意味を条件付ける要素の1つとされる場面的機能が「著しく類似している」ことが類義語の条件の1つとされるからである。場面的機能は，「その単語がどういう場面・状況で（どのような事物——具体物であれ抽象物であれ——について）用いられるか」であるから，結局，指示対象を指すことにおいても著しく類似している，すなわち，指示対象が重なり合うことになるからである。
　?は，それぞれの見解で基準となるのかどうかよく分からないものである。松尾他（1965）は，類義性の基準の作業仮説の1つに，「さし方・とらえ方において，明らかな違いはないか」という条件をあげる（2.1節で見た，条件（ロ）。条件（イ）は「二つ（以上）の語のさしているものごとが同一（に近い）か」であった）。この基準について大鹿（1989）は次のようにいう。

　　ここでいう「さしているものごと」「さし方・とらえ方」がどういうものか必ずしも詳らかにしないが，結論を先取りしていえば，（イ）の条件は必要ないのではないか，と考えられる。事実右の引用【（イ）（ロ）の2条件—山田】のすぐ後に「条件の適用のありさまを例示」しているが，そこでは（ロ）の条件をパスしなければ類義語とはされず，（イ）の方をパスしても類義にならないこともあるとされている。それはともかく，（ロ）にパスして（イ）にパスしない例は考えられないから（いわゆる語感とか文体的特徴，使用に際しての位相の問題等はこの「さし方・とらえ

方」には入れられていない），（ロ）は（イ）の条件より厳しいあるいは狭いのである。 (p. 245)

上記引用から見て，大鹿（1989）は松尾他（1965）の「さし方・とらえ方」が不詳だといいつつも，類義性の規定にはその条件だけが必要だとしている。大鹿（1989）の類義性の規定は「対象のさし方の共通性」であるから，大鹿（1989）の解釈にしたがうと，松尾他（1965）はこの基準を採用していることになる（つまり上表②の？が○になる）。しかし，2.1 節で述べたように，松尾他（1965）の「さし方・とらえ方」は，「語構成要素（形態素）に客観的に明らかに違う概念を含まない」と解されるものであり，大鹿（1989）の考える語彙体系によって決まる共通性と同じではない。

長嶋（1982）は，上に触れたように，語の意味を他の語との対比において規定される弁別的要素からも構成されるという立場に立つ。意味が語彙体系の中で規定されるとする点で大鹿（1989）の考え方と同様である。長嶋（1982）は，「対象のさし方」ということを明示的に述べていないが，弁別的要素に対象のさし方が含まれるとするなら，この点に関するかぎり大鹿（1989）と長嶋（1982）は，さほど異ならない。つまり，両者とも②において一致する。

④の「出現文脈の共有」については長嶋（1982）だけが積極的にとりあげている。これについては，さらに 3.4 節で述べる。

以上の概観から，松尾他（1965）と大鹿（1989）が相対立する見方であり，長嶋（1982）は双方との共通点を持つ見解だということが確認される。次節以下で，上記 3 つの基準と類義性との関係についてさらに検討を加えることにする。

3. 類義判定基準の問題点

3.1 指示対象の重なり合いと類義性

2 つの語が類義語であるとき，その 2 つの語がそれぞれ表す対象，すなわちいわゆる指示対象が重なるのが一般的である。また，一般に類義語とされ

る2つの語において，この重なり合いは「去年／昨年」のように相互に完全に一致することもあり，「すわる／こしかける」のように重なり合わない部分があることもある。前者は多く文体的特徴において区別されるものである。それはともかく，これらの類義語において，指示対象の少なくとも一部は重なっている。

では，指示対象において重なり合うことがない2つの語が類義語になることはあるのだろうか。松尾他（1965）は「注意報／警報」「軽震／弱震」をあげ次のようにいう。

> 専門的に明らかな定義づけがなされている，同種であるが段階の差がある語どうしの間では，たとえば「注意報」であり，かつ「警報」であるという対象は存在しないはずである。意味上，隣接的ではあるが，重なる部分はない関係である。しかし，このような関係・区別は，しばしば一般の人々の間に正しくわきまえられてはおらず，ばく然と意味が重なり合っているように受け取られている場合が少なくない。　（p. 20）

専門的には別のものだが，日常的にはその区別が厳密にはつけられていないという例である。ここで，「ばく然と意味が重なり合っているように受け取られている」と松尾他（1965）がいうのは，先に見たように「ばく然と指示対象が重なり合っているように受け取られている」という趣旨に取れる。そうすると，「注意報／警報」「軽震／弱震」は，専門的には指示対象において重なり合うことがないが，日常的には重なり合うととらえられている2つの語，すなわち類義語である例として考えられる。

結局，2つの語が類義語であると考えられるとき，その2つの語の指示対象は少なくとも一部が重なるということになる。

一方，ある2つの語の指示対象の一部が重なるからといって，その2つの語が類義語になるとはかぎらない。「動物／犬」「月／三日月」などの上下関係にある語は，普通は類義語と言わない。また，「等辺三角形／等角三角形／正三角形」においては，「それぞれの語が，結局さし示すところのものは同一である」ものの，松尾他（1965）はこれらを類義語とはみなさない。

また，指示対象が完全に重なる2つの語が類義語ではない場合がある。松尾他 (1965) の挙げる「明けの明星／宵の明星」は，ともに〈金星〉を指示対象とするが，類義とは感じられない。「上り坂／下り坂」にも同じことが言える。これらは，いずれも類義語というより対義語というほうがふさわしい語である（この点はさらに 3.3 節で述べる）。

　以上から，2つの語の指示対象の（部分的）同一性は，その2つの語が類義語であるための必要条件ではあるが，十分条件ではない，という考え方が成り立つ。前節で見たように，松尾他 (1965) と長嶋 (1982) がこれを支持する。私も基本的にこの考え方を支持する。

　しかし，大鹿 (1989) は類義語の成立に指示対象の近さは無関係であるとして，こうした考えに真っ向から反対する。たしかに，大鹿 (1989) の言うところにもうなづけるところはある。語の意味の要素に，他の語との関係がかかわることは否定できないからである。ただし，類義語の成立に指示対象そのものが無関係とまでは言えないだろう。

　大鹿 (1989) の類義語判定基準は次節で検討するが，その基準の成立には「付加」と「対立」という関係が不可欠だとされる（注 3 参照）。そのうちの付加関係を，大鹿 (1989) は「ある語が指し示す対象の範囲が別の語の範囲の中に入ってしまうような関係」と言う。これは，明らかに指示対象にもとづく概念規定であるから，類義性の判定に指示対象の考慮が欠かせないことを示している。

3.2　対象のさし方の共通性と類義性

　大鹿 (1989) は，「付加」と「対立」という語と語の意味関係と結びつく「指し示し方の共通性」を類義性の唯一の基準とする。といっても，「共通した指し示し方を持っていればすなわち類義語と呼んでいいかとなると，必ずしもそうはいえない」(p. 253) として次のように述べる。

> もし質的に類義語を規定しうるとすれば，以下の処理はまったくの便宜でしかないが，ここではどの程度似ているのが類義語なのかという基準

についての議論をせずに，次のような規定を提案したい。

> A，Bの二語が共通する指し示し方を持っていて，その共通する指し示し方をさらに限定した指し示し方をAまたはBが他の語との間で共有していないとき，AとBは類義語という。ただし，A，Bの下位語はこの規定に関して考慮外とする。また，BがAの下位語の場合，Bの上位語でかつAの下位語という関係の語がない場合，AとBを類義語とする。 (pp. 254-255)

これは要するに，2つの語XとYについて，XとYが，あいだに別の語が介在しない直接の上下関係にあるか，XとYが同位語の関係にある場合にかぎり，それらが類義語であるというのに等しい。

大鹿(1989)は具体例として，「のぼる／あがる」と「いく／あがる」をあげて説明する。これらは，以下のような意味関係の体系を作ると考えられる（大鹿(1989)にはこのことについての図示はない。図1は山田の解釈によるもの）。

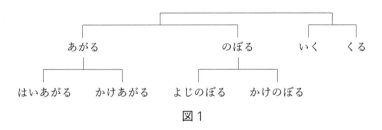

図1

大鹿(1989)によれば，「あがる」と「のぼる」は「意志主体の上方への移動」という共通の指し示し方をもつが，これをさらに限定した指し示し方を共通にもつ語は「あがる」「のぼる」の下位語以外に考えられないだろうとして，この2語を類義語とする。一方，「いく」と「あがる」は「意志主体の移動」という共通の指し示し方をもつとしても，これをさらに限定した指し示し方「意志主体の上方への移動」が「のぼる」と「あがる」のあいだに考えられるから，「いく」と「あがる」は類義としないのだという。

大鹿(1989)は同じ考え方によって，「あす・あさって」「あす・しあさっ

て」「あさって・しあさって」の組み合わせは類義語のペアといえるが、「おととい・あす」は類義語のペアではないという趣旨のことを述べる。これらの関係は以下のように図示できる（これも山田の解釈による）。

図2

こうした類義語認定の方法にしたがうと，「上・下」「右・左」などのペアも類義語ということになるが，これらは一般には対義語に分類されるペアである。この点について，大鹿（1989）は次のように言う。

> 「いく」と「くる」は共通した指し示し方を持つが，「話し手を中心とする方向」に関してまったく逆の方向を指し示すことで対立している。このように共通した指し示し方を持っているがその中である点に関して反対の対立関係があるとき，反義語と呼ぶ。反義語は対義語，反対語と呼ばれることもある。また，以上のように考えるとき，反義関係は類義関係の非常に特殊な関係になっているともいえよう。　　　　(p. 256)

対義語の意味がきわめて近いことは大鹿（1989）の言うとおりだろう。したがって，「上・下」「右・左」「いく・くる」などを，「非常に特殊な類義関係」にあるとすることは一応認められる。なお，大鹿（1989）は，対義関係に必要な「反対」の対立関係について，「位置（における相補）」（「右・左」など），「方向（における正負）」（「いく・くる」など），「量（における多寡）」（「多い・少ない」など）の3種を挙げる。

ところで，「赤・青」「南・西」「すずめ・はと」などは，大鹿（1989）の類義語判定基準に合致し，上記3種の対立関係にはないから，「普通の類義語」と認定されるはずである。しかし，これらのペアになる語は，意味が近いとはいえても，私には類義語とは到底感じられない。

実は，ここに類義語の基準をめぐる問題の難しさの小さくない一因があ

る。次節では何を類義語と認めるかについての問題をあつかう。

3.3 類義語の範囲

類義語の具体的な例，およびそれらに認められるタイプをどのように考えるかは論者によってかなりの出入りがある。田中章夫 (2002: 10-12) は，「単語の類義的なまとまり」を次の4つに分類する（語例は一部を引用）。

A. 互いの意味がほぼ重なり合う。
「たべる／くう」「いく／ゆく」「かならず／きっと」「すぐに／ただちに／すみやかに」「あした／あす／明日（みょうにち）」「わたくし／わたし／ぼく／おれ」「本／書物／書籍」「ドラマ／演劇／しばい」

B. 互いの語の意味の一部が重なり合う。
(1)「うつくしい／きれいだ」「うち／いえ」「まわる／めぐる」「ねる／ねむる」「うれしい／たのしい」
(2) 意味の一部が重なりつつ，連鎖的につながっている。
「うるさい／やかましい／さわがしい」「準備／支度／用意」「きく／たずねる／おとずれる」「さき／はし／ふち／へり」

C. 包み包まれる関係。
「なく（ほえる／いななく／さえずる）」「よる（晩）」「うまい（おいしい／上手だ）」「あげる（あたえる）」「たま（ボール／弾丸）」「かね（金属／金銭）」

D. 意味の区別は一応あるが，互いに意味が，きわめて近い。
(1)「もり／はやし」「おりる／くだる／さがる」「まずしい／とぼしい」「さむい／つめたい」「いけ／ぬま／みずうみ」「ごみ／かす／ちり／ほこり」
(2) 専門分野で区別して使い分ける。
「貯金／預金」「駐車／停車」「文／文章」「児童／生徒／学生」「きり／もや」「まい／おどり」

これらの大部分は私には，類義語としてよいと感じられる。
　籾山洋介(2005)は，類義語にとどまらず，句・文までを視野に入れた「類義表現」を考えるもので，「類義表現をプロトタイプカテゴリーと考え，プロトタイプ的類義表現を指示対象・意味範囲が同一である複数の表現」と定義する(p. 580)。その中では，「ピンチ／チャンス」「行く／来る」が「視点が異なる類義語」とされ，「上り坂／下り坂」が「同一の坂に対して用いることができるプロトタイプ的類義語である」とされる。たしかに，これらは，同一の対象について用いられているものの，一般には対義語とされるものである。これは，大鹿(1989)ならば「非常に特殊な類義関係」とするところだが，籾山(2005)は「プロトタイプ的類義語」とする。ここには，それぞれの「類義語観」が反映していると言える。
　「ピンチ／チャンス」「行く／来る」「上り坂／下り坂」は，それぞれ「同一事態・対象」の表現ではあるけれども，私には，これらを(普通の)類義語とするのはためらわれる。それはどうしてかというと，これらが，文脈においての互換性を完全に欠くからである。田中(2002)や私が類義語と「感じる」語のペアは，いずれも一定の文脈で互換性を持つ。
　そもそも類義語はどういう理由で存在するのか。言語使用の効率からいうと，1つの対象には，それを指示する語が1つあればよいように見える。同一の指示対象と結びつく語がたくさんあっても無駄だと考えられるからである。ところが，類義語は至る所にみられる。そこには類義語の存在する理由があるはずで，それを一言で言えば，「物の言い様を変えるため」である[4]。
　つまり，同じ指示対象を別々の観点からとらえて示す必要に応じるために類義語はある。このとき，ある対象を指し示す語に換えて他の語を使うのは，言うまでもなく，同じ文脈においてである。ここで，同一文脈の共有ということが，類義性と結びつく重要な性質として浮かび上がる。

---

[4] 類義語が存在する理由については，本書第10章で詳しく論じている。

3.4 文脈の共有と類義性
3.4.1 同じ文脈の共有と意味の違い

類義語の認定，あるいは認定基準をどうするかは別にして，任意の2つの類義語は，両者がともに生じる言語文脈を持つと期待される。もし，両者が類義語だとして，つまり意味が似ているとして，いかなる言語文脈をも共有しないとするなら，そもそも類義語として存在する理由がなくなる。

2つの語による文脈の共有は，その程度の違いによって大きく2つに分けることができる。

(1) 完全な共有：すべての文脈を共有し，意味の違いが感じられない。
　　夭逝／夭折，享年／行年
　　18歳で夭折した画家＝18歳で夭逝した画家
(2) 部分的な共有：ある文脈を共有し，意味の違いが感じられない。
　 a　追い抜く／追い越す，一生／生涯，着目／着眼，育成／養成
　　　後から来た車に追い越された。＝後から来た車に追い抜かれた[5]。
　 b　あがる／のぼる，浮く／浮かぶ，うつくしい／きれい
　　　坂道をあがって行った。＝坂道をのぼって行った。

(1)にあげた例は，その意味の違いがまず問題にされないタイプの語である。これはいわゆる同義語である。よく完全な同義語は存在しないといわれるが，使用頻度の高くない語にはときどきこの種のペアが見られる。

(2)はさらに，一方が生じる文脈の多くの部分で他方も生じるaタイプのものと，一部の文脈だけで生じるbタイプのものとがある。たとえば，「追い越す／追い抜く」はほぼすべての文脈で使えるが，「追いつき追い越せ」のような慣用的な表現では，「追い越せ」を「追い抜け」には替えにくい。一方，bタイプではあきらかに同じ意味にならない，あるいは一方が不自然になる用法が多く見られる。

---

[5] 道路交通法では「追い越し」は「追い抜き」と区別されているが，これは専門用語としての解釈であり，一般の用法では両者を体系的に区別することはない。

（歩いて）山にのぼった。≠　（ヘリコプターで）山にあがった。
　　物価があがった。vs ? 物価がのぼった。

　ただし，aとbは程度の違いだから，その境界は連続的である。
　(1)(2)にあげた語のペアはどれも，両者に意味の違いの感じられない文脈を考えることができる。これに対し，大鹿（1989），籾山（2005）が類義語ないし類義表現と認めるものの中には，「あす／あさって」「上り坂／下り坂」のように，一方を他方に入れ替えたときに必然的に意味の違いをもたらすものが含まれる。

3.4.2　同じ文脈での入れ替え可能性

　出現文脈の共有は，類義語であることの結果である。つまり，2つの語は，類義語であることによって，文脈を共有する。ただし，文脈を共有するからと言って，2つの語が類義語になるとはかぎらない。たとえば上位語と下位語は文脈を共有するが，これらを類義語と言いにくい場合がある。

　　うちではインコを飼っている。　　うちでは鳥を飼っている。

　「インコ／鳥」は文脈を共有するけれども，上例にはあきらかな意味の違いが感じられるので類義語というのはためらわれる（もちろん類義語という概念の定義次第だが）。
　ここで，「インコ」を含む文は「鳥」を含む文を含意するが，その逆は成り立たないことが注意される。「インコ／鳥」とは異なり，前節であげた(1)(2)の語のペアでは，双方向の含意が成り立つからである[6]。
　一般に，上下関係にある2つの語については，一方向の含意関係は成り立つが双方向の含意関係は成り立たないので，「インコ／鳥」のように上下関係にある2つの語は文脈を共有しても類義語にはならない。

---

[6] ここでいう「含意」は，いわゆる意味論的含意（entailment）である。pとqを文（によって示される命題）とするとき，pが真であるとき，qも必ず真であるなら，pはqを意味論的に含意するという。

しかし，中には上下関係にあっても双方向の関係が成り立つように思われる場合がある。

　　夜になるとぐっと寒くなる。⇔　晩になるとぐっと寒くなる。

「晩」は「夜」に含まれるから，「晩」と「夜」は上下関係にある。一般原則では，「晩」を含む文は「夜」を含む文を意味論的に含意するが，その逆は成り立たないはずである。しかし，「夜になるとぐっと寒くなる。」といえば「晩になるとぐっと寒くなる。」ことも同時に言えるといってよい。この場合，「晩」は〈夜のはじめのほう〉なので，「夜になる」ことは「晩になる」ことで，またその逆も成り立つからだろう[7]。

同じことは，次の「さえずる／なく」についても言えそうである。

　　すずめがないているのが聞こえた。⇔　すずめがさえずっているのが聞こえた。

一般には，「なく」から「さえずる」は含意されないのだが，上例ではそれが言えそうだと感じられる。これは，「さえずる」が〈すずめがなく〉ことだという事情にもとづいている。「すずめ」でなく「鳥」あるいは「からす」などだったら，双方向含意はもちろん成り立たない。

このように，具体的な文脈次第で，本来の意味論的含意の観点からは双方向の含意がないはずの語のペアが，いわば「疑似双方向含意」を呈することがある。こうした疑似双方向含意を呈する文脈が考えられるとき，その2語は文脈を共有する。そうしたことから，われわれはそこに生じる語のペアを類義語と感じるのではないか。

そこで，文脈での互換性にもとづいて類義性を規定するならば，つぎのように言えるだろう。

---

[7] 「晩」と「夜」の指す時間の範囲には個人差があるようで，「晩」と「夜」の範囲が重なるという解釈もあるようだ。その場合，2つの語は同一対象を異なる立場でとらえた語だと言うことになる（「夜」は「昼」に対して，「晩」は「朝・昼」に対していう）。

任意の言語単位XとYについて，XとYが類義であるための条件とは，以下の2つをともに満たすことである。
　①ある同じ文脈で，XとYが互いに入れ替えられる。
　②Xを含む表現（「文」）とYを含む表現との間で，互いに他方を示唆するような，適当な表現が少なくとも1つある。

②は「Xを含む表現（「文」）とYを含む表現が双方向含意または疑似双方向含意の関係になることが少なくとも1例はある」ということである。これは，指示対象の同一性にもとづく基準と同等のように見える。しかし，文脈での互換性は，明確な指示対象を持たない語（例えば，「やっと／ようやく」「きっと／かならず」など）についても適用できるという点で，より広範囲に適用できる基準である。

4.　まとめと問題点

　類義語の認定基準では，語の指示対象の関係に重点を置いて考える立場と，語と語との意味関係に重点を置いて考える立場とが鋭く対立する。これらの立場の違いには，類義語の範囲をどう考えるかが深く関わる。すなわち，語と語の意味関係重視の立場では，語彙体系における「意味の近さ」にもとづいて類義語を認定する。意味の近さということならば，「上／下」は，「上／右」よりも確かに近く，また「上」にもっとも近いのは「下」なので，この2語は類義語となる。一方，指示対象重視の立場では，明言されてはいないものの，同一文脈での互換性が前提になっていると見受けられる。

　この2つの立場はたしかに対立的だが，それは相補的な関係にあるとも言える。この2つの立場のどちらとも対立しない考え方としては，文脈での互換性を類義語の判定に用いる可能性が考えられる。言語の意味が1つの性質で律しられるものではなく，きわめて多面的なものであることを考えると，類義語認定基準のどれか1つだけをよしとする立場は狭すぎると言うことになるだろう。その点で言うなら，先行研究のうち，長嶋（1982）が

もっともバランスのとれた考え方だと言える。

　類義語にはここでとりあげなかった問題がまだ残されている。1つは，「類義語の意味の近さの度合」という問題である。2.2節で見たように，長嶋 (1982) は，意味特徴の共有という観点から，「意味の近さ」と「類義性の度合」を説明する。

> 二つの単語について。それらの属する意味分野――言い換えればそれらの共有する要素――が多ければ多いほどその類義性が高まると言える。しかし，一般的にどのような要素を共有すれば類義語と言えるかという客観的な規準はなく，ただ「大部分の要素を共有する語」とでもいうほかない。(中略)この場合，当然のことながら，個々の単語についてどのような要素を過不足なく設定するかが根本的な課題であって，日本語についてもそれがまだ十分には行われていないと言わなければならない。
> (p. 45)

大鹿 (1989) のいうように，共有度がもっとも高いのは対義語のペアである。すると「対義語を別にして，共有度がもっとも高いもの」ということになりそうだが，共有度の高いものほど類義性が高まるという点が問題になる。

　Cruse (2004) は，2つの語の意味が近いことと2つの語が類義語であることとは関係がない，といい，その証拠となる例として，以下の例をあげる。

entity	process
living thing	object
animal	plant
animal	bird
dog	cat
spaniel	poodle
etc.	

　このリストのペアになる語は，上から下に行くにつれ意味がより近くなるけれども，それに応じて類義性がますということはないのだと，Cruse

(2004) はいう[8]。

　2つの語のペアについての意味の近さは，意味特徴の共有度をもとに決めることはできそうだが，意味の近さが類義性の度合と直接に関係しないのだとすれば，共有度にもとづいて類義性の度合を決めることはできない。そもそも，「類義性の度合」とは何なのかが実は明確でない。例えば，文脈を完全に共有する「夭折／夭逝」と部分的共有の「あがる／のぼる」について，前者が後者より類義性の度合が高いといえるのだろうか。

　とにかく，「類義性の度合」とはどのようなことなのかを明らかにする必要がある。また，「あがる／のぼる」はそれぞれが多義語であり，多義性と類義性との関係という新たな問題も考える必要がある。いずれも，今後の課題とせざるを得ない。

---

[8] "there is no simple correlation between semantic closeness and degree of synonymy. The items in the following are semantically closer as we go down the list, but they do not become more synonymous." （Cruse 2004: 156）

第 10 章

類義語の存在理由

1. はじめに

　われわれが日常に使用する言語には，数学・論理学などの形式言語と異なり，多義語および冗長表現が普通に見られる。多義語は関連する個々の語義を1つの形式で表すことにより，それぞれを別個に異なる形式で表すよりも記憶の負担軽減になり，また冗長表現は伝達の誤りの軽減の働きをすると考えられる。日常言語には類義語も目立つ。形式言語にも同義表現はあるが，「類義語」に相当する単位は極めて少ない[1]。類義語は何のためにあるのだろうか，あるいはどのような働きをするためにあるのだろうか。
　類義語は意味が類似する語である。おおざっぱに言って，二つの語が類義

---

[1] まったくないわけではない。例えば，「数学の用語も，例えばベクトル空間と線形空間，1次独立と線形独立のように，まったく同じ意味の数学用語がどちらも広く使われている場合がある」（青本和彦他編 2005: 序）という。「まったく同じ意味」であるから，類義語の使い分けはほとんど問題にならないかというとそうでもないらしい。先の引用部分に続けて次のようにあるのが注目される。「従来の辞典であれば，どちらかの用語にそろえるのが常であったが，本辞典では敢えて統一せず，しかも基本的な場合はそれぞれの項目に説明を加えた。同一の概念を表す用語であっても，それぞれ説明文は異なっており，両者を読み比べれば，数学者によって説明の力点が微妙に違うことを実感していただけると思われる。」

語である場合，二つの語が指すものの範囲が重なることが必要である。このとき，一方の類義語を他方の類義語で置き換えても，「同じこと」を表す言語表現であると認められる。二つの語が置き換え可能な文脈を全くもたないとき，それらを類義語とは呼ばない。

例えば，「赤ちゃん・赤ん坊」「大きい・でかい」「すわる・こしかける」などが上記の条件にあてはまる類義語の組である。「赤ちゃん・赤ん坊」が表すものの範囲は一致する。「でかい」と言えるものなら，ほぼ「大きい」とも言える。「すわる・こしかける」の場合は，「こしかける」で表される動作は，つねに「すわる」でも表せる。一方，「月・三日月」は類義語とはしにくい。たしかに，「三日月」であれば「月」だが，「三日月」以外にも「月」の諸相を示す語があり，「月・三日月」の指すものの範囲が重なる部分は小さい。それに対して，「すわる・こしかける」の表すものの範囲は相当な部分が重なる。

「赤ちゃん・赤ん坊」「大きい・でかい」「すわる・こしかける」は，表すものの範囲が一致，あるいは一方が他方を含みほぼ重なる状態にある。すると，これらのうち一方（「赤ちゃん」「大きい」「すわる」）があれば用が足りるのであり，他方はなくてもいいのではないか。これは言語使用上，無駄ではないのか。

にもかかわらず，実際にはこうした類義語は大変に多い。そのわけを探るのが本章の目的である。

2. 言い換えとそのパターン

類義語は，互いに言い換えられる関係にあり，実際の言語使用でも言い換えに使われている。もし，類義語が言い換えに使われないとしたら，その存在が無意味なことは明らかだろう。言い換えは，類義語にとっての必要条件である[2]。したがって，類義語の存在理由を考えるには，言い換えについて考

---

[2] この場合の必要条件としての言い換えには，後述する「潜在的な言い換え」を含むものとする。すなわち，ある語XとYが類義語であり，ある発話でYが生じるとき，実際の発

えることが必要である。

　まず言い換えとは何かを規定しよう。

（Ⅰ）　文脈Cに含まれる言語表現Xを他の言語表現Yに置き換えるとき，「XをYで（に）言い換える」といい，その置き換える行為を「言い換え」という。また，そうして置き換えられた表現について，「YはXの言い換えである」という。

　実際の言語行動で言い換えは頻繁に生じる。その言い換え行為を表す語には「言い換える」の他に「言い直す」「換言する」「パラフレーズする」などがある。そのようにして，ある言語表現（上記のX）を言い換えた表現（上記Y）については，「言い換え」「パラフレーズ」などといった語があてられる。

　このように規定した言い換えには次のようなものが含まれる。元の表現に下線～～を，言い換え表現に下線＿＿を付して示す。

　　株の譲り受けは「家内が1人でやった」と言い続け，あとで「実は相談してやっていた」と言い直した人である。

　　　　　　　　　　　　　　　（『朝日新聞』1989年12月30日）[3]

　この場合，引用文の発話者は，「前言を翻した」のであり，言い換えによって全く違うことを言おうとしている。この種の，「全く違うことを言うための言い換え」は，類義語の存在理由を問う本章には無縁のものであるから除外する。本章で扱う言い換えを改めて次のように規定し直す。

（Ⅱ）　文脈Cに含まれる言語表現Xが，実質的な意味の変更を伴わずに，他の言語表現Yに置き換えられるとき，「YはXの（狭義の）言い換え

話にXが現れなくても，いわばXのかわりにYが選ばれているのだから，それを潜在的な言い換えと考えるわけである。そのような広義の言い換えを認めれば，類義語はつねに言い換えに使われるということになる。

[3] 用例は「聞蔵 朝日新聞オンライン記事データベース」により検索したもの。以下，年月日のみ記したものは同データベースによるもので，すべて『朝日新聞東京版朝刊』の記事である。特に注記のないものは作例である。

である」という[4]。

このように規定した言い換えには，さまざまなパターンがある。

(II')a　すしを食べ終わって「おいくら」と聞いたら，主人が「へい，<u>メノジ頂き</u>」と答えかけ「いえ，<u>5000円頂きます</u>」と言い直した。メノジとは，この業界の符丁で5のこと。目という字を書くと5画だからだそうだ。　　　　　　　　　　　　　　（1988年6月12日）

　　　b　首相が公約違反を認めない基本態度は変わっていない。首相は「<u>中型間接税</u>」という言葉を使った。「<u>大型</u>」を「<u>中型</u>」と言い換えたからといって，公約違反の責任を逃れ得るものではない。

　　　　　　　　　　　　　　　　　　　　　　　　　（1987年3月5日）

　　　c　その試案によると，イソップの「北風と太陽」に出てくる「<u>旅人</u>」は「<u>旅をします人</u>」，「<u>マントを脱がせる</u>」は「<u>上に着ますものを脱ぎさせます</u>」などと，われわれがふだん使わない言葉に言い換えてある。　　　　　　　　　　　　　　　　　　　　（1988年3月11日）

　　　d　同時に，この東京都江東区の高層マンションにとっては<u>看板に掲げた高度な防災体制の真価を問われる火災となった</u>。<u>地価高騰を背景に高層化時代を迎えた住宅に求められる防災設備のありかたが，実際に試された</u>と言い換えることもできよう。　　（1989年8月26日）

　ここで，言語表現が，「同じこと」を表すのか「違うこと」を表すのかを考える際に，発話のレベルで考えるのか，発話の背後にある言語体系のレベル，すなわち「文のレベル」で考えるのかを区別する必要がある。同じ言語表現でも，個々の発話によって，さまざまに異なる解釈をもつ。文のレベルでは明らかに異なる対象を表す表現が，「同じこと」を表す意図をもって発話されることがある。(II'b)の「大型」と「中型」はそうした例である。一

---

[4] 「実質的な意味の変更を伴わずに」とはどういうことなのが問題になる。ここでは，2つの言語表現が，後述する「指示」のレベルで同一のものごとを指し示す場合に，「実質的意味の変更がない」ものと規定する。

方，(II′a)の「メノジ」と「5000円」は，ある位相においてはどの発話においても「同じこと」を表す，つまり文のレベルでも同じことを表す。

ここで，「発話者が言語表現で，あることを表す」ことを「（発話者が言語表現で，あることを）指示する」ということにしよう。それに対して，「文のレベルで，言語表現があることを表す」ことを「（言語表現が）表示する」ということにする。言語表現が表すことについて，この2つのレベルを区別することは，実際上はかなり難しいことがあり，ここではその問題には立ち入らない。

元の表現をX，言い換えられた表現をYとすると，(II′)のそれぞれは，次のようなパターンになっている。

(II″)a　X・Yが語で，XとYが同じ対象を表示し，発話者は同じ対象を指示する。
  b　X・Yが語で，XとYが異なる対象を表示し，発話者は同じ対象を指示する。
  c　Xが語，Yが句，またはX・Yが句で，同じ対象を表示する。
  d　X・Yが文で，XとYが異なる対象を表示し，発話者は同じ対象を指示する。

本章で問題にするのはX・Yが語のタイプである。語と語の言い換えのうち，上記aの場合が類義語とみなされる。bの場合，この具体的な文脈で発話者は同じ対象を指示している。しかし，この文脈を離れて一般的に言い換え関係にある2つの言語表現が同じ対象を表示するとは言えないので類義語とはみなせない。類義語は原則として言語体系のレベルでとらえるべきものだからである[5]。

---

[5] 「発話者が同じ対象を指示する」というときと，「2つの言語表現が同じ対象を表示する」というときの「対象」は正確に言うと異なる。言語表現が表示するのは，対象そのものではなく，対象の概念である。一方，発話者が指示する対象は，現実・非現実によらずある世界に存在するものとして発話者が具体的な文脈で志向するものである。したがって，表示のレベルでも指示のレベルでも「同じ対象を表す」というとき，指示のレベルの対象が，表示のレベルの対象の概念が適用される対象（「外延」）に含まれるという関係になる。「メノ

3. 言い換えをするわけ

言い換えという行為には，それをするだけの理由がある。その理由はさまざまである。まず，少なくとも以下の理由が挙げられる。

(1) 場面・状況にふさわしいものにする。
場面・状況にふさわしくない不適切な言語表現をよりふさわしいものに訂正する。
「あの人，<u>くた</u>，いや，<u>死んだ</u>そうですね」

(2) 分かりやすくする。
一般的に言って難解な表現あるいは相手が知らないと思える表現を，よく知られた表現にする。
「清貧の思想」は，例えば次のような古典で知ることができる。鴨長明による『方丈記』では，人里離れた<u>方丈</u>，すなわち<u>最小限の家屋</u>に住みながら，自由に思索にふけったのである。

(2006年2月6日夕刊)

(3) 分かりにくくする。
ことさらに持って回った，分かりにくい表現を用いる。自分に不都合なことをいうときや，格好を付けようとするために用いられる。
「<u>分からない</u>」→「理解の地平を超える」
「…したくない」→「…するにやぶさかでない」
外来語を使うのも，わかりにくさを利用して格好をつけるためと解釈できる。

(4) 短縮する。
長々しい表現をより短い表現にする。
文京区では，従来より「文京区旅館業の営業許可等に関する要綱」に

ジ」も「5000円」も〈¥5000〉という同じ概念を表し，(II'a)の発話者は「メノジ」と「5000円」で，その発話場面における〈¥5000〉の具体例，すなわち「すし代金としての¥5000」を指示する。ただし，ときによっては，「概念」そのものが指示されることもある（3節の例文(2)の場合）。

より，地域の善良な風俗が害されることのないよう努めてきたところである。今回，さらに快適で住み良い地域環境を実現するために，旅館業法第2条に規定する旅館業のうち，<u>専ら異性を同伴する客の宿泊に供する旅館業施設</u>（以下「同伴旅館」という。）が公共的な施設へ転換する場合に，その転換に要する経費の一部を補助する制度を創設する。　　　　　　　　　　　　　　　　　（文京区の条例から）
短くしたからといって必ずしも分かりやすくならないことがあるので，この種の言い換えは (2) と同じではない。

(5) 観点を変える
同じことを別の観点から見た表現を使う。
投票は自民党内のことだが，<u>総裁</u>すなわち<u>首相</u>である以上は国民的関心事だ。政治改革や日本の針路について政見を示した上で，派閥にとらわれぬ投票できめる，という透き通った民主的方法にはならないものか。　　　　　　　　　　　　　　　　　　（1991年9月10日）
同じ人物を政党のトップと見るか，国家のトップと見るかの違いである。

一般に同じことを何度も繰り返していうことは歓迎されない。それは，以下の一連の決まり文句に見てとれる。

　毎度ばかばかしいお話で
　もはや言い古されたことだが
　耳にたこができる
　同じことばかりいう
　たまには気の利いたことを言え。

同じことをいうことはこのように否定的な評価を受けるのだが，同じことを繰り返す必要は頻繁に生じる。そうした場合に，言い換えをする。同じ表現を使わずに，それとは観点の異なる表現を使う。こうすることで，いわば目先を変える効果が出る。

目先を変えることは，ときには (3) のように分かりにくくして不都合なことをごまかしたり格好をつけたりすることにつながる。しかし，目先の変化が必ずしも分かりにくくすることにはならないので，(5) と (3) とは区別される。

　上記の 5 種類は日本エドワード・サピア協会の研究発表会 (2005 年 10 月 15 日，京都女子大学) で述べたものと基本的に同じである。そのときには，国広哲弥 (2000) の言い換えについての論考を見落としていた。国広は言い換えの理由を 4 種に分類し，その中で最大の理由を「社会言語学的理由」と名付け，それを説明して，「他者及び自分のメンツを傷付けることを避けるために婉曲語法を用いるという社会言語学的なものである。具体的には，禁句 (タブー)・忌詞・差別語などである」と述べる。これは，本章の (1) に対応する。国広は「美化語」を「メンツを守る」ものとして，社会言語学的理由に含めるが，これも (1) に含められる。さらに，広義の美化語に含まれるものとして，国広は「緩和語」と呼ぶものを挙げる。「敗戦→終戦」「老年→熟年」などである。これは本章の (5) に含めることができる。国広が挙げる他の言い換え理由には，「連帯性を維持するための言い換え」がある。「仲間との連帯性を保つために仲間と同じ用語つまり集団語を用いようとする場合である。そこにはコード切り替えが含まれる。同一の職業集団の中での専門語を交えた話し方もここに属させることができる」という。これも，本章の (1) に対応させられる。国広はさらに「よき理解のため」という理由を挙げる。「相手によく理解してもらうため」というもので，本章の (2) にあたる。国広の挙げる 4 つめの理由は「表現効果を求める」というもので，「文章語体の中に突然俗語的口語体を入れたり，普通の丁寧体でしゃべっている時に，突然怒った口調でやくざ言葉に切り替えたりする時，われわれは語句の文体的特徴の差を利用して表現効果を求めている」と説明される。これに対応するものは本章の分類でいうなら，(5) に含まれる。

　本章の (4) にあたるものは国広 (2000) の分類には見あたらないようである。(3) の「分かりにくくする言い換え」は，上記「緩和語」の「全滅→玉砕」「退却→転進」の例がそれに相当するとみなせる (上述のように，これら

は (5) にも相当する)。こうして見ると，国広 (2000) の分類と本章の分類は，おおむねその対象範囲が重なると言える。いずれにせよ，(1) の理由 (国広の「社会言語学的理由」) が言い換えの大きな要因である。ちなみに，形式言語に言い換えがほとんどないことの理由は，形式言語に場面・状況への考慮が無用であることにあると考えられる。

4. 潜在的な言い換え

言語表現 X を実際に発話してそれを別の表現 Y に言い換えるのではなく，ある表現 X を思いつくものの発話する前に適切でないと考えて，別の表現 Y を発話することがありうる。すなわち，ある場面・状況に応じて，X でなく Y を選択する。この場合，具体的に実現した発話では言い換え行為が見られないが，いわば潜在的なレベルで言い換えに類することが行われている。

発話者は，つねに場面・状況を観察しつつ，それに適した言語表現を選択する。そうして，ある場面で用いた表現を，別の場面では別の表現に変えることがある。これは具体的な言い換え行為として観察されはしないが，場面・状況に応じて表現を変えるという点で，いわば潜在的なレベルでの言い換えと称することができる。

ある同じものごとを表示する複数の類義語があるとき，発話者は無意識にその中からある 1 つの語を選ぶ。この場合，その発話の特定の場面・状況に適した語を選ぶ。このとき他の場面・状況であれば選んだかもしれない語に換えてその特定の語を選んだのだと言えるなら，これを潜在的な言い換えと呼んでもあながち拡大しすぎとはならないだろう。

潜在的な言い換えを含めるなら，言い換え理由にもうひとつ次のものを加えられる。

(6)　目新しさを求める。

在来の語があるのに，新語や外来語を使う場合である。松尾拾他 (1965: 24) は，外来語について，「新鮮な感じは外来語でしか表せないわけではな

いが，現代の大勢としては外来語によって耳新しさ・目新しさを出そうとする傾向が強い」と指摘する。

5. 類義語の必要性

　人が言い換えをするときの状況は一概に言えないが，ほぼ次のような状況が想定される。まず，ある表現Xを思いついて発話し（潜在的な言い換えの場合なら発話には至らず），続いてそれについて言い換えの必要を感じる。このとき，言い換えに用いられる表現としてYを考える。

　Yの候補は1つとは限らない。それが句の形ならさまざまな言い回しで作ることができる。Xに類義語がない場合は，そうした句を適宜構成する。もしXに類義語があり，それが当面の言い換えの趣旨にあえばそれを選択する。

　言い換えは句を用いて自由に作ることができる。それでも，あらかじめ言い換えに利用できる類義語があれば何かと便利である。そもそも類義語には，言い換えの必要に応じるために形成されたと見られるものがかなりあると見られる。例えば，(7)のタイプの類義語は，言い換え理由(1)の「場面・状況にふさわしいものにする」ために用意されたものと考えられる。

(7)　a　言及しにくい対象の直接表現の言い換え
　　　　死ぬ／亡くなる／死亡する／永眠する／消える／息が絶える……
　　　　強姦／乱暴／暴行／レイプ
　　　　あれ／その道
　　　　する／やる／いたす
　　b　ていねい・ぞんざいの区別
　　　　わたし／わたくし／あたい／おれ／てまえ……
　　　　おおきい／でかい
　　c　商標など，言い換えが必要
　　　　味の素→化学調味料
　　　　宅急便→宅配便

d.　日常語・専門語の区別
　　　　　意味／意義
　　　　　区別／弁別／示差
　　　　　性質／特徴／素性

また，(8) は言い換え理由 (5) の「観点を変える」ための類義語である。

(8)　　対象に対する評価の違い
　　　　妻／配偶者／カミサン／ヨメサン／オッカア／カカア／……
　　　　敗戦／終戦

　ある言語表現 X の言い換えである Y は，上で見たように，語であることが多い。しかし言い換えが句であることもある。以下は句による言い換えの例になる。

　　たとえば，争点の「殺意」。専門家の間で当たり前のように使われてきた「未必の故意」は，「とっさに『死んでもかまわない』との思いを抱いたとしても特に不自然ではない」と言い換えた。(2005 年 11 月 6 日)

　「未必の故意」は「未必＋の＋故意」という語連続からなる句であるが，「未必の」はもっぱら「の」を介して「故意」と結合し，その全体で形態的に分割不可能な単位を構成している点で，語と同等の資格を備えている。一方，「とっさに『死んでもかまわない』との思いを抱いたとしても特に不自然ではない」という句は，まだ語の資格をもたない。つまり，この形で固定し，改変できない状態にはなっていない。この形が固定すれば語の資格を持ちうるが，このように長い句は記憶するには不都合で語の資格を獲得しにくいと予想される。
　一般に，言い換えが記憶されるためには語の形をとるのが普通であり，形式的には句であるものも，それが形態的・意味的に固定して語の資格を備えているのが一般的である。つまり，言い換えのための言語表現は語の形で，すなわち類義語として定着する。

6. 類義語がなくならないわけ

　類義語どうしの意味は原則として，完全に同じになることはない。仮に意味が同じと認められる場合でも，その用法が完全に一致することはない。ある語と意味が全く同じであり，また用法が同じ類義語があったとしたら，そのうちのどちらかは淘汰されるだろう。そうならないのは，それらに意味・用法上の差異があるからである。

　松尾他（1965）は，類義語に関する先駆的かつ包括的な考察であり，類義語の意味・用法の違いのタイプを多数指摘している。類義語間の用法の違いについて松尾らは，5つの視点をあげる。「意味」「語感」「形態」「品詞性」「存在様式」の5つである。本章の立場からいうと，はじめの4つの視点の例として挙げられているうちのあるものは，類義語がすぐには淘汰されず共存する理由としてとらえることができる。これら4つの視点のうちから，類義語の共存をもたらす要因と考えられそうな例を，松尾他（1965）から示すと次のようになる[6]。

(9) （意味）具体的用法において重なる類義語の一方が比喩的な用法をもち，他方がそれを欠く場合に，一方だけで全面的な代用がしにくい例：「揺籃（揺籃の地・揺籃時代）／ゆりかご（*ゆりかごの地・*ゆりかご時代）」「うしなう（こどもをうしなう）／喪失する（*こどもを喪失する）」

(10) （語感）「古い／新しい」「日常的／改まった」「普通／いやしめる」などの語感の違いが，文体・場面の違いと関係しつつ共存する例：「台所／キッチン」「決める／定める」「男／野郎」

(11) （形態）2つの類義語の語形に長短の差がかなりあり，書き言葉で必要

---

[6] 4つの視点以外に松尾他（1965）がその他としてあげる「存在様式」という視点の例には，「造語成分となって複合語を作り出している上での異同」がある。これは「品詞性」に入れることができる。「存在様式」のその他は，「使用分野・出自などの異同」「その語を使う言語主体の異同」「使用される度合いの異同」など，いずれも位相の違いとしてとらえられるものであり，「語感」の類に統合できる。

に応じて使い分けられる例：「オリンピック／五輪」「ヘアスタイル／
　　　髪型」（新聞・雑誌などで，本文では左側，見出しでは右側を使う）
(12)　（品詞性）類義関係にある 2 つの語に文法機能の差があり，一方に派
　　　生・複合が可能でも，他方には不可能である例：「権利を喪失する／
　　　権利の喪失」「権利をうしなう／*権利のうしない」

　3 節で言い換え理由の 1 つとしてあげた (6) の「目新しさの追求」は，言語接触の際に外来語を取り入れる動機となる。外来語は必ずしも既存の語の言い換えのためだけに採用されるのではない。既存の語では表せない新しい概念を表すために使われることもある。そうした場合の外来語は専門家以外には得てして分かりにくいものである。そのような語には分かりやすい言い換えが求められるのであり，国家的な規模での外来語言い換え提案が推進される事態となっている。新規に外来語を取り入れ，その外来語に言い換えを行うというわけである。こうした状況も類義語を存続させる要因になる。

　類義語がなくならない理由として，以上の他に考えられることとして，語が表示するものごとの「不明瞭さ」をあげることができよう。ここでいう不明瞭さとは，あるものごととそれ以外のものごととの「境界」が明確でないことをいう。例えば，身体部位としての「あたま」には「オツム，コウベ，カシラ，頭部，ヘッド」などの類義語がある[7]。あるいは「チカゴロ，サキゴロ，センダッテ，最近」「ユウガタ，バン，ヨル，夜間」などの例，「ゴミ，クズ，チリ，ホコリ」などの例をあげることができる。これらは，その表示する対象に共通する部分を持つ一方で，それぞれが境界の不明瞭な対象をそれぞれの観点からとらえる語である。そのため，互いに他では代用できない部分を持つことになり，あるひとつの語に統合しにくいのだと考えられる。

　通時態と共時態の交錯も，類義語がなくならない理由のひとつになる。既存の語に加えて，新しい語がつねに生産されるわけだが，既存の語がすぐに

---

[7]　宮地敦子 (1979: 11) は，「頭」とその類義語に関して次のようにいう。「アタマは身体部位の名称としては，カオを含むばあいも，カオを除くばあいもあり，テ・アシなど他の身体部位名と同様に，その指示内容の境界が必ずしも明確ではない（トウブ・オツムもその点では同様である。古語のカウベ・カシラも同様である）。」【引用に当たり一部省略－山田】

とってかわられるのではなく，古い語と新しい語が共存する期間が必ず存在する。例えば，「バンド／ベルト」「えりまき／マフラー」など。

7. 結論

　人は，言語を使用するとき，場面・状況にふさわしい表現を行うため，あるいはその他の理由で，さまざまな言い換えを多用する。頻繁に言い換える際には，句よりも語の方が便利である。句は記憶の負担になり，また伝達上の効率が悪い。これを語彙化することで，言い換えが容易になる。このようにして類義の句が語彙化された類義語が繰り返し生じていく。一方，意味上の制約，形態統語論的な制約，通時態と共時態の交錯等により，一旦生じた類義語はすぐにはなくならない。以上が，類義語が存在する理由である。

第11章

多義の処理
―格助詞「で」の場合―

1. 意味と文脈

　ある言語形式の意味がどういうものであるか，またそれは単義なのか多義なのかを決めるのにその形式の現れる文脈を考慮するのは有効な方法である。これが有効なのは，意味の面において，問題の言語形式と文脈とが相互にどういう関係を構成するのかを明らかにする手がかりとなるからである。

　一方，文脈を重視するあまり，ついにはある言語形式の意味をそれが生じる文脈と同一視するといった考え方がある。すなわち，Fなる言語形式の現れる文脈をX―Yとする場合，X, Yが何であるかがFの意味を決定するという趣旨のものである。この考えが有効でないことはすぐ分かる。つまり，これは単にX, F, Yという形式の生じる分布を記述しているだけで，それらの意味には何ら言及していないからである。

　これに対し，ある形式の生じる文脈の影響を考慮しつつ，しかしその影響を除いた「内在的意味」を求めようとする行き方がある。すなわち，Fにある中核的な意味を仮定し，それが個々の文脈に応じて具体的な現れ方をすると考えるのである。この方法はFの意味を明らかにしようとするのだから，文脈同一視主義とは異なり，有効であって，構造的な意味分析で使われるこ

とが多い。こうした中核的意味は通例,「意義素」と称される。

2. 多義と意義素

　ある言語形式が多義的であるのかどうかを調べる客観的なテストはいくつか提案されているが，それらが有効である言語形式の種類は限られていて，語彙全体を対象とする有効な方法（の体系）は今のところない。したがって，多義かどうかの判断は言語使用者の判断に頼る面がかなり多いので，ある同一形態の言語形式にいくつの意味を認めるかについては個人差の生じる可能性が大きい。

　ところで相異なる言語(方言)間での意味的対応において，一方の言語で一つの言語形式で示される意味分野を他の言語では複数の言語形式が分担して示していることがよくある。この対応関係は，一方の言語形式がもともと多義的であるために生じる場合と，一方が単義であるがその意味分野を他方が複数に分割しているために生じる場合とがある。前者の場合，多義性は対応すべき言語形式の数に現れていてこの限りでは多義性が客観的に示されていることになる。また後者の場合は，一方に単一の意義素を仮定することにより見かけ上の多義性を説明できる。

　例を日本語と英語にとってこの事情を見ることにする。

(1)　The car must be ready.
(2)　a　It is surely the case that the car is ready.
　　　b　It follows from what is known (e. g. that the car is outside) that it is ready.
　　　c　I oblige you to ensure that the car is ready.
(3)　a　車は整備が済んでいるにチガイナイ。
　　　b　車は整備が済んでいるハズダ。
　　　c　車は整備を済ませなければイケナイヨ。

　(1)の英文は少なくとも(3) a, b, c の3通りの日本文に対応するが，これ

は (1) がもともと (2) a, b, c の 3 通りに解釈可能である（Crystal 1980: 133）ということによる。

(4) a　Plants develop from seeds.
　　b　The plot of the new novel gradually developed in the author's mind.
　　c　These photographs haven't developed very well.

　(4) a, b, c の 'develop (ed)' にはそれぞれ「成長する」「ふくらんでいった」「現像された」という表現が対応すると思われる。'develop' を英和辞典で引くと，対応する訳語が数多くあるのに気付く。例えば，自動詞用法に限ってみても，「〔…から〕発育する，発達する；（自然な過程を経て）発展する；発育〔発展〕して〔…と〕なる；〖生物〗発生する，分化する，進化する，発達する；第二次性徴を獲得する；〈局面・劇・物語の筋などが〉展開する，進展する；〈関心などが〉次第に生じてくる，発揮される；《米》〈事態などが〉明らかになる，起こる；〖写真〗現像される」がある（以上，『研究社　新英和大辞典第 5 版』(1980) による）。これは 'develop' が多義であるかの印象を与えるが，〈潜在的な（本来の）性質・状態・用途が顕在化する〉という意義素を仮定することにより，対応する訳語の多様性は，日本語に当該意味分野をおおう一語がないためであると一応説明できる。

3.　意義素と文脈

　従来の意義素分析の多くは，ある言語形式の内在的意味を明らかにすることに重点をおき，それが文脈とどのような関連を持つのかについては関心を示していない。これが不十分であることは明らかであろう。

　例えば，'must' に 3 つの意義素を認めるとしても，その生じ方がどのような文脈的制限を持っているのか，すなわちどういう場合にどの意義素が生じるのかを記述しなければ十分とは言えない。

　ある言語形式が同音異義ではなく多義である場合，多義の一つ一つは互いに意味的な関連があることはもちろんであるが，それらの各々に共通のある

意味要素が考えられることが多い。一つの仮想的な例として次のようなものを考える。すなわち，形式Fが，ある文脈では，$\{S_1, S_2, S_3\}$，別の文脈では$\{S_1, S_2, S_4\}$という意味を持つとした場合，$\langle S_1, S_2, S_3 \rangle$と$\langle S_1, S_2, S_4 \rangle$という2つの意義素を認めるか，$\langle S_1, S_2 \rangle$の一つだけを認め$S_3$と$S_4$は文脈に応じて決まるとするかの2通りの可能性が考えられる[1]。従来の意義素分析では，例えば前者の方法をとった場合，複数の意義素の出現がどういう文脈的制限を受けるかは記述しない。また後者の方法をとった場合もS_3, S_4がどういう文脈に生じるかについては記述しない。これは一つには，例えば日本語を分析対象とする場合，意味の中核的な部分さえ押えておけばあとは(日本語)使用者の直観によって文脈的修正・補足が行われるので記述の必要がないと考えられているためであろう。これはこれで一つの行き方であり，それなりの役割は十分はたしている[2]。

意義素を，これまで述べたようなものでなく「言語形式の意味の総体を説明するもの」とするならば，従来の意義素分析にさらに文脈制限の諸条件を加えなければならない。以下，格助詞「で」を材料に一つの意義素分析の試案を示すことにする。

4.「で」の用法

日本語の「で」が一つの統合単位の末尾に位置する場合には次のようなものがある。

(5) a　そこは静かさで気に入った。
　　b　そこは静かで気に入った。
(6) a　私は乱読で雑学を身につけた。

---

[1] 　{ }は文脈中における意味を，〈 〉は意義素を，$S_1 \sim S_4$は意味特徴(記述に必要な意味の構成要素で必ずしも最小の意味単位ではない)を表わす。

[2] 　私自身が参加している『ことばの意味1, 2―辞書に書いてないこと』(平凡社，1976, 1979)での意義素分析も文脈的記述は十分でない。しかし，これは類義語の弁別という点は十分に記述していて相当の成果をあげている。

c　私は手あたりしだいに読んで雑学を身につけた。

　(5), (6)で対になる2文の意味はほぼ同じであるが,「で」に先行する形式の文法的機能が異なる。aでは「名詞句」, bでは「形容動詞語幹」, cでは「動詞連用形」である。これを見る限りでは, a, b, cの「で」を同一形式と見なしてもよさそうである。ところがcの「で」は, 先行する動詞の形態によっては,「て」という形になる。例えば

(7) a　彼は交通事故で大けがをした。
　　c　彼は交通事故にあって大けがをした。

　(7) a, cもほぼ同義である。そこで,「て」を「で」の変異形とみて処理することも一応考えられる。
　さらに他の例を見よう。

(8)　彼は交差点で事故にあった。
(9)　それは君たちで考えてくれ。

　(8), (9)の「で」はどちらも名詞句に接続するものであるが,（5）〜（7）のbないしはcのようにこれに対応する形を考えることが難しい。
　「で」には次のような用法もある。

(10)　きょうは金曜日できのうは木曜日だ。

　この「で」は名詞句に接続しているから,（5）〜（7）のaと同様のものであるように見える。
　ところで,「で」で終結する一つの統合単位の性質はaとそれ以外のものとでは異なる。つまり, この統合単位と, 文の主語との意味関係が異なるのである。

(5)′a　×そこは静かさだ。
　　b　そこは静かだ。
(6)′a　×私は乱読だ。

c　私は手あたりしだいに読んだ。
(7)′a　×彼は交通事故だ。
　　　c　彼は交通事故にあった。
(8)′×彼は交差点だ。
(9)′×それは君たちだ。
(10)′きょうは金曜日だ。

　これらを見ると,「名詞句＋で」は(10)を除いて「だ」に置き変えられないことがわかる。この違いは実は統合構造の違いに対応しているのである。例えば,(8),(10)は次のように分析できる。

(8)″〔彼は〔〔交差点〕で〕事故にあった〕
(10)″〔〔〔きょうは金曜日〕で〕〔〔きのうは木曜日〕だ〕〕

　こうすることで,(10)は実は「名詞句＋で」ではなく「文＋で」という構造であるということが明らかになる。
　以上の観点から,「で」の用法のすべてを一つのものと考えるのではなく,「名詞句＋で」の構造を他と区別して扱うほうがよさそうだという結論を得る。なお,国文法では,この用法の「で」を格助詞と称するならわしである。次節では格助詞「で」の意味分析を行なう。

5.「で」の意味に関する従来の分析

　格助詞「で」は次のような文脈に現れる。

(11)　ある日のこと,彼女は,ナイト・クラブで起った喧嘩の事件を扱った。
(12)　大森署で調査中であるが同女は銀座の喫茶店につとめ帰宅の途中襲われたもので同署では痴漢の犯行と見ている。
(13)　半熟玉子や卵黄だけの茶碗蒸などにして,¼くらいずつ増してゆき,約十日で全卵一箇が食べられるようにします。

(14) 心当りへ電話で訊いたが行方が判らない。
(15) 小屋の中は見物人で満員だったが，～
(16) こいつのおかげで，犬のまねをしたのかと思うと，二人とも，くやしさでいっぱいです。

　これらは，ある用例集（国立国語研究所編 1951）から拾った例である。そこでは，「で」の用法が意味による分類をほどこされている。(11) は「動作・作用の行われる空間的な場所・舞台」，(12) は「動作を行う全体としての組織・団体」，(13) は「期限・限度・基準」，(14), (15) は「手段・方法・道具・材料」であるとされる[3]。

　このように，「で」は文脈に応じてきわめて広い用法を持つわけで，その分類は簡単ではない。例えば，この用例集でも，同じ (16) が「手段・方法・道具・材料」の項にもあるし，「理由・根拠・原因・動機」の項にもあるといった具合である。

　この分類を見て気付くことは，各項目自体がいくつかの要素の集合からなっていて，これを独立させるとさらに項目がふえるということである。それにその分類には恣意的な面が少なからず見られる。こうした分類に対して，これらの用法の中核的な意味，すなわち意義素を求めようという方向が考えられる。その一例として，「で」の意義素を〈動作の手段・道具を示す〉とするものがある（国広哲弥 1967: 233）。すなわち，この意義素が (11) ～

---

[3] この用例集は「で」に 8 つの異なる用法を認めている。そのうちの 5 つは本文中に引用したものである。残りの 3 つの用法は次のものである。
  (ⅰ) 「動作・作用の行われる抽象的な場所・場面・事態」　温度について見ると低温ではＣ量が低下すると言われる。
  (ⅱ) 「動作の行われる時期」人間が鳥のように空を飛ぶということは，今日では別段誰も不思議に思わないけれども，数十年前までは，科学者の夢だったのだ。
  (ⅲ) 「動作・作用の行われる際の状態・態度・立場」　雨はきりのようなこまかさで降りこめています。

これらのうち (ⅰ) は本文中に引いた「動作・作用の行われる空間的な場所・舞台」に吸収することができる。(ⅱ) は，「で」に先行する名詞句が少数に限られていることと，常に「で」に他の助詞が接続すること（「今日では」「現在でも」）から「で」は固定表現の構成要素となっていると考えられるので，他の用法と同列に分析の対象とすることはできない。また (ⅲ) は私の考えでは格助詞とは認められない（理由は本文参照）。

(16)の用法のすべてに共通して認められるもので，それが文脈に応じて様々な解釈を受けるとするのである。

　この2つの方法はどちらも極端であると考える。文脈に応じていくらでも恣意的に分類していくというのも行き過ぎであるし，抽象的な意義素だけを設定しても具体的な文脈での用法を説明しきれない。例えば「手段・道具」をきわめて拡大解釈しない限り上の用法は説明できない。もとより，こうした意味解釈はまったく恣意的になされるのではなく，言語の意味体系に従ってなされると考えるべきものである。「で」に中核的な意味要素があること，また同時に様々な用法があることは確かである。そこで，この両者がどういう関係にあるか，すなわち，個別的と認められる用法がいくつあるかを明らかにすることが必要である。

6.　「で」の意味分析試案

　「で」によって統合される統合単位はほとんどの場合文の義務的要素となることがない[4]。

(17) a　私達は公園で池のまわりを歩いた。
　　 b　私達は池のまわりを歩いた。
　　 c　私達は公園で歩いた。

　(17) c は (17) b にくらべて「文が完結していない」という感じを与える。

---

[4] 文の義務的要素とは「動詞が要求する要素で，それを欠くと省略感を感じるようなもの」である。ただし，この省略感は，一文だけを視野に入れた時のものであり，前後の文脈をも視野に入れれば欠けた要素が「復元されて」省略感がなくなる。
　なお，「で」によって統合される単位が文の義務的要素になるのはイディオムに多い。
　（ⅰ）　会社はその話題でもちきりだ。
イディオムはその意味が部分の総和では説明できないものと定義できるから，イディオム内の要素は意味分析の対象とはしない。
　また，
　（ⅱ）　水は酸素と水素で出来ている。
において，「酸素と水素で」は義務的要素であるが，（ⅱ）はイディオムとは考えにくい。この問題については本文参照。

これは「を」は文の義務的要素だが，「で」はそうではないということによると考えられる。したがって(11)〜(16)の例で，「で」によって統合される部分を省略しても「省略感」はさほど強くない。

では，「で」が何を表わすかと言うと，それは，「動詞の示す事態が成立するのに要するあることを限定する」ことを示すのだと言える。そしてこの「あること」が文脈に対応して変化するのである。ここで，義務的でない要素を（ ）に入れて示すことにすると，(17)a の意味構造を次のように示すことができる。

(18)　　私達　　　公園　　　池のまわり　　歩いた
　　　〔動作主〕（〔場所〕）〔対象〕
　　　（〔題目〕）

これは，動詞「歩く」は義務的要素として〔動作主〕と〔対象〕を要求し，〔題目〕と〔場所〕が義務的要素でないことを示している。この意味構造にもとづいて格助詞が配置され，(17)a ができる。

さて，次の(19)は(20)a, b の2つの意味構造に対応する。

(19)　私達は公園で口論した。
(20)a　私達　　　公園　　　口論した。
　　　〔動作主〕（〔場所〕）
　　　（〔題目〕）
　　b　私達　　　公園　　　口論した。
　　　〔動作主〕（〔原因〕）
　　　（〔題目〕）

つまり，「公園」が「口論の場所」であるか，「口論の原因（公園のことで口論した）」なのかである。そこで，次の(21)は使わないかも知れないが不可能ではない。

(21)　私達は公園で公園で口論した。

(19)の「公園で」の両義性は「公園」でなく「で」にあることは明らかである。「で」にいくつの異なる意味を認めるべきかの検討に入ろう。

　最初の手掛りとして，「疑問詞＋で」を考える。こうする理由は，「で」に先行する要素を具体的なものにした場合，数が多くなりすぎ整理しにくいこと，疑問詞は数が限られていて，言語体系内での意味分類を示していることがあげられるからである。

(22)　それはどこで買いましたか。
(23)　それはどこで売っていますか。

　「どこ」は明らかに〔場所〕を示す。(22)で「買う」主体は「相手」であるが，(23)で「売る」主体は，「『どこ』に対する答えの場所にある店」である。この場合「どこで」が〔動作主〕を表わしているように見えるが，これはやはり〔場所〕だと考えられる。その理由の一つは「誰で」という言い方がないことである[5]。

(24)　何(ナン)でここへ来ましたか。

　(24)の答えとしては2種類がある。

(25)　車で来ました。
(26)　田中さんに会いたいので来ました。

---

[5] 「で」が〔動作主〕を示すかに見える文の意味には〔場所〕とは別に〔動作主〕があるものと考えられる。つまり，(i)の基底には(ii)が考えられる（ついでながら，これは英語の'They sell these goods at that store.'を想起させる）。
　(i)　この製品はあの店で売っている。
　(ii)　誰か　　　この製品　あの店　売っている。
　　　　〔動作主〕〔対象〕　〔場所〕
〔動作主〕と〔場所〕が一致するかに見えるのは，「で」が〈事態の成立に要する場所を限定する〉という意味から帰結するものである。「で」が〔場所〕を示すことは，(iii) a，b，cの用法の差によっても裏付けられる。
　(iii) a　　私が何とかしよう。
　　　 b　　私の方で何とかしよう。
　　　 c　　×私で何とかしよう。

すなわち，「手段」と「理由」とである。この2つが別のものであることは，2つが同一文中に共存できることに示されている。

(27)　田中さんに会いたいので車で来ました。

「手段」と近いものに「媒体」がある。

(28)　穴を土でふさいだ。

この場合，「土」が「ふさぐ」媒体となっている。「土」を「ブルドーザー」にすると，「ブルドーザーで」は「手段」を表わすことになる。ところで，これらは同一文中に共存できない[6]。

(29)×穴は土でブルドーザーでふさいだ。
(30)×コップに手で紙でふたをする。

このことは，「手段」と「媒体」はある一つの意味要素の変異形であるということを示唆する。この要素を示す適当な一語が日本語にはないので，これを仮に，〔手段・媒体〕と示すことにする。
　〔手段・媒体〕と類似のものに「方法」がある。

(31)　これを新しい製法でその機械で作る。
(32)　これを鉄で新しい方法で作る。

(31)，(32)から，〔方法〕は〔手段・媒体〕とは異なるということが分かる。
　次に「原因」であるが，これは「理由・根拠・動機」と意味が近い。これらも，〔手段・媒体〕の場合と同様に，同一文中では共存し得ない。

(33)×その日は風邪で日曜日で休んだ。
(34)×なぐれと言われたので気にくわないのでなぐった。

「原因・理由・根拠・動機」などを示す一語は日本語にはない（英語なら

---

[6]　(29)，(30)の文は，共起する「で」のどちらか一方を「を使って」とすれば自然な文になる。

'cause'を使えるが)ので一応〔原因・理由〕としておく。

　時間を表わす疑問詞「いつ」と「で」は結びつかないが，次のような表現はある。

(35) a　あと何分で終わりますか。
　　　b　あと何分で始まりますか。
(36) a　何時で終わりますか。
　　　b ×何時で始まりますか。

　(35)は〔所要時間〕を，(36)は〔完結時点〕を表わすもので，両者は別のものである。したがって両者は同一文中に共存できる。

(37)　あと30分で12時で終わります。

　また，次の

(38)　この計画は20日で終わります。

では，「20日で」が〔所要時間〕と〔完結時点〕の2通りに解釈できるが，この両義性は「20日」の意味に求めることはできないから，「で」にあるものと考えざるを得ない[7]。

　「で」と結合しうる疑問詞には他に「いくら，いくつ，どのくらい(「どれくらい」という形は口語的という点を除いて同意であり，以下「どのくらい」で代表する)」がある。

(39)　その本をいくらで買いましたか。
(40)　これはいくつで一組ですか。

　(39)は「値段」を，(40)は「個数」を示す。

(41)　あとどのくらいで出来ますか。

---

[7] 「20日」そのものは〔時点〕と〔時間〕の2通りの意味を持つのだが，〔所要〕とか〔完結〕とかは「で」に依存する。

(42) a　この車はどのくらいで走りますか。
　　 b　この車はどのくらいのスピードで走りますか。
(43) a　この物質はどのくらいで凍りますか。
　　 b　この物質はどのくらいの温度で凍りますか。

　(41)の「どのくらいで」は〔所要時間〕を示す。(42) a，(43) a も同様である。(42) b，(43) b のように「スピード，温度」等の限定語句を付加しない限り，「どのくらいで」は〔所要時間〕のみ示す。「どのくらいの（　）で」の（　）内には，他に「値段・程度・量・数」などいずれも「数量・程度」を示すものが入り得る。
　ところで，上で扱った「何で」には次の用法もあって，この場合は「材料」を表わしている。

(44)　これは何で出来ていますか。
(45)　水は酸素と水素で出来ている。
(46)　仏像を木で作る。

　さて，これまでに得られた「で」の意味特徴と，(22)〜(46)の用例に暫定的に認められる意味要素とをまとめて示すと次のようになる。

　　A　〔場所〕〔原因・理由〕〔手段・媒体〕
　　　　〔方法〕〔所要時間〕〔完結時点〕
　　B　「数量・程度」「材料」

　この分類はB群が単に暫定的だというだけではない。A，B両群は質を異にするのである。A群のそれぞれの意味特徴は上述のように，〈動詞の示す事態が成立するのに要するあるものを限定する〉という意義素の中の「あるもの」に相当する。すなわちそれらは「事態の全体」に関係しているのであって，その事態の部分，例えば主体とか対象とかだけに関係しているのではない。一方，B群の意味要素はこれらの部分に関係している。すなわち，(39)，(46)は〔対象〕の，(40)，(42) b，(43) b，(44)，(45)は〔主体〕のそ

れぞれ性状を述べる働きをしている。

　(39),(42)bに対する答えとしては例えば次のようなものがあるが，今述べた事情をそれを使って説明する。

(47)　私はこの本を5000円で買いました。
(48)　この車は時速150キロで走ります。

　(47)では，「5000円で」は「私がこの本を買った」という事態と結びついているのではなく，「この本」という〔対象〕と結びついている。(48)では，「時速150キロで」は「この車が走る」という事態全体と結びついているのではなく「この車」という〔主体〕と結びついている。そして，その結びつきは「この本が5000円だ」ないし「この車が時速150キロだ」という関係のつながりである。つまり，これらの示す事態が動詞の示す事態と同時に成立するのである。(47),(48)の構造を次のように表せばこれが明示されるだろう。

(47)′〔私はこの本を〔この本が5000円デ〕買いました〕
(48)′〔この車は〔この車が時速150キロデ〕走ります〕

　(47)′,(48)′のデはダと意味的に関連するもの，あるいはダの変異形と見ることが可能で，そうすると，次の用法と連続的であることになる。

(49)　私はいやな気分で会場を出た。
(50)　彼は医者で作家だ。

　以上はB群のうち「数量・程度」についてのことである。「材料」についても同様の説明を強いて行なうことはできる。例えば，(45),(46)を次のように示すのである。

(45)′　水は〔水が酸素と水素デ〕出来ている。
(46)′　仏像を〔仏像が木デ〕作る。

　しかし，これは少し無理のようである。「材料＋で」の特殊性はむしろ，

それが動詞に強く依存している，すなわち動詞の義務的要素と考えられる点にある。例えば(45)で「酸素と水素で」を略すときわめて不自然になる。さらに，「材料＋で」は〔出来る〕ないしその使役の〔作る〕という意味特徴を持つ動詞とのみ共存することを指摘できる。要するに，「材料＋で」は動詞の義務的要素で，この点がA群のものとは大きく異なる。

　(39)，(47)の「値段」は一応「数量」に属し，B群に入るものとしたがこれは更に一考を要する。(39)，(47)の場合は確かに上のように解釈しても誤りではない。しかし，次の例は「値段」を示すが上のようには解釈できない。

(51)　殺し屋はその男を100万円で殺した。

　これはどう考えたらよいか。(51)の場合，「100万円」は「殺し屋」の値段でもないし，「その男」の値段でもない。「その男を殺した」ことに対する報酬である。

(52)　その女は500万円で男と別れた。

　この場合も，「500万円」は「その女」や「男」の値段ではなく，「男と別れる」ことで得る「手切れ金」である。「報酬」と「手切れ金」とを共に示し得る適当な一語がないので仮に「報酬」という語を使って話を進める。「報酬」は「値段」と異なり，必ずしも「売買」に関係しない。「値段」が「品物」に関係するのに対し，「報酬」は「ことがら」に関係する。また，「殺す」「別れる」などの動詞は「報酬」を義務的要素として要求しない。以上のことから，「報酬」をA群に所属すべき項目と考えた方が良いという結論に達する。

　格助詞「で」の用法は上に見たように明らかに多義的である。そして，その多義がいくつのものから成るかはこれまでの分析により明らかにできた。結果をまとめて示すと次のようになろう。

　単文の構造を［SOV］で表し，「で」によって統合される名詞句をXで表すと，「で」を含む構造は［SXでOV］と表せる。すると，「で」の意義素はXを含めた形で次のように示せる。

Xで
〈Xが[SOV]の示す事態が成立するのに要する[場所]〜[原因・理由]〜[手段・媒体]〜[方法]〜[完結時点]〜[所要時間]〜[報酬]として限定されたものである〉

ここで，〜は「または」を意味し，これらでつながれた各項は選択的な対立（paradigmatic opposition）をなす。また，同種の項目は同一単文内で共存することはない。

格助詞「で」を含む文の意味解釈においては，[SXでOV]の各項が具体的に決まらない限り，「Xで」の意味解釈ができないことは，「で」が多義的であることから明らかである。S, X, O, Vが具体的に決まった場合，「Xで」の意味解釈は主として，Xの意味特徴とVの意味特徴とから決まる。例えば，Xが[時間]という意味特徴を含んでいる場合，「Xで」は[完結時点]か[所要時間]のどちらかになる。このうちのどちらであるかは，さらにVのアスペクトに依存するのである。しかし，いつでもこのように一義的に解釈が決まるわけではない。

(53)　彼はボートで人をなぐった。

(53)の「ボートで」は，まず「ボート」の意味特徴から[完結時点][所要時間][方法]という解釈が除かれる。次に動詞「なぐる」を参照すると，この動詞の意味特徴からは残りの[場所][原因・理由][手段・媒体][報酬]のどの項目をも排除できないことが分かる。つまり，「ボートで」は(53)の文だけで前後の文脈がない場合は次の4通りの解釈ができるということになる。

(54) a　彼はボートの中で人をなぐった。
　　 b　彼はボートを使って人をなぐった。
　　 c　彼はボートのことで人をなぐった。
　　 d　彼はボートと引きかえに人をなぐった。

7. むすび

　前節の分析から明らかなように，格助詞「で」の意義素は文脈の如何にかかわらず一定である意味特徴と文脈に応じて選択される意味特徴群の2つから成っている。これらは2つとも同等の比重をもって明示的に記述しなければならないものであるが，従来の意義素分析は前者に重点を置き後者をなおざりにするきらいがあった。

　本章は文脈を考慮した意味分析において意義素の記述がどうあるべきかを，格助詞「で」を例にして示したものである。意義素はまた，「統語構造→意味解釈」という「復号化 (decoding)」においてばかりでなく，「意味→統語構造」という「符号化 (encoding)」においても有効であるべきである。本章の「で」の分析はこの両方について有効であると考える。この方法が他の言語形式にも通用するかどうかは更に研究を要する。

第12章

多義語の意味記述についての覚え書き

　最近の語意味論では多義性および多義語の意味記述をめぐってさまざまな議論がなされている。その際に，多義語の意味記述の実践例としての，市販辞書の意味記述がとりあげられ，意味論の立場から検討・批判されることがある。意味論的記述と辞書的記述は，意味記述の方向が対照的である。しかし，多義語の十分な意味記述のためには，意味論的記述と辞書的記述の両方向の記述態度を考慮に入れることが必要である。

1.　多義語の意味の結びつき

　語の多義的な意味について，「基本義」と「派生義」とを区別することがあり，たとえば，「あがる」という動詞は「物理的な位置変化」が基本義で，それ以外の「非物理的な状態変化」が派生義であるなどと言う。また，基本義と派生義の関係は，その名の通り，基本義がその語の中心的な意味であり，派生義はそこからなんらかの仕方で派生された，あるいは「転用」された意味だととらえられる。派生ないし転用のすがたはさまざまであるが，その多くは，「比喩」と結びつけられる。比喩にどのような種類があり，また具体的にどの言語表現をどのタイプと認めるかについては，さまざまに異

なった見解があるが，言語の意味と深い関係を持つ代表的な比喩としてメタファーとメトニミーがあることは多くが認めるところである。

　ここで問題にしたいのは，個々の語の派生義が，基本義から「一般的な意味規則，たとえば比喩のメカニズムによって完全に決まる」と言えるのかどうかである。

　以下の(1)は，「あがる」の基本義で，(2)は派生義である。前者が「視覚的にとらえられる，具体的な位置変化」であるのに対し，後者は「感覚や判断によってとらえられる状態変化」である。(1)は「高い位置」，(2)は「高い状態」への変化であり，「高い」という共通点をとらえた，メタファーによる派生と見なすことができる[1]。

(1)　　遮断機があがる
　　　　国旗があがる
　　　　花火があがる
　　　　炎があがる
(2)　　物価があがる
　　　　熱があがる
　　　　性能があがる
　　　　気温があがる

　「あがる」と類義の「上昇する」の場合，(3)が基本義で(4)が派生義と認められる。これは，(1)と(2)の意味上の関係と平行的である。

(3)　　エレベーターが上昇する
　　　　飛行機が上昇する

---

[1] 鈴木敏昭(1996: 1121)は，「椅子のアシ」と「人のアシ」の「アシ」の意味について，「人のアシ」の方が「椅子のアシ」より意味的に基本的であることの証拠として，「椅子のアシは人のアシのようだ」ととらえられるがその逆のとらえ方はできないということをあげている。本文の(1)と(2)について直接にこのテストをすることはむずかしいが，(1)の主語を「物体」に置き換えたとき，「物価(熱／性能／気温)があがるのは物体があがるようなものだ」の方が「物体があがるのは物価(熱／性能／気温)があがるようなものだ」よりは自然であり，(1)が基本義で(2)が派生義であることを裏付ける。

　　　　気流が上昇する
(4)　　物価が上昇する
　　　　人気が上昇する
　　　　気温が上昇する

　「あがる」と「上昇する」に見られる，このような基本義と派生義の関連の様相は，「派生義が基本義から一般的規則によって導き出される」ことを示唆するように見えなくはない。
　「あがる」には次のような用法もある。

(5)　　雨があがる
　　　　仕事があがる
　　　　バッテリーがあがる

　これは「ある状態・活動の完了」を表す。(2)は「高いと認められる状態への変化」であり，(5)は「完了という状態への変化」であるから，状態変化という以外に，(5)と(2)は共通点をもたないように見える。(5)に(1)あるいは(2)と「(比喩的に結びつくための)共通する意味要素」が考えられるだろうか。
　ここで関係がありそうなのは，「あがる」の(6)のような用法である。

(6)　　風呂からあがる

　この場合の「あがる」は，(5)とは統合的な構造が違うが，「入浴行為の完了」であるから，意味的には(5)と共通する。(6)は，「入浴行為」に続いて「浴室ないしは浴槽から出て，そこよりも高い場所へ移動する」ことが生じる点をとらえて「入浴行為の完了」を表すという，「メトニミー」による転義の例とみなすことができそうである。(6)は「高いところへの移動」という接点を(1)とのあいだに持つから，間接的に(5)と(1)が関連づけられる。

2. 意味の関連性のタイプは規則的に適用されるか

　上で触れた，「あがる」の基本義「視覚的にとらえられる，具体的な位置変化」から，派生義「感覚や判断によってとらえられる状態変化」への派生においては，派生義と基本義とが，「一般的規則にもとづいて結びつけられている」ように見える。ただし，これはわずかに2つの語に共通することだから，さらに多くの他の語についてどうであるのかを見る必要がある。「視覚的にとらえられる，具体的な位置変化」を意味する語として，「さがる／おちる／下降する」などがある。これらにも，(7) のように「感覚や判断によってとらえられる状態変化」という派生義が認められる。

(7)　　物価がさがる
　　　　成績がおちる
　　　　景気が下降する

　しかし，この種の「垂直方向の位置変化」を表す語が，すべて上記の「規則」にしたがうわけではない。「のぼる／おりる」には，「感覚や判断によってとらえられる状態変化」の用法はない。もっとも，これらは「動作主体の意図的な行為」だけを表すという，「あがる」などにはみられない特徴があることによって，適用が阻止されるのだといえるかもしれない。また，「雨がふる」の「ふる」は「おちる」に似ているものの，「位置変化」でなく「移動動作」に限られるから，やはり「規則」は適用されない，といえば「規則の一般性」は保たれる。

　「意味の派生あるいは転用のタイプ」としてきわめて一般的と思われるのは，「場所から時間への転用」である。上記の「空間的な位置変化」の動詞のあるものは，次のように「時間的な位置変化」の用法を持つ。

(8)　　時代がくだる
　　　　時代がさがる

　ところが，「あがる／のぼる／おりる／おちる／上昇する／下降する」に

は「時間的な位置変化」の用法はない[2]。きわめて一般的と思われるこの種の転用のタイプですら，条件に合いそうな語のすべてには適用されない。つまり，このように一般的に見えるタイプでも「規則的」には適用されない。

規則的ではないとしても，「ある種の意味現象が，例外はあるが，相当の場合に認められる」とすれば，「その意味現象が生じる傾向がある」というようには言える。もちろん，ある語に見られる，特定の「意味のつながりのタイプ」が他の語において見られたからといって，直ちにそれを傾向というわけにはいかない。たとえば，上記(8)の2つの語には，「場所から時間への転用」が認められるが，それらと同類の「垂直方向の位置変化」の動詞にはそうしたことは認められないから，この転用は傾向とは言えない。多義語のそれぞれの意味を観察していって明らかになる，種々の「意味のつながりの様相」の個々の具体的事例が「傾向」であるかどうかは，広く見渡した上でないと断言できないはずである。

もし「あがる」の用法が(1)に類するものだけに限られているという仮想的な状況があったなら，(2)の用法が新たに付け加えられることは比較的可能性の高いことだと言えそうであり，(6)もありそうだとは思えるが，(5)の用法への拡張はきわめて考えにくいのではないだろうか。

むしろ，ある語に見られる，特定の意味のつながりの様相が，どうも「気まぐれに」生じているとすら思えることがある。つまり，この種の意味のつながりの様相が具体的にどの語に発現するかは，まさに「慣習」による[3]。慣習であるから，通時的に見ると，ある時期に見られた意味のつながりが他の時期には見られないと言ったことが起こる[4]。

---

[2] (8)の例は『三省堂国語辞典第4版』による。同辞典には対義語の「のぼる」「あがる」が「時代」や「時間」について使われるという記述はない。

[3] Lakoff and Johnson (1980) には，意味関係のタイプが「メタファー」という名で数多く規定されている。その中に，FINISHED IS UP というものがあって，'I'm finishing up.' という例があがっている。英語でも「上」と「完了」とのつながりの事例があることが分かる。ただし，日本語の場合と異なり，'rise' や 'go up' などの上方向への移動・変化動詞の用法に「完了」を表す用法は認められないようである。

[4] 『日本国語大辞典』には，古い時代の用法として「あがる」「のぼる」が「時」や「時

要するに，多義語のそれぞれの意味の結びつきは，「一般的な意味規則によって，1つの意味から他の意味が決まる」というようにはなっていない。多義語のおのおのの意味のあいだの関係が，もし「一般的な意味規則によって，他の意味が決まる」のであれば，1つの意味が分かれば他の意味が分かることになるのだから，多義の一つ一つを記憶しておく必要はなくなる。そうであれば，「多義語は究極的には単義語である」ということになってしまう。もちろん，そのようなことはないのであり，多義語の個々の意味は個別に記憶しておかなくてはならない性質のものである。

3. 語の意味記述の2つの方向

語の意味の記述の仕方にはさまざまあるが，大別して2つの方向があると考えられる。1つは，その語が使われる文脈とその語とを切り離さずに一体のものとしてあつかおうとする方向であり，もう1つは，その語が使われる文脈から，その語をできるだけ切り離そうとする方向である。

たとえば，次の2つの「あがる」は，それぞれ右に示した解釈を持つ。これらの解釈は，共起する「成績が／物価が」と結びつくことで生じる。

(9)　成績があがる。　　　「良くなる」
　　　物価があがる。　　　「高くなる」

このとき，「成績があがる」というときは「成績が良くなる」という意味，「物価があがる」というときは「物価が高くなる」という意味，というように，つねに文脈を付けた形で考えていくのが，文脈とその語とを切り離さずに一体のものとしてあつかう仕方である。この仕方では，(9)の2つの「解釈」の違いが，そのまま「あがる」の2つの「意味」の違いに対応するとみなす。

これに対し，(9)にはたしかに，2つの「解釈」があるが，「結びつく相手

代」について使われたという旨の記述が見える。

の違いに左右されない意味」は1つであるというように考えていくのが，文脈からその語を切り離して独立したものとしてあつかう仕方である。この仕方では，たとえば「より上の段階に達する」という1つの意味があるというように考える。

　文脈から切り離さずにあつかうといっても，その語が使われる具体的な個々の用法をすべて記述することは不可能である。そこには，多かれ少なかれある種の「一般化」が施される。つまり，具体的な用法のうちの類似する語をグループ化することである。たとえば，「成績，業績，タイム，……」，「物価，運賃，温度，……」などである。

　一方，文脈から切り離してあつかうといっても，それは文脈を無視するということではない。この場合，文脈として現れうる個々の語そのものをリストにして示すのでなく，文脈として生じうる語の意味的な条件を規定しておく。たとえば，「上ないし下であると評価できるもの」が「あがる」とともに使える語の条件だとする。そして，「良くなる」か「高くなる」かは，具体的に生じる語が「良い」といえるか「高い」といえるかで決まると考える。

　以上は，意味記述の2つの方向を，「あがる」を例に，極端な形で述べたものである。今の「あがる」の記述にかぎって言えば，文脈から切り離す記述の方が説明力がある。たとえば「評判」について「あがる」という場合，それは「高くなる」とも「良くなる」とも解釈できる。文脈と一体にした記述では，「評判があがる」は「評判が高くなる」と「評判が良くなる」という2通りの意味を持つということになるが，これは，いかにもおかしい。これに対し，もう1つの記述の仕方では，「評判」が「上ないし下であると評価できるもの」であり，それが「あがる」というのは「より上の段階に達する」ことであり，たまたま「評判」という語についての「上の段階」が「高い」とも「良い」とも言えることから2つの解釈が出てくるのだと言えばよい。

　ところで，「あがる」には「（タクシーの）メーターがあがる」という用法がある。これは全体として「メーターの数値が高くなる」ということである。しかし，「メーター」は「上ないし下であると評価できるもの」ではな

い。この言い方は,「メーター」で「メーターの数値」を表す「メトニミー」によると説明できる。「温度計があがる」も同様である。しかし,「計器／はかり／体重計」などと同じ「計量的数値を表示する装置」の場合,「あがる」との組み合わせで,「数値が高くなる」という意味を表すことはない。「メーター／温度計／体温計」などと「あがる」とが結びつき,「計器／はかり／体重計」などとは結びつきにくいことは,文脈から独立した「意味」からは予測ができない。そこで,このような場合は,文脈と切り離さない記述によらなければ,十分な記述ができないということになる。

4. 多義と同音異義

　さて,上では,「あがる」の (1)(2)(5)(6) は同一語の異なる用法であると見なして話を進めたが,そこで述べたように,(5) の用法は他の 3 つの用法とはだいぶ異なっている。(6) と (1) の意味的な結びつきが上記のように考えられるものだとしても,(1) と (2) の結びつきに比べてみると,かなり特殊な結びつきであると言わねばならない。

　そこで,(1)(2)(6) の「あがる」と (5) の「あがる」とを別の語として区別することも考えられなくはない。つまり,(5) を,(1)(2)(6) とは無関係の「同音異義語」と考えるのである。

　ここで,多義語と同音異義語の定義を確認しておこう。両者とも,一つの音形に複数の意味が結びついている。そのうち,多義語は,その複数の意味のあいだに「関連がある」1 つの語である。同音異義語は音形が同じだが語としては別で,その別々の語に属する意味は,たがいに「関連がない」ものである[5]。

　複数の意味のあいだに関連があるということは,それらが「ある意味要素

---

[5] この両概念の定義そのものは,諸家のあいだで大きな違いは見られない。国広哲弥 (1982: 97) では,「多義語」は「同一の音形に,意味的に何らかの関連を持つふたつ以上の意味が結びついている語」であり,「同音異義語」は「同一の音形に,意味的に関連を持たないふたつ以上の意味が存在する場合に生じるふたつ以上の語」であると規定される。

を共有する」ことだと考えうる。そのような要素があるかないかを問えば多義語か同音異義語かの区別ができるはずである。ただし，ここで「共有されるある意味要素」とはどのようなものかを考える必要がある。たとえば「動作／変化／状態」あるいは「限界的／非限界的」といった「文法的な意味」，つまり統合的なふるまいを同じくする一般的な意味要素の共有の有無が，多義か同音異義かの区別に大きくかかわることはない。動詞の内在的アスペクトは文脈に依存して変わりうるので，上記例文の文脈に何を想定するかでその解釈が違ってくる。(1) も (2) も「変化」の解釈が優先するが，動作（移動）の解釈もありうる。「動作」の解釈をした場合，(1) は「限界的」な，(2) は「限界的」「非限界的」両用の解釈がありうる。ところで，(5) は「変化」で「限界的」の解釈しかなく，その点で (1)(2) と異なる。この点に関しては，(6) は (5) と軌を一にし，(1)(2) とは異なる。しかし，意味的には，(6) は (5) とも (1) とも結びつく。上述のように，(6) と (1) とは「高いところへの位置変化」という特徴を介して関係する。「限界的／非限界的」「動作／変化」の違いが分かったところで「多義／同音異義」の区別ができるわけではない。「多義／同音異義」の区別に関与するのは，もっぱら統合的ふるまいにかかわるような意味要素ではなく，もう少し限定された意味的な特徴である。

　以上は，多義と同音異義が区別できるという立場に立って考えてきたのだが，「多義語と同音異義語は基本的には連続している」という見解もある[6]。たしかに，この両者を決定的に区別する絶対的基準は存在しない。両者の区別が，「意味の関連性」という相対的な尺度にしたがうものである以上，そもそも「多義／同音異義」の区別は無意味であるという考えもありうる。たとえば，次のような見解である。

(10)　共時的には，1語の多義とみるか，2つの同音異義語とするかは，言語の実際の使用では，さして問題にならない。適当な場面あるいは文脈

---

[6]　国広哲弥 (1982: 108) は「同音異義と多義の現象は，本質的に連続しているのであり，境界を定めようとすることがそもそも無理なことであると考えるべきである」とする。

(→コンテクスト) が与えられれば，問題なく理解されるからである。こういうことが問題になるのは，辞書の編纂の際に起こることで，そのどちらをとるかはまったく恣意的である。

(亀井孝他編著 1996: 511)

　たしかに，たとえば上記 (5) の「あがる」がその他の「あがる」と別語かどうかが，これらの語の使用に重大な影響を及ぼすことはないだろう。その点では，多義か同音異義かは辞書の記述での具体的あつかいの問題で，意味論的にはどうでもいいことだということになる。

　(10)に引用した考えによれば，音形が同じ語に属する意味はどこで線を引いても構わないということになり，究極的には，「多義」の一つ一つをすべて同音異義としても構わないことになる。実際，そのように考えれば，区別になやまずにすみ，すっきりはする[7]。しかし，1つの多義語のそれぞれの意味は互いに無関係なものではなく，ある種の関連性を持っている。関連性を持った意味が1つの音形に統一されることで，個々の意味の記憶を容易にしているとも考えられる。われわれが，意味関係の遠近の度合いを直感的に判定できる以上，その度合いをめぐることがらが意味記述に反映されるべきである[8]。

---

[7] たとえば，Kempson (1977: 80) は，lexicon (theoretical dictionary) に登録される単位である lexical item は，原則として単義であると主張する。たとえば，'Man is mortal.' の man と 'A man hit me.' の man は，man_1, man_2 という別の lexical item であるとする。したがって，そこでは多義と同音異義の区別の問題は生じない。

[8] 多義か同音異義かという問題は，つまるところ「意味的なつながり」をどう考えるかにあるから，まず，さまざまなつながりの具体的な様子を明らかにすることが必要である。「さす」は漢字を使って「刺す／差す／指す／挿す／注す／射す／点す／鎖す」などと書き分けられることがあり，多義か同音異義かの区別が問題になる語である。辞書によって多義か同音異義かのあつかいはまちまちであるが，すべてを1つにしているものはないようである。国広哲弥 (1997: 196) は「さす」について「意味的には相互の語義の間にかなりの距たりが認められるが，(中略) 基に一つの現象素を認めることにより，それらの語義は一つに結びつけられる」という。「現象素」とは「語の用法と結び付いた外界の現象・出来事・物・動作など，感覚で捉えることのできるもので，言語外に人間の認知の対象として認められるものである」(p. 176) と規定される。「『さす』は典型的には「団子に串をさす」のような動作を指すと考えられ，これが現象素である」(p. 196) とする。

5. 多義語の意味記述の相反する方向

　多義語の個々の意味は上述のように，個別に記憶しておかなくてはならない性質のものであるから，辞書の記述でも個別的な記述が必要になる。個別的記述を徹底させるためには，上記の「文脈とその語とを切り離さずに一体のものとしてあつかおうとする方向」に向かうことになる。

　ところが，これまで見てきたように，多義語の個々の意味の関連性には高低の度合いがある。そして，基本義および基本義に意味の近い用法には，文脈からその語をできるだけ切り離そうとする方向による記述が適合することがしばしば見られる[9]。この手法を多義語の他の基本度の低い派生義にも一貫して適用し，そこから文脈との相関の一般性を求めようとすれば，いきおい文脈と切り離す方向に向かう。意味論的記述はしばしばこのような線で行われる。

　渡辺実（1998）も，さまざまな「さす」を多義語とした上で，その意味の関連の様子を詳細に分析している。そこでは，「X ガ Y ヲ Z ニ W デ」といった統合的な型（渡辺の用語では「関係項目」）の違いは最大の意味の違いをもたらし，XやYに具現される個々の語・語句である「素材」の意味的な特徴（渡辺の用語では「素材属性」）の違いは最小の違いをもたらすという観察がある。たとえば，「出刃包丁を賊の背中にさす」は「出刃包丁で賊の背中をさす」とは「関係項目」がまったく違うので，この2つは意味が非常に遠い位置にあるという（前者は「移動」で後者は「加害」）。一方，この2つはともに，「素材属性」として「先の尖ったもの」「奥行きのある柔軟なもの」などを共有する。そして，「関係項目」の相違にかかわらず，多義語の意味が関連しあうのは，「素材属性」の働きであり，「意義構造の底部で息づく素材属性こそが，多義の分化をつないでいるものらしい」（p.825）という。

　一方，鈴木敏昭（1994）は，「言語の話し手の感じる意味的な関連性が多義構造を明らかにするための基本的な手がかりとなる」（p.47）との想定に立って，多義語「しめる（閉・締・絞）」のそれぞれの意味関係の近さの度合いについての話し手の判断を数量化し，そのデータを説明するモデルを考えようとする。そして，メンバーのすべてに共通の特徴を持たないが，全体としてつながりあっているという「家族的類似性」モデルの一種である「意味属性の相互的な重なり合いによる鎖型構造のモデル」が適当なモデルであるとする。

　意味の関連性を求める試みは以上のようにさまざまある。ある立場に立てば，多義語には「共通の要素がある」ことになり，また別の立場によれば「共通の要素はない」という結果になる。同一の語についての詳しい分析を多角的に行い，その結果を比較考量することで，多義語の本質に迫ることができるかも知れない。

[9] 「意義素」「現象素」（国広哲弥 1997），「スキーマ」などの種々の概念でとらえられるのは，このレベルの意味であるといえる。

こうした違いが生じるのは，両者の記述の目ざすところが違うからである。市販辞書の目的の1つは，「語についての未知の情報の提供」である。また，意味論的記述が好んで対象とする基礎的な語についての，「使用者にとって未知の情報」というのは過去の時代の意味や地域的な変種であるのが普通であるから，一般の人が基礎的な語を調べる機会はさして多くないだろう。また，多義語を調べるとしても，そのうちの自分がまだ知らない用法についての情報を得ようとするのであり，多義語の全体の意味的なつながりを知りたいと思う人は少ないのではあるまいか。ただし，どのような意味・用法が求められているかはあらかじめ分からない。したがって，辞書は，個々の語の細部に至るまでをできるだけ網羅的に記述することを，実際の記述に実現されているかどうかは別にして，目指しているように見える。要するに，辞書の記述は個別性を追求するものだと言える[10]。

　これに対し，語の意味の意味論的な記述は，理論的な立場はさまざまに違うものの，おおむね「語の意味の性質の解明」を目指そうとしていると言ってよい。その対象は，「既知の語」を対象として，語に一般に見られるさまざまな意味現象を明らかにしようとする。たしかに，個々の語の具体的な細部に及ぶ意味記述は，それ自体が語意味論の目的ではないが，個々の語についての記述の精度を高めることは，本来の目的を達するための手段であると考えることができる。

　一般に，市販辞書の多義語の記述は，多く，「文脈一体型」の記述になっていて，それが意味論の立場から批判されることがある。一方，意味論的な記述は，どちらかというと，「文脈分離型」の記述を目指すものが多いと見受けられる。この2つの方向による記述は，どちらかが断然すぐれているというより，ある点では一方が他方より妥当であり，また別のある点で逆に妥当でなかったり，という具合で，どちらも一長一短がある，と考えるべき

10　国広哲弥(1997)は国語辞典の意味記述のあり方についての論考であり，その中で語の具体的な記述が示されている。そこでは，国広哲弥(1982)の考え（上記注6参照）とは違って，多義と同音異義との区別が問題にされている。このことには，辞書記述と意味論的記述の態度の違いが関係していると見ることができる。

ものと思う。多義語の意味の十分な記述には，この相反する記述の方向のどちらか1つだけでは十分でなく，両者を融合した方法をとるべきであろう[11]。

---

[11] Nida (1998) は，語の意味記述において，文脈からの分離を認めず，完全な文脈一体型の記述を主張する。そして，従来の「個別の語という原子のレベル (the atomic level of individual words)」から「語結合のレベル，すなわち分子レベル (a level of words in combination, the molecular level)」へと記述の焦点を移すべきだという。そこにあげられている，run という語の記述のサンプルは詳細で，たしかに run の実際の使い方がよく分かるようになっている。この方式ではもちろん，run という語が「全体として，どのようなとらえ方をしている語であるのか」は分からない。後者の情報をも示すことで，十分な記述へ近づくことができると思われる。

個々の語をその文脈とともに示すというのは，その語の「用法」を示すことである。本章の結論は，したがって，「『多義語の用法の背後にある意味』と『それぞれのたがいに区別される用法』とをともに示すことが必要である」というようにも言える。

本書第6章では，「語には，それが生じうる具体的な構造からは独立した，一般的な意味がある」という面を強調し，本章で言う「文脈分離型」の記述態度を「文脈一体型」の記述態度に優先させるべきだと論じた。その主な理由は，文脈一体型だと限りない細分化に陥りやすいということである。ただし，一般的な意味だけでは説明しにくい用法もある。そこで，語の意味には「特定の語と統合されるときに個別的に生じるため一般的な手続きからは予測できず，あらかじめ記憶しておくべきものがある」ことを指摘し，「固定表現」を記憶しておくべき単位として認めることの必要性も述べた。本章は，「文脈分離型」の記述態度をとりつつも，多義語についてみると特に，「固定表現」を含む用法の面にさらに注意を向けることが求められるということを述べたものである。

Langacker (1987) は，'list'（個々の特定の用法の列挙）と，'rule'（それを説明する規則）について，どちらか1つを選ぶべきだという二者択一の態度を退け，「規則と列挙」を同時に記述すべきだとする (p. 42)。これは，本章での立場とほぼ同じである。

一方，Langacker (1987) は，従来の言語研究で常識とされてきた，「共時態／通時態，言語能力／言語使用」などのさまざまな二分法的な概念の峻別は誤りであり，これらは連続体の両極と考えるべきだという趣旨のことを言っているので (p. 19)，用法の列挙は理屈の上では際限がないことになる。しかし，実際の言語使用での具体的な用法は膨大であり，その一つ一つをすべて示すことはできない。仮にできたとしても無意味なことである。言語の記述が，個々人の具体的な使用の実態の「詳細な報告」でないとするなら，記述すべきは，「用法のタイプ」であり，また「個々の話し手に共有されると想定される用法」になるだろう。言語をマクロに見るとき，その記述は一定の「理想化」を経たものにならざるを得ないのではないか。

第III部
意味記述の方法

第13章

言語普遍的意味特徴による語彙記述

1. 意味を記述する言語

語の意味を記述するときに使われる記述言語の性格について二つの異なる考え方がある。

A 記述言語として個別言語と独立な言語普遍的なものを考え、それを使って個別言語の意味を記述することはできない。

B 個別言語の意味を記述するには、それと独立な言語普遍的な記述言語を使うべきである。

Aの考え方の例として、Weinreich (1962: 37) のものがある。

> 伝統的な辞書学では定義用の記述言語は少なくとも対象言語の全体を含むものと考えられているようであるが、この考えに十分な根拠があるとは思えない。対象言語と独立のないし自然言語と独立の「絶対的な」記述言語を望むことも観念的にはできよう。しかし、意味論上のこの観念は(音声学とは対照的に)実在しない幻想であるから、記述言語を対象言語と同等ないし、それ以上のものとするのではなく、むしろ記述言語の範

囲をより狭くする方法を見出すべきである。(Conventional lexicography apparently believes that the defining metalanguage should contain at least the entire object language. This belief may be unwarranted. Ideally we might wish for an "absolute" metalanguage which is entirely independent of the object language, or of any natural language. But since this ideal in semantics is illusory (in contrast to phonetics), we should seek ways to make the metalanguage less rich, rather than as rich as, or richer than, the object language.)

Bの考え方の例としては，Chomsky (1965: 160) のものがある。

辞書の定義に関して究明すべき主要な問題が二つある。第一に，意味特徴に課せられる，普遍的な特定言語と独立の制約—伝統的な言い方をすれば，可能な概念の体系—を決定することが重要である。「語彙項目記載事項」という概念そのものが，こうした可能な概念を特徴づけるのに使われる，固定した普遍的語彙といったものを前提しているのである。これはまさに，「音声表示」という概念が普遍的音声理論といったものを前提しているのと同様である。(Concerning dictionary definitions, two major problems are open to investigation. First, it is important to determine the universal, language-independent constraints on semantic features—in traditional terms, the system of possible concepts. The very notion "lexical entry" presupposes some sort of fixed, universal vocabulary in terms of which these objects are characterized, just as the notion "phonetic representation" presupposes some sort of universal phonetic theory.)

本章の目的は，この二つの考え方に関するいくつかの問題点を指摘し，Bの考え方は支持できないことを示すことにある。

2. 対象言語，記述言語，高次言語

　ある言語について何らかの記述をするとき，その記述される言語を「対象言語」，記述に使う言語を「記述言語」と称する。

　記述言語はしばしば「高次言語」ないし「メタ言語」などと呼ばれることがある。対象言語と高次言語について，ある哲学事典は次のように言う。

> （対象言語は）意味論において論議の対象となる言語系をいう。これに対して対象言語の構造，その真偽などを論ずるのは高次言語（メタ言語）である。たとえばドイツ語の文法を日本語で論ずるとき，ドイツ語は対象言語であり，日本語は高次言語である。（中略）一般に高次言語は対象言語に属する意味範疇をすべてふくみ，かつそれらよりも高次の範疇をふくむことが必要である。さもなければ，対象言語に属する表現について真偽その他の述語を高次言語において付与することができなくなるからである。　　　　　　　　　　　　　　　　　（林達夫編 1971: 891）

　本章では，記述言語と高次言語とを区別して使うことにする。すなわち，記述言語は，「一般に対象言語を記述する言語」であり，高次言語は「対象言語を記述し，対象言語よりさらに高次の意味範疇を含む言語」であると定義する。したがって，高次言語は記述言語の特別な場合ということになる。

3. 記述言語としての自然言語の性格

　前掲『哲学事典』の論法でいくと，日本語の文法を日本語で論じるとき，日本語は対象言語であり，かつ高次言語である。このように言うことは，

(1) 　日本語には対象言語としてのものと，高次言語としてのものの二種類ある。

ということに等しい。以下，(1) の持つ意味を考えることにする。

　仮に，(1) の対象言語を J，高次言語を J′ とする。すると，J′ は J のすべて

の意味範疇を含み，かつそれより高次の意味範疇を含むものでなければならない。Jは一応，日常言語レベルのものであり，J'はその他に学術用語などを含むものと考えることができる。例えば，「有生」という語は専ら意味記述に使われるだけだから，J'に属するものだと言える。しかし，JとJ'は文法，音韻，表記の点で異なる点はない。しかも，J'に属すると考えられる「有生」などの語は，もともとJを基礎にして作り出されたものである。つまり，JはJに属する範疇を使って，それまでJに属していなかった範疇を生み出す機能を持っていると言えるのである。このことは，Jの持つ命名の機能を考えれば明らかであろう。

　JとJ'との間に見られる上述の関係は日本語に限らず他の言語にも言えることだと考えられるから，

(2)　特定の個別言語はそれに属する意味範疇以外の意味範疇を生み出す機能を備えている。

と言える。

　JとJ'は文法，音韻，表記の点で互いに異なるところはないが，すべてにわたって同一であるわけではない。Jに属する語は常に唯一の意味を持っていることもあるが，むしろ多義的であることが多い。例えば「女」は，

　　（イ）　人間のうち，雌としての性機能を持つ方。
　　（ロ）　「女（イ）」として精神的・肉体的に成人したもの。
　　（ハ）　正式の妻以外の，愛人としての女性。（『新明解国語辞典』1972）

のように多義である。これに対し，J'に属する語はあいまいさがなく単義的であるという了解がある。つまり，同じ語がJに属するときは多義でも，J'に属するときはいくつかあるうちの一つの意味に限定されるのである。例えば'少女'に含まれていると考えられる〈女〉という意味特徴の表わすのは，上記（イ）であって，（ロ），（ハ）ではない（個別言語の語意味を' 'に入れて示し，意味特徴を〈 〉に入れて示す）。

　要するに，JとJ'とは相異なる別の体系ではなく，J'はJの特別に限定され

たものであると言える。これもまた日本語に限らないことと考えられるから，

(3) 　特定の個別言語はそれ自身を記述する記述言語として機能し，さらに(2)に述べた機能によりそれ自身の高次言語としても機能しうる。

と言えるのである。

したがって，(1)は(3)のような意味に解されるべきであって，これを「日本語に二つの別々の種類がある」と解すべきではないことが明らかとなったと言える。

4. 言語普遍的な意味特徴

語の意味記述の一部として意味特徴による記述があるが，ここではこの意味特徴を言語普遍的な記述言語で表わす場合の問題点，すなわち言語普遍的意味特徴の問題点を指摘する。

まず，意味特徴が「言語普遍的である」ということの意味を明らかにしておこう。これには次のような二通りの解釈が考えられる。

(1) 　特定の個別言語に現れる意味特徴がその他のすべての個別言語においても現れるなら，それは言語普遍的である。
(2) 　ある意味特徴が少なくとも一つの特定個別言語において現れるなら，それは言語普遍的である。

このような区別をした上で，言語普遍的意味特徴について次の問題点を考えていく。

(a) 　言語普遍的意味特徴は存在するか。
(b) 　言語普遍的意味特徴をどう表記するか。

まず，(a)について(1)の立場で考える。(1)の意味での言語普遍的意味特徴は存在するように思える。意味範疇の上位に属する概念はどの個別言語に

も共通して現れているからである。例えば,〈人間〉,〈動物〉等の意味特徴を含む語を全く持たない個別言語があるとは考えられない。

(2)の立場に立てば,定義上,言語普遍的意味特徴が存在することになる。この立場は,ある言語普遍的特徴が,ある個別言語では現れ,ある個別言語では現れないということを主張しているのである。

結局,(1),(2)いずれの立場に立つにせよ,「言語普遍的意味特徴は存在する」という想定ができるのである。

次に,(b)の問題を考える。上で言語普遍的意味特徴の例として〈人間〉,〈動物〉を挙げたが,この表記は便宜的なものである。(1)の立場にしろ,(2)の立場にしろ,言語普遍的意味特徴は個別言語から独立した存在だから,本来はその表記が言語中立的なものであるべきである。

言語普遍的意味特徴の表記が個別言語から独立しているということは,その表記がどの個別言語の音形にも一致しないということである。つまり,言語普遍的意味特徴は一定の音形を持たない,意味だけの単位であると言える。この単位は当然ながら複数個あるから,表記するとすれば,相互の区別をつける必要がある。したがって,これを表記するのに例えばどの個別言語においても無意味な音形を使うことが考えられるがこれは実際上困難である。そこで,例えば数字を使う方法が考えられる。

言語普遍的意味特徴を数字を使って表記し,これを使って個別言語の語の意味(の一部)を記述するとすれば,例えば'少女'は〈13〉〈25〉…〈68〉などのように示されることになろう。しかし,これは明らかに無意味である。それぞれの数字に対応する意味範疇が不明だからである。

言語普遍的特徴を想定し,それを使って意味記述を行なうべきだと主張する人は,その表記に個別言語を使っている。この場合,表記は個別言語であるが,それは便宜的なもので,対応する意味範疇は言語普遍的であると解釈することが要求されているのである。この現在一般に行なわれているやり方は,数字方式と異なり,対応する意味範疇が何であるかを知ることができるという利点を持つ。

例えば,ある言語普遍的特徴を〈2〉などとしたのでは無意味だが〈人間〉な

どとすれば何を示すかわかるというわけである。ここで〈人間〉と表記されたものの示す意味範疇は，日本語の'人間'の意味範疇にほぼ対応するものであると想定されている。しかし，それはあくまで言語普遍的なものであって，日本語と完全に一致するものではない。

このようにして表記された言語普遍的意味特徴も，数字方式に劣らず無意味なものであると言える。というのは上述の考え方でいくと，〈人間〉は日本語の'人間'ではなく，個別言語と独立の意味範疇を示すはずのものであるから，一体それが「正確に」何を示しているのかが依然として明らかにならないからである。「言語普遍的」意味特徴を〈人間〉のように表記するならば，それに対応すると考えられる意味範疇は，個別言語である日本語を通してのみ推定されるものであって，決して個別言語から独立しているものとは言えないのである。

ここまでで言語普遍的意味特徴を個別言語を使って表記しても無意味であることを見たが，このことは言語普遍的意味特徴の存在を否定するものではない。

個別言語の語の意味(の一部)が，言語普遍的意味特徴によって構成されていると考えると，例えば次のような関係を想定できる。

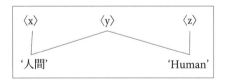

この場合，実線は言語普遍的意味特徴が各個別言語の語の中に「実現」されているという関係を表わす。上例では，〈y〉が'人間'，'Human'に共通に実現されており，さらに'人間'には〈x〉，'Human'には〈z〉が実現されている。すなわち，両語は完全に同じではないが共通する言語普遍的意味特徴を持っているというわけである。

上例は，複数の言語普遍的意味特徴が個別言語の一語に実現されている例であるが，時として，一つの言語普遍的意味特徴が個別言語の一つの語とし

て実現されているように見える場合がある。例えば英語'boy'に含まれると考えられる'male'、日本語の'少年'に含まれると考えられる'おとこ'は、一つの言語普遍的特徴が個別言語の一語として実現したものであると言うわけである。この言語普遍的特徴を仮に⟨m⟩と表記したとすると

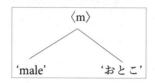

という関係があると想定するわけである。

しかし、この想定は妥当ではない。'male'と'おとこ'とは一致しないからである。次の対照例を参照されたい。

    a male child　　　おとこの子
    a male dog　　　　おす犬
    a male plant　　　 雄性植物

英語の'male'は日本語の'おとこ'、'おす'、'雄性'の少なくとも3つの意味範疇に対応していると言えるのである。そこで、実は次のような関係があると想定できるかも知れない。

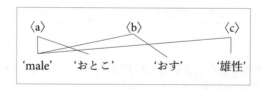

この場合、'おとこ'、'おす'、'雄性'はそれぞれ一つの言語普遍的意味特徴に対応していると想定されているわけであるが、このような想定を保証する根拠はない。もともと、'male'が一個の言語普遍的意味特徴に対応するものではないということは、それを日本語と比較対照して明らかになったのであった。したがって今度は'おとこ'を英語以外の他言語と比較すれば、それが実

は複数の意味特徴の実現されたものであるということになるかも知れない。例えば，日本語との関係において

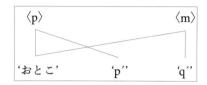

となるような語 'p″', 'q″' を持つような個別言語があるかも知れない。

こうした議論では，ある語が一つの言語普遍的特徴の実現されたものであるかどうかを知るためにはあらゆる個別言語について相互の対応関係を検討しつくさねばならないことになるが，それは実際上不可能である。換言すると，言語普遍的意味特徴を帰納的に決定することは事実上不可能だと言うことである。

では，それを演繹的に決定することはできないであろうか。すなわち，現在のところ個別言語に実現されているかどうか不明であるが，個別言語に実現される可能性を持つと思われる意味範疇を言語普遍的意味範疇とするのである。これは冒頭で引用した Chomsky の「可能な概念の体系」である。そして，この「可能な概念の体系」を決定することは容易ではないがおそらく可能であろう。

5. 結論

以上の議論を次のようにまとめることができる。

(1) 言語普遍的意味特徴の存在を積極的に否定する根拠はないが，それを帰納的に決定することはできない。
(2) 言語普遍的意味特徴が存在したとして，それを個別言語を使って表記することは無意味である。
(3) 言語普遍的意味特徴が個別言語の語の意味に実現される対応関係を表

わすことはできる。
(4) 可能な概念の体系を決定することができる。

　これらのことがらから次のことが言える。まず，(3)の対応関係は帰納的に決定されるものだから，これは結局(1)に反することになる。つまり，言語普遍的意味特徴は演繹的にしか決定できない。(4)の可能な概念の体系を言語普遍的意味特徴と同一視できるかどうかは明らかではない。もし同一視できたとしても，(2)により，それを個別言語で表現することはできない。

　以上の問題点にもかかわらず，言語普遍的意味特徴が決定でき，それを表記する手段があると仮定する。このとき言語普遍的意味特徴を使った個別言語の意味記述はどのような意味を持つのだろうか。例えば，「可能な概念」として，日本語において'水'，'湯'として実現されるような言語普遍的意味特徴（それぞれ，$\langle c \rangle$, $\langle h \rangle$と表わす）が考えられたとすると，英語の'water'を$\langle c \rangle$と$\langle h \rangle$の複合した実現として記述することができるかも知れない。しかし，このような記述が，はたして「英語の意味記述」としてどれほどの意味を持つものだろうか。このような記述は，例えば日本語との対照に役立つとしても，英語自体の意味記述として，もしそれが英語の内的意味構造の要求するところに合わないとしたら，むしろ望ましくないものと言えるだろう。

　結局，言語普遍的意味特徴の存在およびその表記には上記のような問題点がある上に，それを使った記述が個別言語の意味記述として必ずしも適当でないのだとしたら，そもそも言語普遍的特徴を求めたこと自体無意味であると言わざるを得ないのであり，「個別言語の語の意味の記述は個別言語を使って記述できるのであり，またそうすべきである」という結論に達するのである。

第14章

語の意味はどのようなことばで記述できるのか

1. 意味記述のメタ言語

　一般に，ある言語を研究対象とする場合，その言語を対象言語といい，対象言語を記述するのに用いる言語を記述言語あるいはメタ言語という(以下，「メタ言語」という用語を使う)。本章は語の意味を記述するときに用いるメタ言語としてどのようなことばを使えばいいのかを考えるものである。形式言語のような特別に規定された記号系だけでなく，普通のことばをメタ言語として用いることもある。ただし，言語の意味記述の手段をメタ言語に限定すべきでないという考えもある。

(1)　理論的には，もし任意の言語が宇宙の森羅万象をくまなくおおうことができると仮定するならば，その言語の意味記述も，その言語をメタ言語として用いることによって可能になると一応考えることができる。これは，メタ言語の意味は自明である，という前提の上に立っているが，現実には必ずしもそうでない場合が起こり得る。英語の初学者が英英辞典を引いて説明の英語の意味が分からない場合などそれで

ある。筆者の現在の考えでは，意味記述において言語だけに基づくことに固執する必要はないと思う。現実の場面では実物指示・動作などを併用すべきであるし，書記による場合も符号や図解を用いて，言語外の世界と結びつけることに躊躇する必要はないと思うし，むしろそうすべき場合もあると思う。　　　　　　　（国広哲弥 1968a=1970: 220）

語の意味をことばで説明することに関しては次のような見方もある。

(2) 　第1に，意義素を普通の言葉（日本語）を用いて記述しようとしている。従って，それは大まかなものでしかあり得ない。一体，おのおのの単語はそれ自身の意義素を有する。そして，外国語の単語の意義素と日本語のそれとがぴったり合うことはまずないわけだから，引きあてた日本語の単語の意義素に，ある種の意義特徴を加えたり，あるいは減じたりするのだが，それを日本語の単語を用いてするわけだ。従って，厳密には，過不足なく行うことを期待することはできない。将来，意義素を科学的に記述するには，それを意義特徴の束と定義し，そのおのおのの意義特徴を科学の言葉を用いて記述すべきものと考える。　　　　　　　　　　　　　　　　（服部四郎 1968a:（8））

ここでいう「科学の言葉」が具体的になにを指すのかは明らかにされていない。それはともかく，「科学の言葉」と聞いてまず浮かぶのは，自然科学のことば，すなわち科学用語だろう。たとえば次の記述は化学・物理学の用語を多用する記述である。

(3) 　酸素と水素との化合物。分子式 H_2O　純粋のものは無色・無味・無臭で，常温では液状をなす。一気圧では，セ氏九九.九七四度で沸騰，セ氏四度で最大の密度となり，セ氏〇度で氷結。動植物体の七〇〜九〇パーセントを占め，生存上欠くことができない。全地表面積の約七二パーセントを覆う。　（『広辞苑第6版』「みず（水）」の語義①）

しかし，このような「科学的記述」は意味の記述ではないとして否定する

考えもある。

(4) 今度は「花」を見ると，驚くことに，すべての辞書が第一次の意味として「高等植物の生殖器官」のような説明をあげている。間違いではないし，あっていい説明ではあるが，しかし，これは植物学の術語としての解説であって，日本語の意味の記述ではない。わたしなら，「植物の茎の先に，時を定めて開く，色や形の美しいもの」のような記述を最初に出すであろう。そうでないと，「花より団子」や「花を持たせる」をうまく説明できない。　　　　　　　　（柴田武 1987: 124）

　私は (4) の考え方に賛成する。しかし，その一方で私自身，特定の語の意味記述をおこなうたびに，普通の語を用いた記述になんとなく居心地の悪さを感じ，不十分さを残した暫定的な記述であるという感覚を持つことがある。そのようなときに，「宇宙の森羅万象をくまなくおおう」メタ言語があらかじめ与えられていたら好都合かもしれないとは思う。しかし，そうしたメタ言語がありさえすれば，おおまかな記述が精密になるという保証はない。それでも日常普通のことばによる記述になんとなく不十分さを感じ，完全なメタ言語や科学的なことば，あるいは言語以外の手段をもとめるのはどうしてだろうか。

2. 普通のことば以外のメタ言語による意味記述の性質

　ある任意の語の意味を，普通のことばではないなんらかの手段，たとえば「実物指示・動作」「符号や図解」を用いて説明することは，語の種類によってはたしかに有効である。その語の種類というのは，典型的には具体的なモノを表す語である。例えば，日本語の「リンゴ」がどのようなものを指すかを辞書は次のように記述する。

(5) 寒地で栽培される落葉高木。春，白色の花を開く。果実は球形で赤く，甘くてさわやかな酸味が有る。わが国の代表的な果実の一つで，

品種が多い。〔バラ科〕

　これは『新明解国語辞典第6版』（以下，『新明解』という）の説明だが，他の国語辞典も同様である。普通の日本人は「リンゴ」の意味をすでに知っているから，この説明で十分に理解できる。
　一方，リンゴの実物を示せば，すぐに「リンゴ」がなにを指すかがわかる。なお，実物の代わりに写真や絵を用いても，ことばとはくらべものにならないほどの効果がある。
　もちろん，実物あるいはその写真・絵などがいくら劇的な効果を持つと言っても，それだけでは語の意味を十分に記述したことにはならない。(6)は，「リンゴ」の意味にふくまれるものはなにかを考察したものである。

(6)　　また，リンゴ，apple という単語の意義素にも――もし日本と英米で指し示す果物が同じであれば――共通の非社会習慣的要素が含まれている，とした方がよさそうだ，ということになる。
　　（中略）
　　「意義素は，その語義的特徴の一部として，上に定義した『概念』を含む」と定義することにしよう。そうすると，意義素はそのすべての要素が言語的，社会習慣的なのではない，ということになる。
　　それでは，名詞のような単語の意義素の語義的要素における言語的・社会習慣的なものとはなにか。
　　まず，何をその単語で呼ぶのかということ，すなわちその単語の外延の定め方が社会習慣的であって，言語により独特のものであり得る。
　　さらに，或特徴に関して，一般的陳述としての表現は確定していなくても，特定の事実に関する陳述としては極めて頻繁に用いられる表現のあることがある。たとえば，大きさに関して，大キイリンゴ，小サイ　リンゴ，'コノリンゴハ大キイ（〜小サイ）。'この場合リンゴの意義素は《⇒大キイ〜小サイ→》という語義的意義特徴を有する，ということになる。味についても，特定のりんごについてなら　スッパイ

リンゴ，アマイ　リンゴなどは普通の表現である。また《⇒オイシイ〜マズイ→》のように，タベモノの意義素の下位に属する意義素を有する名詞ならばいずれも共通に有するであろう意義特徴をも有する。その他《カタイ〜ヤワラカイ→》も有し，ガスガスノ，ナマノ，クサッタなどとも統合され得る。さらに《⇒タカイ〜ヤスイ→》も有する，ということは，りんごが売買の対象となる物に属することを示す。

(服部四郎 1974 ＝川本茂雄他編 1979: 115-116)

「リンゴ」の意味にはリンゴの概念のほかに，「外延の定め方」および「リンゴ」について頻繁に用いられる表現が「社会習慣的特徴」としてふくまれるというわけで，これらの連語関係をすべて意味として記述すべきかどうかは議論になるところだが，少なくとも，実物指示からわかる要素とは別の意味要素があることは認められる。問題は，そのような要素が，実物指示あるいは絵・写真では記述できないという点である。

3. 普通のことばによる記述のあいまいさ

実物および絵・写真による説明と，科学用語による説明には共通する点がある。どちらも，あいまいさ，すなわち複数解釈あるいは漠然とした解釈の可能性をもたない，という性質である。実物は典型的なものを，絵は特徴をよくとらえたものを，写真は鮮明なものを使えばあいまいさはなくせる。一方，科学用語は，たとえば(3)の「酸素と水素との化合物」「分子式」など厳密に定義できるもので，あいまいさをもたない。

上記(3)の記述には科学用語以外に，「氷結・動植物体」など日常普通のことばでは使われそうにない語がふくまれる一方で，「純粋・最大・占める・欠く・できない・覆う」など普通のことばも使われている。ところで，科学用語および「氷結・動植物体」などの語は，基礎語と非基礎語にわけたときには，非基礎語に属する。意味記述のメタ言語を基礎語と非基礎語の別という観点から見たとき，そこになんらかの特徴あるいは傾向が見られるの

だろうか。これについて，野村雅昭（2006: 28）は次のようにいう。

(7)　　それでは，この記述語にしめる基礎語の割合は，どれくらいだろうか。表5-1【異なり語数にもとづくもの―山田】によれば，［教育］【阪本一郎『新教育基本語彙』（学芸図書1987）を指す―山田】の約2万語によるカバー率は，辞典の種別にかかわらず，ほぼ93パーセントに達している。ただし，基礎語ごとに見ると，傾向にはややばらつきがある。
（中略）
　　延べ語数における傾向は，表5-2からもたしかめられる。ここで確認できるのは，辞書の記述全体では，（中略）全体の95パーセントが［教育］でカバーされることである。つまり，概観的にいえば，辞書の意味記述は，ほぼ基礎語的なものでまかなわれているということになる。

　上で見たように，辞書の記述には(3)のような記述があり，また基礎語とはなにかについて議論の余地があるけれども，辞書の意味記述は概して基礎語を多用する普通のことばによるものだと言ってもよさそうだ[1]。
　また，基礎語は傾向として非基礎語よりも多義であることが多い。多義語は，ある意味であいまいである。では，多義語をふくむ辞書の記述もあいまいになるのだろうか。野村(2006)が調査の対象にした語の中から，「古い」「くすぶる」について，その記述の様子を見ることにしよう。なお，次の(8-9)のaは『岩波国語辞典第6版』（以下，『岩波』という），bは『新明解』の記述で，いずれも，第1に示される語義記述である。

---

[1]　野村（2006: 22）は基礎語に関連してつぎのようにいう。
　　このように，基礎語や基本語（彙）とよばれるものはそれぞれに性格がことなり，これらを一括して意味記述のための語彙としてあつかうことには問題がある。しかし，それにかわるものがないので，以下ではこれらを「基礎語」として仮定し，基礎語と基本語の区別をしない。そして，それらが辞書の意味記述とどのようにかかわるかを検討する。

(8) a　成り立ってから，または現れてから，長い時を経ている。
　　b　始まって（すんで・何かが行われて）から，（長い）時間がたった状態だ。
(9) a　ついている火が炎を立てずに，煙ばかり出している。いぶる。
　　b　火が燃え広がりもしなければ消えもしないままの状態に在る。〔「燃える」「焼ける」の一歩手前の状態で，普通好ましくない状態として受け取られる〕

　これらの記述の中で，多義の度合が高い多義語は，(8)「また／長い／時／始まる／時間」，(9)「つく／たてる／だす／きえる／ある」，である[2]。ただし，これらをふくむ上記の記述において，多義語の複数の意味の可能な組み合わせが等しく意味解釈の候補となることはまずないのであり，まぎらわしさを感じることはない。これは，一般に多義語の生じる文脈によって，多義の複数の意味のうちのどの意味になるかが決まるからだ。
　辞書記述における普通のことばにもあいまいさが見られないとなると，すくなくとも辞書記述の範囲でのあいまいさに関するかぎり，普通のことばを用いた記述と科学用語を用いた記述とのあいだにそれほどちがいがないということになる。

4. 記号を用いる記述

　酒井元子（1970: 42）は普通のことばが意味記述には適さないとして，次のようにいう。

(10)　我々は語の意義特徴記述に語や文を使う。特に語を使うことが多い。しかし語は，色々な意義特徴を場合場合により顕著にさせたり抑圧したりして現われるものであるから，定義に使われた語ではどの意義特

---

[2] 多義の度合の判断は，便宜的に，語義をできるだけ細分化する方針をとっている『明鏡国語辞典』の語義項目数にしたがい，それが5以上の場合を多義の度合が高いものと判断した。なお，「は」「させ」「ている」等の機能語類は除いた。

徴を重視しているのかわかりにくい。そのため誤解が生じやすい。なるべく意義特徴の数の少ない，誤解を招きにくい語を使って特徴記述をすることを心がけなければならない。私はここでは誤解を招きやすいものは極力文で表現し，それらを記号にまとめることにした。この方法は誤解を招く率が少ない点で有効と思われる[3]。

　上記(6)には《⇒大キイ〜小サイ→》という記号を用いた記述がある。これは，あることをことばで表すかわりに用いたものであるが，それが誤解を生じさせないためなのかどうかはわからない。服部四郎（1974，引用は川本茂雄他編 1979: 103–104）によると，〜は，「共起（co-occur）することなく互いに排他的で，中和した束をなす」ことを，⇒は「述語となる印」を，→は「修飾語となる印」を表すという。この場合，ことばだと煩雑になるので記号を用いたとも考えられる。

　(10) の「定義に使われた語ではどの意義特徴を重視しているのかわかりにくい」という点については，本章 3 節で見たところからただちには賛成しがたいが，「誤解を招きにくい語を使って特徴記述をすることを心がけなければならない」という主張はそのとおりだと思う。酒井は，「誤解を招きやすいものは極力文で表現し，それらを記号にまとめることにした」と述べる。たしかに記号で表すことで，それに特別の注意が向けられる効果はもちろんあるが，厳密に規定された上でなら，それを語ないし句で表現してもいいのではないか。つまり，より重要なのは，記号で表すということではなく，意味特徴を誤解の生じないように規定するということだと考える。

5. 普通のことばを限定して用いる記述

　普通のことばを限定して用いることによって意味特徴記述をおこなうこと

---

[3] ここでいう記号による表示は具体的には，授受動詞「くれる」についての「＋［A → B］，＋［A より B が K］」のようなものであり，「A/B/K」は，「A：主語」「B：主語の指示する者と授受関係を結ぶ者を表わす語」「K：「身近さ・親しみ」を感じる」などと規定されるものである【やや簡略にして一部を引用―山田】。

を，ある意味特徴について考えてみたい。それは，「たかい・ひくい」「うえ・した」などにかかわる意味特徴である。「たかい」の第1義について辞書は次のように記述する。

(11) a 規準とする面から上への距離が大きい。　　　　　　　　（『岩波』）
　　　b 基準とする位置から上の方向への隔たりが比較の対象とする（一般に予測される）ものより大きいと認められる状態だ。　　（『新明解』）

　ここで問題にしたいのは，「規準とする面」「基準とする位置」という言い方で示された意味特徴である。これらは，なにを指すかが必ずしも明らかでないということからいうと，まさにあいまいである。われわれは「たかい」の意味をすでに知っているから，一般的知識をはたらかせて，これらは「地面や床のような水平面」のことだろうと解釈する。しかし，これらの語ないし句が一般にそうした意味を持つわけではないので，これは「誤解が生じやすい」表現だといえる。
　久島茂（2001: 14）は，「たかい・ひくい」に関連して次のようにいう。

(12)「大きい（小さい）山」「〜池」と言ったときには，山・池が全体としてまとまりのある《物》として捉えられているが，「高い（低い）」「深い（浅い）」と言ったときの山・池は，地面を基準にして，やまの頂上や池の底に注意が向けられているので，地面と連続した《場所》として捉えられていることになろう。

　久島の言うように，「たかい」は，「地面」を基準にした量である。久島は上記で「地面」のように下線をつけて注意をうながし，さらに地面に関連して次のようにも言う。

(13)《鉛直方向》の量は，「高い（低い）」と「深い（浅い）」が表すが，これは《鉛直方向》を更に2分割した《上方》《下方》という違いに基づいている。ここで重要なのは，《場所》の量を《縦》に測った時，「高い（低い）」と「深い（浅い）」の中間（地表面）に《零》の量が存在すること

である。なぜ重要かというと、《物》の量を《縦》に測った時も、その中間に（比喩的に《零》と言える）《基準》の量が存在するからである。

（久島 2001: 83）

さて、山などの場所の高さはたしかに、地面を基準にした高さである。しかし、高さは必ずしも地面を基準にするとはかぎらない。たとえば、「天井がたかい」というとき、その高さは床や畳あるいは廊下など建物内部の平面を基準にしている。これは、地下に作られた部屋や通路の場合にも言える。あるいは、帆船のマストを「高い」というとき、基準となるのは甲板だろう。言うまでもなく、この場合に地面は考えられない。

こうした例については、「床・畳・廊下・甲板」は「地面とみなされている」ととらえることが可能である。おそらく、久島（2001）も、地面をそのように拡張して使うことは当然のこととしてあえて触れなかったと思われる。「地面」をこのように使うのは、聞き手・読み手の知識・経験に頼った使い方である。つまり、「地面」が地面以外のどの範囲までを地面とみなせるのかが解釈する側にまかされている。

意味記述を「客観的」なものに近づけるためには、誤解を招きにくい語を使うほうがいい。(11)の辞書記述の「規準とする面」「基準とする位置」あるいは、久島（2001）の「地面」によって意図された概念は、(14)のようにいうことができるだろう。

(14) 人がさまざまな動作・活動をおこなう場所としての平面。特に人が立つ平面で、すわる・寝る・走るなどの基本動作がおこなえる場所である。屋外では地面を典型とし、屋内では床・畳を典型とする。

このように規定した概念は、地面以外のさまざまな場所をふくむ。例えば、上述の甲板あるいは、テラス・デッキ・ベランダ・橋・屋上・駅のホームなどである。これらが高さをはかる基準の面として用いられるのだが、これを(14)のように言っていたのでは長すぎて不便だから、語で表現する必要がある。ここでは、「空間の上下方向をはかる基準の面となる、(14)で規

定される場所」という意味特徴を《基準面》と表すことにしよう。したがってこの《基準面》は単に「なにかの基準となる面」ということではない。

意味特徴《基準面》がかかわる語としてどのような語があるかの全体は明らかでないが，少なくとも「たつ／すわる／たおれる／つまずく／はう」などの姿勢・体勢を表す語，「おく／のせる／おろす」などの設置にかかわる語はふくまれると考えられる。ここでは，そのなかの「おく／のせる」について考えてみたい。

「おく」は，「物・事柄に，ある位置を占めさせる。」(『岩波』)，「人や物を，支えとなる物の上に移し，その場所に在る状態を保たせる。」(『新明解』)などと記述される，きわめて守備範囲の広い語である。一方，「のせる」は「持ち上げて物の上に置く。」(『岩波』語義②)，「何かに乗るようにさせる。」(『新明解』)というように，より限定的である。意味論的記述としては，国広哲弥 (1970: 167) が次のように記述する[4]。

(15)　　共通の特徴　　　　　　　　意図的特徴　　　　　　物体 A の特徴
　　オク (物体 A に物体 B を) 接触させる　接触状態を持続させる　水平面
　　ノセル　　　　　〃　　　　　　　　　　　　　　　　　ある基準より
　　　　　　　　　　　　　　　　　　　　　　　　　　　　高い水平面

ノセルの「ある基準より高い水平面」というのは，ややあいまいだが，これについては次の記述からなんのことかがわかる。

(16)　物をのせる高所は，移動させられる物が最初に存在していた場所との比較によるのではなくて，それとは独立の，ある基準的な水平面 (普通は地面・床) との比較によると考えられる。従って「本ヲ棚カラオロシテ机ノウエニノセル」という言い方が可能である。次の例ではテーブル・クロスが基準面となっており，その基準面に対してはオクが用いられている点が注意される。

---

[4] 原文で表の形で示された意味特徴をまとめて記した。オク・ノセルその他の「設置動詞」の「共通の特徴」として，「(物体 A に物体 B を) 接触させる」が設定されている。

(10) 誰かが日本の宮中の祝宴に行ったら，パンが皿に<u>のせず</u>にテーブル・クロスの上に<u>置いて</u>あり，しかもバターがなくてビックリしたという話を聞いたが，それがヨーロッパ流の古いやり方である。—藤岡由夫『科学者休むに似るか』(国広 1970: 158)

「ある基準的な水平面（普通は地面・床）」は，本章の《基準面》と似ているが，国広は，それが場合によって，地面・床から他の面に変動すると述べる。この変動は，上で《基準面》について，それが「甲板」をふくむことがあると言ったのとは事情がことなる。(16)の「基準面」となるテーブル・クロスは，本章で言う《基準面》ではないからだ。

たしかに，(16)で引用されている文における「のせる・おく」については，国広の解釈があてはまるように思えるが，観察を広げると必ずしもそう考えなくてもよい可能性が浮上する。例えば，奇妙な状況ではあるが「パンがテーブル・クロスに置かずに，ワゴンにのせてある」と言え，このときテーブル・クロスとワゴンが対比され，前者が「基準面」になっているかに見える。しかし，この状況でパンはワゴンの上面にあるが，その上面は必ずしもテーブル・クロスより上でなくてもよい。つまり「基準面（と見える面）より下」でもよいのだから，これは本当の基準面ではない。さらに，これまた妙な状況だが，右手にリンゴを持ち左手にミカンを持っていた人が，頭にリンゴを「のせて」，手にミカンだけを持った状態を考えてみる。このとき，「頭にリンゴをのせ，手にミカンをおいている」とはいいにくい。この場合の「基準面」はどこだろうか。もし，手だとしたら，「手におく」と言えてもよい。しかし，そうは言えないとしたら，「のせる」の基準となる面は，やはり人が立っているところ，すなわち《基準面》と考えていいのではないか。

人のからだの部分のうち水平面となる場所に物を「のせる」ことができる。「手に文鳥をのせる」「ひざにこどもをのせる」など，問題の水平面はどれも《基準面》より上にある。一方，これらは「おく」で言い換えにくい。これは，国広が(15)で意味特徴とした「接触状態を持続させる」ことがむずかしいためだろう。文鳥もこどもも，すぐにそこからいなくなりそうなもの

である。これに対し、「肩に手をのせる」とも「肩に手をおく」とも言えるのは、後者では意図的に手を離さずにいられる状況が可能だからだ。

このように、「のせる」は「おく」にくらべて、対象が安定した状態を保ちにくい状況を表すことがある。「のせる」はまた、「おく」にくらべて、対象の位置する水平面がせまい、あるいは限定されている。たとえば、「高台の数カ所に自販機がおいてある」「高原のあちこちにベンチがおいてある」の「おく」は、高台・高原が「高いところ」にもかかわらず、「のせる」に言い換えられない。高台・高原は広がりがあり、限定されない場所である。これに対して、「屋根になぜかベンチがのせてある」と言えるのは、屋根が「高く、かつ限定された場所」だからではないか。

そこで、「おく」「のせる」の意味を概略次のように記述したらどうかと考える。

(17) AをBにおく 〈A［物］をB［水平面］に安定した状態で位置させる〉
AをBにのせる〈A［物］をB［《基準面》より上の、限定された範囲の水平面］に位置させる〉

このように記述すれば、「高台」「高原」はそもそも《基準面》そのものだから、「のせる」といえないことが説明できる。一方、手は〈限定された範囲〉でかつ〈安定した状態〉にならない場所なので、「のせる」はよいが、「おく」は使えないと説明できる。

ところで、「おく」は「のせる」にない〈安定した状態〉という特徴をもち、「のせる」は「おく」にない〈《基準面》より上の、限定された範囲〉という特徴をもつが、その他の特徴は共通する。一方の語が他方の語の特徴をもたないとき、その特徴を持たないほうの語はその特徴を否定されているわけではない。すなわち、その特徴に関して指定されていない（「無標（unmarked）」である）のであり、それを文脈的にもつことはありうる。例えば、「机に本がのせてある」では〈安定した状態〉でも構わないし、「網棚に不審物がおいてあった」では、網棚は〈《基準面》より上の、限定された範囲の水平面〉である。しかし、「おく・のせる」の対立においては、ある特徴を指定されてい

ない語がその特徴を積極的に持たない使い方をされることがすくなくないようだ。つまり，「のせる」は〈安定した状態でなく位置させる〉ことを表し，「おく」は〈より限定されない範囲の水平面に位置させる〉ことを表すのである。(16)で引用された文，「パンが皿にのせずにテーブル・クロスの上に置いてあり」の中の両語のふるまいはこの観点から説明できよう [5]。

6. 普通のことばを正確に規定して限定的に用いる記述

1節で「日常普通のことばによる記述になんとなく不十分さを感じ，完全なメタ言語や科学的なことば，あるいは言語以外の手段をもとめるのはどうしてだろうか」という疑問を述べた。その一方で，3節では普通のことばによる辞書の記述が意外にもあいまいさのないものであることを見た。だからといって，この普通のことばとそれ以外のことば・手段に違いがないというのではない。違いがあるからこそ，最初に述べた疑問が生じるわけだ。

科学用語や記号は，それを解釈する人の知識・経験に頼る度合をできるだけ少なくして，客観性を高めようとするものである。それに対して，普通のことばが普通の言語行動で使われる場合，その表現は聞き手・読み手の知識・経験に頼るところが大きい。したがって，それだけ誤解も生じやすくなる。こうした事情は，普通のことばが辞書で用いられる場合にもひきつがれていると見ることができる。普通のことばがある意味であいまいさがないといっても，それは聞き手・読み手の知識・経験に頼ったあいまいさのなさであるにすぎないのであり，上記の疑問の背景には，この聞き手・読み手依存をできるだけ少なくした，「客観的記述」がなんとなく理想とされていることがあるのではないかと思う。

---

[5] 《基準面》は上に規定したとおりであるが，人が立って活動できない水平面が《基準面》とみなされる場合はたしかにある。例えば，重箱の底を考えたとき，そこに物を「おく」と言えるが，「のせる」とは言えない。ところが底に紙を敷いた場合，「おく」とも「のせる」とも言える。これは，底が《基準面》となり，紙が［《基準面》より上の，限定された範囲の水平面］となるからだと解釈できる。おそらく「底」が《基準面》とみなされるのは，どちらも普通，それ以上，下に行けないところだからだと考えられる。

第 14 章　語の意味はどのようなことばで記述できるのか ｜ 233

　科学用語を使えば聞き手・読み手依存の度合は減少するが，すでに見たように科学用語を使えばいいというものではない。記号は有効で必要なこともあるが，その記号も結局は普通のことばで定義されたものである。そこで，普通のことばで使う語彙から適当な語を選び，必要に応じて複合・派生などにより造語をし，本章で考えた《基準面》のように概念内容をできるだけ誤解の生じないように規定して限定的に使うことが考えられる。

　久島茂 (2001) は，空間・色彩・温度などに関する基本語の意味体系を包括的に記述するものだが，意味特徴を「意味記述用語」として普通のことばとは区別して用いている。

(18)　「　」は単語（言語形式）を，《　》は意味（要素）を示すが，「　」は"板に「厚さ」は認められるが，「広さ」は認められない"のように，単語でなくても，その使用例となっているものにも使っている。《　》も"《物》を手元に引き寄せる"のように，指示対象を表しているものにも便宜的に使っている。本書末尾の索引では，ほぼ「　」で示したものを語彙，《　》で示したものを意味記述用語とした。　　　（久島 2001: 47–48）

　そして，《物》《場所》などの重要な意味記述用語に，くわしい規定を与えている。これは，本章の考える「普通のことばを限定した表現」であり，あいまいさのない記述を可能にしている。久島 (2001) の「意味記述用語索引」には 500 語近い多数の語・句があげられている。ただし，本文中で《　》でくくられたり，くわしい意味規定があたえられたりする用語は，索引にあげられたものの一部である。例えば，「気体・液体・固体」「重力」「照明」などは，本文中でかっこや下線を付けられることなく使われている。これらは，一種の科学用語であり，いちいち規定しなくてもよい性質だからということなのかもしれない。それに対し，普通のことばとしての「物・場所」は多義的であり，誤解を生じかねないので，《物》や《場所》というように表されている。

　意味記述で比較的よく用いられる語に，「快・不快」というものがある。久島 (2001) にも，《快》・《不快》と記されている。私自身これを意味記述に

用いたことがある[6]。しかし，久島(2001)同様，これがどのようなことを表すのかを説明していない。これは，私に関するかぎり，むしろできなかったといったほうが正確である。しかし，「快・不快」は誤解が生じやすい語だから，なんらかの方法で，なるべく誤解の生じない規定をして用いるべきだと考える。ただ，それをどう実現するかが問題なのだ。

　意味記述に用いる語を反省的に考え，正確に規定して限定的に用いることにより，聞き手・読み手に解釈をまかせる度合を少なくすれば，科学用語を多用することなく普通のことばを用いても十分な意味記述ができるのである[7]。

---

[6] 「うれしい」について〈あることがらを快として認知した瞬間に生じる感情〉と記述した (山田進 1982: 112–120)。

[7] 《基準面》という表記様式は，久島(2001)にならったものである。久島(2001)は意味記述用語を設定しメタ言語について暗黙のうちに本章と同じように考えているものと思われるが，メタ言語に関してとりたてて論じることはしていない。本章は，久島が重要視はするが意味記述用語としていない「地面(地表面)」に注目し，語の意味記述のメタ言語について考えてみたものである。

第15章

感情の言語表現
―予備的考察―

　人間であれば誰しも日常的に経験しているが，その正体がかならずしも明らかでないとわれわれが感じているものに，例えば「夢」がある。また，あまりに無意識にその中にいるためにわれわれはその正体を疑おうとはしないが，いざそれを説明しようとするとたちまち困難を感じるものに例えば「感情」がある。「夢」は個人的なものであって，われわれは他人の夢をうかがい知ることはできない。「感情」の中には，それが行動に現れてそこから間接的にもとの感情を推測できるようなものもあるが，まったく行動に現れない感情もあって，そうした感情についてはやはり，それを他人がうかがい知ることはできない。

　一方，われわれは夢や感情を言葉で表現することがある。他人の夢や感情は直接には理解できないけれど，その人がそれらを言葉で表現したならば，われわれは間接的にその人の感情を理解できる――少なくとも，理解できると考えていて，時には言語表現を通じて他人に「共感」することさえある。

　夢と感情はともに言語表現ができるという点では共通するが，両者の言語表現の様子はだいぶ異なる。それは感情にはもっぱらそれだけを表現する言語手段があるのに対し，夢については夢だけを表わす言語手段がないということである。

本章では，感情の言語表現を研究する際に問題となりそうなことがらをとりあげて概観する。感情をその言語表現に限ってみても，感情自体が複雑多岐にわたるものである。個々の問題に対する明確な答えを私は今のところ用意していない。それどころか，あるものについては想定程度のことすらないのが正直なところである。また，ここでとりあげないもので重要なものがあるかと思われるが，それらは研究の過程で明らかになるはずのことであり，私としてはまずこのあたりから出発してみようということである[1]。

1. 感情の言語表現に関するいくつかの問題

まず，思いつくままに設問の形式で，感情表現に考えられることを列挙してみる。

①感情表現の種類にはどのようなものがあるか。

ある言語表現が「感情を表わしている」と言うとき，次のことを区別する必要がある。われわれは任意の言語表現を使用する際に，それに「感情をこめて」使うということがあるが，そのような意味での「感情表現」と，語彙的・統語的・音韻的な体系によって規定された，言語要素に内在する「感情表現」とである。例えば，「コレハ大キイ」という文にはなんらの感情もないといってよい。ところがこの文の発話にはさまざまな感情がともなう可能性がある。ささやくような小声で言うか，怒鳴るような大声で言うか，あるいは普通の調子で言うかに応じて，聞き手はそこから発話者の感情について何らかの判断を下すことができる。一方，「今，トテモ楽シイ」という文は直接に感情を表わしている。もちろん，これがどのように発話されるかに応じて，聞き手の受けとる感情は異なりうるけれども，発話者の伝達しようとする感情は「文の意義」によって保証されている。

ここで，感情の表現を成り立たせる，文のレベルに認められる，言語の体

---

[1] 本章の一部は，昭和 59 年度文部省科学研究費補助金（奨励研究（A）課題番号 59710262）の交付を受けて行なわれた研究にもとづくものである。

系によって規定された要素を,「感情表現形式」と呼び,発話レベルでの感情表出現象を成り立たせている,発話に認められる機能を,「感情表出機能」と呼ぶことにする。すると,文と発話とについての感情表現のタイプは次のように示せる。

文 ＜ 感情表出文（感情表現形式ヲ含ム）　　　　(1)
　　　 記述文（感情表現形式ヲ含マナイ）　　　　(2)

発話 ＜ 感情表出機能 ＋ 感情表出文　　　　　　(3)
　　　　感情表出機能 ＋ 記述文　　　　　　　　(4)

「コレハ大キイ」という文は(2)のタイプの「記述文」で,その発話は(4)のタイプに属する。この発話はどのような調子で発話されても,それ自体で不自然になるということはない。これに対し,「今,トテモ楽シイ」という発話は(1)のタイプの「感情表出文」に属し,その発話は(3)のタイプに属する。この発話が,ひどく沈んだり,むっとしたりした調子のものであると,かなり不自然に感じられる。この不自然さは,感情表現形式と感情表出機能とが不整合なために生じたのであり,それに対して前の例ではそうした衝突が生じないから不自然さが感じられないのだと説明できる。

　発話には多かれ少なかれ発話者の感情が現れてくる。一般に書き言葉は話し言葉にくらべ感情を隠しやすいと言えるが,どのように客観的に見える科学的論述にも,その論者の心情的態度が少しは現れるものである。冷静・客観的に努めようとした論述に対して,われわれは「これは感情を表わそうとしていないな」と判断する。すなわち,発話の感情表出機能が「ゼロ」である場合はむしろ例外であって,もし「ゼロ」の場合があるとしたら,それは「感情を表わそうとしていない」という解釈を受けるのである。

　感情表出機能を具現するのは発話者の「話し方」である。音声そのものの使いかたは当然として,「身振り」も話し方に含めうる。さて,どの言語社会においても一定の「標準的話し方」があると考えられる。例えば,イタリア人は日本人にくらべ身振りが大きいと言われるが,イタリア人が仮に身振

りはそのままで日本社会で日本語を使ったとしたら，日本人のわれわれには
その人が「オーバーな感情表現をしている」と感じられるだろう。身振りは
非言語的であるから，狭義の言語表現には含まれないものとして考慮の外に
おくこともできようが，「音声に現れた身振り」とでも言うべき，「抑揚」と
か「テンポ」とか「間」とかについては言語とのかかわりぐあいを考えるべ
きだろう。これらの「音声の身振り」が，「感情の自然な発露」なのか，そ
れとも社会習慣的に決まった「ラング」的なものなのかは，理論上の区別は
ともかくとして，個々の実例について判断することはそう容易でないように
思われる[2]。

　さて，感情表現形式についていくつかの分類ができる。まず，「ウレシイ」
「ツライ」「ヤリキレナイ」「ウワッ」「ゲエーッ」などの「語彙的表現」があ
る。これに対し，「子ドモノクセニ」「大キイナー」といった「非語彙的表
現」がある。「楽シイ感ジガスル」「ナニモシタクナイ気分ダ」などの「迂言
的表現」はその中間的なものといえる。このほかに「天ニモ昇ル心地ダ」
「穴ガアッタラ入リタイ」などの「比喩的表現」がある。これらのうちのい
くつかについてはさらに後述する。

②「感情語彙」の性質はどのようなものであるか。

　語の中で人間の感情に言及するものを「感情語」，その集まりを，「感情語
彙」と呼ぶことにする。これらについては次のようなことが考察の対象になる。

【品詞の別と，意味類型】

　感情語彙に属する感情語の品詞はさまざまである。例えば，国文法の一般

---

[2]　「声の身振り」が非言語的かそれともラング的なものか必ずしも簡単に決められないと
いうことについて，Sapir (1963: 539) は次のように述べている。

　　イタリア人の誰かが，発声しうる音の全領域を通じて話すのを聞くと，その人は気ま
　ぐれである，あるいは興味深い性格の持ち主であると考えがちである。ところが，イ
　タリア人の普通の話し方がどうであるか，イタリア社会で人がどのような旋律の演奏
　のしかたを許容されているかを知らないうちは，その人がはたして気まぐれであるの
　かないのかは分からない。したがって，客観的に考察すると，主な抑揚曲線には，個
　人の感情の表出という観点からは，ほんのわずかな重要性しかないということもあり
　うるのである。

的分類にしたがってならべると，

  動詞 ヨロコブ，タノシム，カナシム，クルシム
  名詞 ヨロコビ，タノシミ，カナシミ，クルシミ
  代名詞 テメエ，キサマ，アイツ
  形容詞 ウレシイ，タノシイ，カナシイ，クルシイ
  形容動詞 ユカイダ，マンゾクダ，アワレダ
  連体詞 ナンタル
  副詞 ナント，サスガ，ジツニ，アイニク，シミジミ
  接続詞 ？
  感動詞 アッ，エッ，アア，ホウ
  助動詞 ？
  助詞 ノニ，ナア

などとなる。このうち，？印は網羅的に調べれば例が出てくる可能性はあるかも知れないが，今のところ当該品詞に所属する語が思いつかなかったことを示す。助動詞については，古典語の「ケリ」が「詠嘆の助動詞」と呼ばれることがあるが，現代語には感情を中心的な意味として表現する助動詞はない[3]。

　このように，感情語は品詞の大部分にわたって分布しているが，特に名詞，形容詞，形容動詞に数多く見られ，連体詞，助詞にはほとんど見られないと言ってよい。「ウキウキ」「イライラ」「ムカムカ」など，「スル」をつけて動詞として働いたり，「ト」をつけて副詞として働いたりするものを計算に入れると，動詞・副詞の所属語はかなりの数に上ると思われる。

　以上の例は，「単語」レベルのことだったが，感情語彙の構成要素としては，さらに「句表現」を考えなければならない。例えば，

---

[3] 国語学では，本章の「感情の言語表現」に相当するものを「詠嘆表現」と呼ぶことがある（『国語学辞典』『国語学大辞典』ともに立項されている）。今のところ，「詠嘆表現の総合的研究」はないようである。

頭ニクル，腹ガタツ，アッケニトラレル，涙ヲノム，目ヲムク，
　　目頭ガアツクナル，気ガオモイ，気ガ気デナイ，キマリガワルイ

などである。

　感情語彙を品詞別に分類したとき，一般的な意味類型が認められるかどうかも課題とできる。すなわち，ある品詞に属する感情語に特有の意味のタイプがあるかどうか，またあるとしたら，それと他の品詞に属する感情語の意味のタイプとのかかわりはどうかということである。例えば，内在的なアスペクトという点で，一般に，感情語彙に属する形容詞は〈状態〉，動詞は〈継続〉の相を持つと言えそうだが，他の品詞を含めて，さらに細かく見てゆく必要がある。

【情的意味】

　一般に，語の意味の種類を，語と指示対象とのあいだに成立する関係にもとづく「指示的意味」と，指示対象に対する人間の感じかたにもとづく「情的意味」とに分けることがある。この区分によると，例えば，「オバーサン」「バーサン」「ババー」は，指示的意味は同一だが情的意味が違うということになる。こうした，情的意味を持つ語は，たしかに，それを使用する発話者の感情を表わす。では，これも「感情語」に含めるべきだろうか。

　典型的な感情語「ウレシイ」の指示的意味の一部には，〈あることがらを快として認知した瞬間に生じる〉（山田進 1982: 114）という特徴が含まれる。では「ウレシイ」の情的意味は何か。私は，「ウレシイ」という語には情的意味がないと考える。情的意味は，複数の，指示的意味を同じくする語が存在する場合に認められるものである。「ウレシイ」と同じ指示的意味を持つ語がない以上，「ウレシイ」には情的意味を認めなくてよいと考えられる。

　感情語を，感情を規定する指示的意味への言及を含むものであると規定し，感情語彙中に，互いに指示的意味を同じくする語がないと仮定すれば，感情語には情的意味がないということになる。この仮定は実証的に検証され

【形態的特徴（派生の型）】

　同一の「感情概念」が異なる品詞に具現されることがある。例えば，「タノシイ」「タノシサ」「タノシミ」「タノシム」。この例は，同一語基からの派生系列であるが「ウレシイ」「ウレシサ」「ヨロコビ」「ヨロコブ」のように，語基を異にする系列もある。ここでは，こうした派生の形式と，そこに認められる特徴との関係について触れてみたい。

　感情語の派生系列として次のものを検討する（括弧は「補充形」ないしは一般的派生様式にしたがわない形式を示し，？は存在が疑問視される形式を示す）。

---

[4] 私は本文中で，他に同じ指示的意味を持たない語には「情的意味」が認められないと考えたが，この仮定は実は強すぎる。荻野綱男 (1983: 51) は，「俗語」だけがあって「普通語」がない例として「青田買い（最終学年の学生との入社契約）」「汗だく」「甘ったれる」などをあげている。これらは，上の仮定の反例となる。しかし，今のところ私は，少なくとも感情語について「反例」を見出していない（「甘ったれる」は，私の考えでは「感情」ではなく「態度」を表わす語である）。

　なお，「指示的意味 (referential meaning)」に対するものとして「喚情的意味 (emotive meaning)」「情緒的〔感情的〕意味 (affective meaning)」という用語もあるが，いずれも「感情語」という用語の現れる文脈では紛らわしいのであえて「情的意味」をとった（これに対するのは通常「知的意味 (cognitive meaning)」である）。ちなみに，国広哲弥 (1982: 84) によると，喚情的意味（同書では「喚情的特徴」と呼ぶ）は「相手をののしって傷付けたり，持ち上げていい気持ちにさせたりするもので，相手の情緒面に影響をおよぼすものである」。一方，情緒的意味は「話し手の聞き手に対する態度，話している内容に対する態度などの個人的感情を表わすものである。これはわれわれの喚情的特徴と同類である」(p. 85)。

　たしかに，この二つは同類であるが，同じではない。一方は「聞き手に対する働きかけ」にかかわるものであり，一方は「話し手の感情・態度の表出」にかかわるものである。話し手が表出する感情・態度が，聞き手の感情・態度に影響をおよぼすことはよく見られることであるから，この両者は，同一現象の視点を変えた見方に対応すると言えなくもないが，やはり，両者は区別すべきものだと思う。話し手の感情・態度の表出は聞き手と独立になされうることから，「情的意味」を基本的と考えたい。

	I	II	III	IV
A	タノシイ	タノシサ	タノシミ	タノシム
	ウレシイ	ウレサ	(ヨロコビ)	(ヨロコブ)
	カナシイ	カナサ	カナシミ	カナシム
	オソロシイ	オソロシサ	オソレ	オソレル
	ウラメシイ	ウラメサ	ウラミ	ウラム
	ナゲカワシイ	ナゲカワシサ	ナゲキ	ナゲク
	ナヤマシイ	ナヤマシサ	ナヤミ	ナヤム
	アワレダ	アワレサ	アワレミ	アワレム
	ハズカシイ	ハズカシサ	ハジ	ハジル
	ニクイ	ニクサ	(ニクシミ)	ニクム
	ナツカシイ	ナツカシサ	ナツカシミ	ナツカシム
	ウラヤマシイ	ウラヤマシサ	?ウラヤミ	ウラヤム
	クルシイ	クルサ	クルシミ	クルシム
	コイシイ	コイシサ	コイ	コウ[1]
	ツマラナイ	ツマラナサ	(アキ)	(アキル)
	イラダタシイ	イラダタシサ	イラダチ	イラダツ
B	オモシロイ	オモシロサ	オモシロミ	
	オカシイ	オカサ	オカシミ	
	ムナシイ	ムナサ	(ウツロ)	
C	ジレッタイ	ジレッタサ		ジレル
	オシイ	?オシサ		オシム
	イトシイ	イトシサ		イトシム
	イトワシイ	イトワシサ		イトワシム
	ヤマシイ	ヤマシサ		ヤム[2]
D	コワイ	コワサ		
	サビシイ	サビシサ		
	ツライ	ツラサ		
	クヤシイ	クヤシサ		
E			アコガレ	アコガレル
			アセリ	アセル
			イカリ	イカル
			クヤミ[3]	クヤム

注1　古語。
　2　「気ニヤム」という形で使われる。
　3　「クヤム」と直接の意味対応がない。

この系列は明らかに不均衡である。Ⅰ列 A–D 群の形容詞・形容動詞に対し、接辞「–サ」による派生は完全に生産的で、対応するⅡ列には、やや疑問の「オシサ」を除くと、空所がない。これに対し、Ⅲ, Ⅳ列は空所が目立

つ。

　Ⅲ列A群の派生形は，Ⅳ列の動詞の「連用形」であり，Ⅲ列B群の派生形はⅠ列形容詞・形容動詞の語幹に接辞「−ミ」が付属したものである。B群の派生形「X−ミ」の意味は一応〈あること・ものに付着する，Xという性質〉と規定できる。この接辞は，感情語に限らず他の語にも付属し，同様の意味を表わす。例えば，「青ミ，臭ミ，苦ミ，甘ミ，強ミ，丸ミ，緩ミ」などである。一方，A群の連用形は個別的な意味を獲得しているものが多く，一般化して述べることはむずかしい。

　さて，B群ではⅣ列の動詞が欠けている。C,D群を見ると，C群では，「形容詞語幹＋ミ」の派生と，Ⅳ列の動詞からの派生との二つの可能性があり，D群では「形容詞語幹＋ミ」の派生の可能性があるのに，ともにⅢ列の派生形が欠けている。また，E群ではⅠ，Ⅱ列に対応する語が欠けている。Ⅳ列の動詞が欠けているものについては，「形容（動）詞語幹＋ガル」という迂言形でそこを埋めることはできる。ただし，この形は，他の既にⅣ列に動詞を持つ系列においても共存しうるものであり，あくまでも二次的なものである。これらの空白が何らかの体系的理由によるものなのか，偶然のものなのか，今のところ私は明確な答えが見出せないでいる。

　Ⅱ列の派生を作る接辞「−サ」は極めて生産的な接辞で「X−サ」は〈Xである程度〉ないしは〈Xである状態〉を意味する。したがって，ある文脈ではⅡ列とⅢ列の語がほぼ同じ意味で使われるということもありうるが，Ⅲ列の派生語は意味が特殊化しているものが多いので，そうした文脈は多いとは言えない。例えば，

　　彼はせいいっぱいウレシサ／ヨロコビをあらわした。
　　彼女はじっとカナシサ／カナシミに堪えた。
　　このクルシサ／クルシミから早く逃れたい。
　　あの人にアワレサ／アワレミを感じない人はいない。（意味が大きく異なる）
　　食欲が無いのに食べなくてはならないクルシサ／？クルシミがわかりま

すか。
暗い夜道で急に声をかけられた時のオソロシサ／×オソレ
一人だけ違う格好をしているハズカシサ／×ハジ

③統語的特徴
【感情表現の統語現象】
次の文に現れる用法上の差は従来いろいろと指摘されてきている[5]。

　　私はウレシイ。
　×彼はウレシイ。
　　私はウレシカッタ。
　　彼はウレシカッタ。

これは、「ウレシイ」の語彙的意味によるのではなく、文の時制、人称と関係する統語的現象である。ところが、こうした現象は「感情」を表わす述語だけに限られず、次のような「感覚」「欲求」「思考」の述語にも見られる。

　　私はサムイ。　　　私は水がホシイ。
　×彼はサムイ。　　×彼は水がホシイ。
　　私はそうオモウ。
　×彼はそうオモウ。

感情を含め、これらはいずれも、「心理状態を表わす」述語である。心理状態は本来「主観的」なものであるが、言語はこれを主観的にも客観的にも表現しうる。すぐ上に述べた例は「主観表現」であり、次の例は「客観表現」である。

　　私はウレシイ（アツイ）と感じているのだ。
　　彼はウレシイ（アツイ）と感じているのだ。

さて、次のような見解がある。

---

[5] 西尾寅弥（1972: 26）に文献の紹介がある。

感情の表現ということを広く解するなら，文法の対象になりそうなものだけを拾い上げても，いわゆる「迷惑の受身」（例，雨ニ降ラレル，飼犬ニ手ヲ噛マレル）とか，動詞のテ形にイル，オク，シマウなどが付いた形とか，またサゾ，ロクニ，サスガなど陳述副詞の中のあるもの，というふうに，いくらでも範囲がひろがっていきそうだ。

（寺村秀夫 1973: 21）

　たしかに，「陳述副詞」が現れる構文にはある種の制約がある。その意味では「文法的」性質をもつ。ところが，言うまでもなく，およそどんな語彙的要素にも何らかの構文上の制約がある。この見解の「文法」はかなり広義に解さざるをえない。この中で「迷惑の受身」はかなり「文法的」度合が高い。ところが，「迷惑の受身」は適切な文法概念ではなく，日本語の受動文は，「間接受動文」「直接受動文」という概念で処理すべきだという主張がある（柴谷方良（1978: 133-135）によると，間接受動文が迷惑の受身に対応する）。ここで述べたいのは，間接受動文であれ直接受動文であれ，それが「感情表現形式」ではないのだということである。受動構文は「主体が他者の行為から何らかの影響をこうむる」という意義（ヴォイス）を表わす形式であり，「感情表現」と直接の関係はない。「雨ニ降ラレル」という文の発話者の感情はたしかに「迷惑ダ」ということが多いかもしれない。しかし，これは受動構文の意味ではない。同じ構文でも「今年はジャイアンツに負けられて頭に来ることが多い」とか「一家の大黒柱に死なれた家族は途方にくれた」とかでは受動構文自体は感情を表わさず，その文の意味内容から生じる，結果としての感情が後続文で示されている。
　要するに私は上の見解に賛成できない。断言するのはためらわれるが，特に感情表現だけに認められる統語現象は存在しないようである[6]。

---

[6] 「心理状態」を表わす表現を「主観性／客観性」という視点から論じた研究として，大江三郎（1975）がある。そこでも，「感情表現に特有の統語現象」は指摘されていない。ちなみに，英文法で言う「感情の should（emotional should）」について，小川明（1981）は，この現象が他の意味的・統語的現象にも見られる「that-should 補文の持つ一般的意味・統語特性」に由来するものであると述べているが，私もこの見解に同意する。（次ページへ続く。）

【感情表現述語の性質】

「感情表現述語」はいくつかの要素を義務的に要求する。まず，当然のことながら，「感情の主体」を表わす要素はどんな場合にも必要である。

<u>私は</u>いまとてもサビシイ。

<u>私は</u>そのときとてもヤルセナカッタ。

次に，「感情の誘因」すなわち，感情を引き起こす契機を表わす要素が必要となることがある。

私は<u>彼らが無事だという知らせを聞いて</u>とてもヨロコンダ。

私は<u>あの人といると</u>タノシイ。

さらに，「感情の対象」すなわち，感情が向かう対象を表わす要素が必要となることがある。

私は<u>あいつが</u>ニクイ。

私は<u>ああいう生活が</u>ウラヤマシイ。

要するに，「誰が」という「感情主体」，「どうして」という「感情誘因」，「誰・何に対して」という「感情対象」の 3 つが，感情述語の要求するものとなる[7]。これらは，述語の種類に応じて，義務的であったり，随意的であったりする。

なお，短歌・俳句などに見られる「体言止め」は「情感」を表わす技法であると言われたりするが，これを「感情表現に特有の統語現象」とするのは疑問である。

[7] Miller and Johnson-Laird (1976: 671–672) は次のように述べる。
英語は感情 (emotion)，感情の原因 (cause of an emotion)，感情の対象 (object of an emotion) を区別する。(略) 人は，これといった理由もないのに楽しかったり悲しかったりする，と報告することがある。しかし，愛していると言って，そのときに愛の対象となる人が存在しない，その対象は本人自身でもよいがそれすらないというのは無意味であるし，驚く原因がないのに驚いたと言うのは変だろう。すなわち，日常言語の心理学 (ordinary-language psychology) により示唆されるのは，感じ (feeling)，〜への感じ (feeling for)，〜ゆえの感じ (feeling because) の 3 つがあるということである。

主体	誘因	対象	

　　主体　　　　　　誘因　　　　　　　　対象
　〔私は〕（あの人が宝くじに当って）〔あの人が〕ウラヤマシイ。
　〔私は〕（誰も見舞に来てくれないので）――――　サビシイ。
　〔私は〕――――――――――――　〔この本が〕オモシロイ。

　上例で〔　〕内の要素は，本来必須だが文脈によっては省略可能なもの，（　）内の要素は，本来的にあってもなくてもどちらでもよくて省略可能なもの，――は当該要素が本来的にないことを表わす。

④感情語彙の意味の類型はどのようなものか。

　感情語彙は，一部はすでに見たように形態的に整然とした系列をなすが，多くは少なくとも形態的には整合性がない。それでは，感情語全般に意味について何か特徴が見られるだろうか。

　まず，感情語彙を〈快〉-〈不快〉の次元で分けたとき，〈不快〉に属する語のほうがずっと多いということが指摘されている（山口仲美1982）。形容詞については，それを「情意性意味」と「状態性意味」を両極とする線上に配置できるという指摘があり（時枝誠記1973: 219）[8]，さらに上代語については「ク活用」は「状態的な属性概念」を，「シク活用」は「心的な，情意的な面」をあらわす傾向があるという見解もある（山本俊英1955: 71）[9]。このうち，最初の「感情語には〈不快〉を表わすものが多い」というのは，例えば，

---

[8] 日本語形容詞の意味分類がこのように比較的単純な構造をなすものかどうかは問題としうる。このことに関連するものとして，Dixon (1982) の研究は興味深い。

　Dixonは，言語普遍的な「意味類型 (semantic type)」を考える。各個別言語でそれぞれの意味類型に結びつく形態的・統語的特徴はさまざまある。例えば，ある意味類型を主として名詞で表わす言語もあれば形容詞で表わす言語もあるといったように。さて，「形容詞 (adjective)」に結びつく意味類型として Dixon は7種を考える（これは英語 (British English) の分析にもとづく。ただし，英語形容詞のすべてがこの7種でおおわれるのではない。他言語との比較の便宜上7つに限ったのだと Dixon は言う）。それは「次元 (DIMENSION)」「物理的属性 (PHYSICAL PROPERTY)」「色彩 (COLOUR)」「年齢 (AGE)」「価値 (VALUE)」「速さ (SPEED)」「人間の性向 (HUMAN PROPENSITY)」の7種である。これらの各意味類型にはそれぞれ固有の意味的・統語的特徴が見られるというのであるが，そのなかのいくつかは日本語にも適用できそうである（その一例については注12参照）。

[9] この傾向は現代語には必ずしもあてはまらない。

英語，中国語についても当てはまるようであり，普遍的な現象である可能性がある[10]。

次に，感情語の間に見られる「意味関係」について何か特別なことがないか見てみる。まず，「上下関係」について。この関係が文句なく当てはまる例は少ない。

 愉快ダ→楽シイ
 心細イ→不安ダ
 薄気味悪イ→気味ガ悪イ

などが思いつくものである。

感情語彙を〈快〉−〈不快〉の次元で分けると，「快イ」が〈快〉次元の，「不快ダ」が〈不快〉次元の感情語の，それぞれ上位語となると考えられそうだが，この考えは成り立たない。次例参照。

 私は楽シイ→私は快イ
 私は苦シイ→私は不快ダ
 私はあの人が恋シイ⇸私は快イ
 私は寂シイ⇸私は不快ダ

感情語彙のうちの形容詞に限ってみても，このように〈快〉−〈不快〉の次元で分けたときに，それぞれに属する感情語の上位語は存在しない。これは，たまたまそうなっているのか，それとも何かの理由があるのか，例えば，感情語彙を〈快〉−〈不快〉の次元で分けることが実際には不適当ではないのかというようなことを含めて，さらに考えてみる必要がある。

---

[10] *Roget's International Thesaurus* (1977) の '863: Pleasantness" 864: Unpleasantness' の所属語のうち，ゴチック体の形容詞の数で見ると，26 対 77 である。また，*Longman Lexicon of Contemporary English* (1981) の 'F70: Happiness and Sadness' の項の形容詞を〈快〉−〈不快〉で分けると，19 対 37 である。『岩波中国語辞典』(1963) の「意味による索引」の「G：精神生活について」の所属語 (形容詞) を〈快〉−〈不快〉で分けると，84 対 159 である。以上の数字は，かなりあらい数えかたによるものではあるが，〈快〉を表わす語と，〈不快〉を表わす語との数の比のおおざっぱな目安となる。

「反義関係」について。感情語で完全な反義関係を構成するものはきわめて少ない。反義関係には少なくとも次の3つが区別される。すなわち,「連続反義関係(例：大キイ／小サイ)」,「非両立反義関係(例：男／女)」,「逆反義関係(例：売ル／買ウ)」であるが,感情語の反義関係には「非両立反義関係」も「逆反義関係」も見られない。

感情語の反義関係の典型例として,「嬉シイ／悲シイ」がある。ここに見られる反義関係は連続反義関係のように見える。ところが,「大キイ／小サイ」の場合と異なり,「比較の基準」が完全に相対的なものではない。すなわち,

> この家はあの家より大キイ。＝あの家はこの家より小サイ。
> 失敗した彼よりも彼の妻の方がもっと悲シカッタ。≠彼の妻よりも失敗した彼の方がもっと嬉シカッタ。

通常,連続反義関係をなす2つの語がある場合,「尺度」を表わすのはそのうちの「プラスの価」を持つほうである(例：大キサ／高サ／厚サ)。ところが,「嬉シイ／悲シイ」については,そのどちらも「尺度」にならない。さて,こうなると,「嬉シイ／悲シイ」の反義関係は「連続反義関係」ではなく,たまたまそれに似ているように見えるのだと考えたほうがよいということになる。「嬉シサ」と「悲シサ」はどこか「中間でつながった」尺度上のプラスとマイナスの領域ではなく,互いに独立した2つの領域なのである[11]。このことは,「嬉シクナイ」に対応するのが必ずしも「悲シイ」だけでなく他の感情語(「ちっとも嬉シクナイ」→「むしろ腹ガ立ツ」)であってもよいこととか,「楽シイ」の「反対語」として,「苦シイ」だけでなく「辛イ」

---

[11] この現象の説明および例文は山崎幸雄(1976)にもとづく(例文の表記を変えてある)。山崎によればこの種の「反義関係」(山崎はこれを「絶対的反義関係」と呼び,「大キイ／小サイ」の関係を「相対的反義関係」と呼ぶ)を構成する語は「ウレシイ：カナシイやスキダ：キライダなどの感情形容詞ばかりでなく,ウツクシイ：ミニクイ,カシコイ：オロカダ,アツイ：ツメタイ,アツイ：サムイなど属性形容詞と呼ばれるものが多数入る」(p. 5)。私見ではこの関係を構成する「感情語」は非常に少ないと思われる。

「ツマラナイ」も考えられることからも裏づけられる[12]。

連続反義関係をなす語の否定形は、「尺度上の反対領域」ないし「両極のいずれでもない基準領域」を表わす(「大キクナイ」→「小サイ」〜「大キクモ小サクモナイ」)。これに対し、「嬉シクナイ」は通常「不快感」を示し、「悲シクナイ」は「平常心」を示し「快感」を示すことはない。これに類する語は「楽シイ、面白イ、辛イ、寂シイ」がある。この現象が他の感情語にも当てはまる一般的なことなのかどうかはさらに検討を要する[13]。

⑤感情語彙と色彩語彙との類比は可能か。

およそ人間であれば誰しも感情を持たない者はない。この意味で感情は生得的でかつ人類普遍的である。しかし、一方で感情は文化やその文化のおかれた時代によって規定される面もある。例えば、「恥」の感情は日本の伝統的な文化・社会においてはきわめて重要なものとして意識され、多くの社会的制約をともなうものとして規定された独特のものであると言われる。考えてみれば、人間の行動の多くは、生まれつき備わった生物的構造・機能によって規定される一方で、同時に個人の属する社会集団の規約によって制約されているのであり、感情もその例外ではないということである。「喜怒哀楽」はどの文化にも認められると想定できるものであり、各文化でそれらに対応する言語表現の意味が互いに完全に一致するということがないとしても、その中核部が重なり合う可能性は大いにあると想定できる。

ここで思い起こされるのは、「色彩名称」についての見解である。言語相対性を示す典型例として引かれるほど、色彩名の言語間の相違ははなはだしいものであると伝統的に考えられてきたのであるが、これに対し、色彩名の基本的体系は、人間の視覚器官の神経生理学的構造にもとづく知覚様式を反映したものであり、各言語の一見相対的に非常に異なるように見える色彩名

---

[12] 同様の現象は英語でも見られる。例えば、'happy/unhappy/sad' という系列において、'happy' の反義語である 'unhappy' は 'sad' と同義ではない。したがって、'happy/sad' は反義関係をなしえない (Dixon (1982: 20) による)。

[13] 山崎 (1976) のあげている、「感情語」以外の「絶対的反義関係語」(注11参照) もこの型を示すので、この現象がこの型に通有の特性である可能性がある。

の構造は，基本的なところでは普遍的な原理によって統一的に説明可能である，という見解が出されている[14]。

　感情と色彩との類比は，このような見解とは独立に，早くから行なわれてきたようである。例えば，基本色が混じって「混合色」ができるように，いくつかの感情が混じりあって「複合感情」ができると考えられた[15]。最近では，心理学の分野で，「色立体」に類似した「感情立体」が提案されたりしている（プルチック 1981）。たしかに，色彩と感情には類似点がある。ところが，言葉の面から見ると，色彩については「アカグロイ」「アオジロイ」「キミドリ」などの混合色を表わす語が存在するのに，感情については，「喜んでいいのか悲しんでいいのか分からない」「悲喜こもごも」などといった表現はあるものの（これらが「複合感情」を示すものであるかどうかも問題であるが），「複合感情」を示す「語彙的表現」はほとんどない[16]。

　色彩感覚は視覚器官という単一の受容器からの入力情報を処理して得られるのに対し，感情には「感情器官」がない。感情は種々の情報を多元的に処理して得られるものと想定される。したがって，両者を単純に比較することは危険であるが，感情語彙の中に，色彩名称の場合のような「基本語」があるかどうか，もしあるとしたら，それが諸言語でどのように対応しているかを調べることは十分に意味のあることと思われる。

---

[14] 例えば，Kay and McDaniel (1978)。

[15] プルチック (1981) による。すなわち，
　　情緒の構造模型を可能とするために，あらかじめ必要である，もう一つの重要な要素がある。これは，色彩に純色と混合色があるのと同じ意味で，基本的または1次的な情緒もあれば，派生的または2次的な情緒もあるという考え方である。
　　この1次情緒と2次情緒とがあるという考え方と，情緒と色彩とを並列する考え方とは古くから存在している。Spinoza, Hobbs（ママ）, Darwin, James および McDougall は，ある限られた情緒は1次的であり，他のすべての情緒は混合的であると提唱した。
(p. 150)

[16] 「オモシロオカシイ」が唯一の例か。

2. 「感情」という言葉

これまでずっと「感情」という言葉を使ってきたが，ここでこの語および関連語についてその意味・用法を簡単に見ておく。

「感情」の類語として「情緒」「情感」「情念」「情操」などがある。これらはいずれも「名詞」としてのみ機能し，それらに対応する「動詞表現」がない。これに対し，「気分」「気持」「感じ」は名詞としての機能のほかに，「〜気分ダ」「〜気持ガスル」「〜感ジダ／ガスル」といった「動詞表現」を持つ（〜には「感情語」が入る）[17]。なお，同じく名詞として機能するといっても，「気分」「気持」の語類は「〜気分(例：楽シイ気分)」「〜気持(例：苦シイ気持)」という統語型をとりうるのに対し，「感情」「情緒」の語類は「〜感情」「〜情緒」という統語型をとらない。

動詞表現を持つ語類のあいだにも用法上の差がある。その一部を，出現する文脈の違いによって示してみる（○印は，その文脈で使われることを，？印はその文脈では不自然なことを，※印は，「否定的」文脈でのみ使われることを示す）。

	〜感ジダ	〜気ガスル	〜気持ガスル	〜気分ダ
楽シイ	○	○	○	○
懐カシイ	○	○	○	○
恥カシイ	○	○	○	○
ムナシイ	○	○	○	○
ウットウシイ	○	○	○	○
惜シイ	○	○	○	
怖イ	○	○		
ジレッタイ	○	○	?	
ヤルセナイ	○		○	
セツナイ	○		○	

---

[17] 英語の'emotion'と'feeling'の関係はこれに類似する。'emotion'に対する「動詞形」として'emote'があるものの，これは比較的最近に「逆成 (back formation)」されたものであり，意味も「'emotion'をおおげさに表現する」ないし「'emotion'をこめて演技する」という狭いものである (*A Supplement to the Oxford English Dictionary*, Vol. I, 1972 による)。それに対し，'feeling'には'feel'というきわめてよく感情表現に使われる「動詞形」が対応する。

	～イイ	～ワルイ	～ノラナイ	～スグレナイ
イイ	○	※	○	○
イヤナ	○	○	○	○
ヘンナ	○	○	○	○
ワルイ		※		
気分ガ	○	○	○	○
感ジガ	○	○		
気持ガ	○	○		
気ガ			○	

「～感ジダ」という形式は,「大きい感ジダ」「そこには誰もいない感ジダッタ」など,「感情」とは無関係のことがらをも表わしうる。他の形式も「感情表現」の機能だけに限定されるのではなく,「感覚表現」にも使われる。そもそも, どこからどこまでが「感情表現」であるかということはあらかじめ与えられていないのであって, 私は, これまで,「直観的判断」にたよって, あるものを感情表現とし, あるものをそうでないとしてきたのであった。これは,「意味」を対象とする場合, 必然的に生じることがらである。もちろん, われわれとしてはこうした「直観的判断」に形式による裏づけをあたえるよう努めなくてはならない。その一つの手がかりとして, ここに示したような文脈的な用法の差がある。これにもとづいて, 感情表現と目されるものを整理していけば, ある程度の感情語彙の分類が可能となろう。

3. 感情の言語表現のこれまでの研究

言語学の分野での感情表現の研究は少ない。その一つの理由は, これまでの言語研究一般が言語の諸機能のうちの「記述機能」を主な対象としてきたことによると考えられる。それに比べて,「言語の表出機能」はあまり研究されてこなかったようである。そうしたなかで, 感情の言語表現を意味論的に扱った研究として, 私の知る限りで重要と思われるものは, 大江三郎 (1975), Wierzbicka (1980), 寺村秀夫 (1982) である。いずれも感情表現だけに限られた研究ではない。大江の研究は, 広範囲の言語現象に観察される

「言語の主観性の表現」という視点からの研究の一部として，日本語と英語の「主観的経験を表わす動詞と形容詞」の一般的意味特性を論じている。Wierzbicka のは，「精神言語(lingua mentalis)」と呼ぶ，言語普遍的な「意味原素(semantic primitive)」からなるメタ言語による，英語およびその他いくつかの言語の語の意味記述を試みたもので，その一部として'emotion'を表わすいくつかの表現について分析している。寺村のは日本語のさまざまな統語現象を論じたもので，その一部として動詞・形容詞の感情表現の統語類型を記述している（この部分は寺村秀夫 (1973) を発展させたもの）。このほかに，感情表現に関係するものとして，日本語では「感情形容詞」の研究が比較的進んでいる。この種の研究としては，西尾寅弥 (1972)，山口仲美 (1982) が注目される。

　私の知る限りでは，ごく少数の感情語の具体的意味記述を行なったものはあるものの，それを統一的な視点から総合的に行なった研究はない。また，個別的意味分析の対象語を全部集めてみてもそう多くはない。感情語彙一般の意味的特性を追究すると同時に，個々の感情語の意味の分析・記述を積み重ねていくことが，感情の言語表現を明らかにする上でぜひとも必要なことである。

　心理学において感情の言語表現を特に取りあげた研究は非常に少ない。この種の心理学的研究は，そのほとんどが「感情語彙」を対象にし，それらを「意味微分法」とか「多次元尺度法」とかによって，二次元ないしそれ以上の空間内に位置づける。すなわち，「意味的類似度」ないし「連想」にもとづいて語彙をいくつかのグループに分類しようとするものである[18]。このような試みによって，確かに意味のある面を明らかにしうるが，個々の感情語がたがいにどう区別されるのかとか，それらが何を指し示しているのかなどといったことを知ることはできない。そうした中で唯一の例外と思われる研究は Davitz (1969) である。これは，50個の「感情語」('LOVE''HATE'など「感情の種類」を表わす語）を記述する多数の句・文にもとづいて「感情

---

[18] 例えば，Fillenbaum and Rapoport (1971)。

意味の辞書'A Dictionary of Emotional Meaning'」を編集し，さらにそれを「クラスタ分析」して「感情意味の構造」を提案している。もとより，この研究は感情表現の言語意味論的分析ではないし，その方法・内容について承服しかねるところもあるが，その研究姿勢が終始一貫して，言語表現にもとづこうとしている点で，私などには非常に参考になる[19]。

感情をもっとも古くから考えてきたのは哲学であろう。私は哲学の感情論をよく知らないので多くを言えないが，乏しい知識にもとづく印象では，哲学的感情論は主として，例えば「喜怒哀楽」「快不快」といった「概念」を対象にし，さらには感情と「善悪」との関係を考察するといったものが中心であり，言語表現そのものに即した考察はあまり見られないようである[20]。哲学的考察が感情の言語表現を省みないというのではない。むしろその反対だとも言えるくらいで，次のような例がある。

> 歌は感情の発露であるから，感情の諸相やその系譜的連絡を調べる場合には絶好の文献といわなければならない。殊に詩形が小さくて，その全体に感情が盛られているのであるから，或る一定の感情の全貌を窺うには，これほど便利なものはない。
>
> 　俳句と短歌とどちらがその目的に便であるかというに，短歌の方が便であると私は考える。五，七，五の俳句は文芸の上ではまるで一点のようなものである。短歌は五，七，五，七，七であるところに時の流れが感じられる。おのおのの特色を誇張するならば，俳句は空間的，絵画的であり，短歌は時間的，音楽的であるといってもよいかもしれない。またしたがって，俳句は客観的な叙景に適し，短歌は主観的な抒情に適するというようにもいえるであろう。短歌が，五，七，五と詠んで，七，七と結ぶところに感情の余韻を托すべき形式的構造がある。　　（九鬼周造 1979: 131–132）

このような方針で分析された感情は，「驚」「欲」「恐」「怒」「恋」「寂」

---

[19] 芳賀純 (1977) にこの研究の簡単な紹介がある。
[20] ガーディナー他 (1964) は古代からの西洋哲学の感情論をまとめていて参考になる。

「嬉」「悲」「愛」「憎」の十種を主要なものとし，他の種々の要素とともに，「情緒の系図」として「構造化」されて示される。これは確かに感情を言語表現を手掛かりに分析した例であるが，言語表現の構造にもとづいた分析から感情に至るというものではなく，やはり「概念」から出発して「概念」を分析していると言えるものである。

4. 心理学の感情研究

　私が感情の言語表現に興味を持ったきっかけは，「嬉しい」「楽しい」という語の意味を分析したことだった。その結果を発表したものに次のように記した。

> 感情の本質が何であるかについて我々は心理学に期待するのだが，「情緒は心理学においてもっとも研究のおくれている部門の一つであって，いまなお，系統的に記述することがきわめて困難な段階にとどまっている」（八木冕編『心理学Ⅱ』培風館，1968, p. 83）。
> 　将来，心理的事実が解明されたときには，それによってウレシイとかタノシイとかのことばの意味分析が今よりも容易になる可能性がある。今のところ我々としては感情の心理学的研究とは独立に，ことばの上での両語の一致点ならびに相違点の解明を目指すことになる。
>
> （山田進 1982: 112-113）

　ここで引用している心理学書の記している事情は，最近の事情と大差ない。最近発表されている心理学の文献で感情を対象にしているものは全体から見ると非常に少なく，感情は依然として心理学の中心的トピックではないように門外漢の私には感じられる。その大きな理由は，感情が非常に定義しにくいことによるのだと思われる。すなわち，

> Emotion は自然の分類（natural class）【一定の特性によって記述できる集合—山田】を形成しない。その分類をめぐって実に様々な論争が長いこ

と行なわれたあげく，現在 emotion は種々雑多なものからなるグループを形成するに至った。様々な条件や状態が emotion という類に含められてきているが，これは，対照の仕方の移りかわりを背景として，全く別々の理由と根拠にもとづいて行なわれたものである。
Fear, religious awe, exuberant delight, pity, loving devotion, panic, regret, anxiety, nostalgia, rage, disdain, admiration, gratitude, pride, remorse, indignation, contempt, disgust, resignation, compassion といったものは（任意に選んだだけであるが），次のような分類のどの一つにもまとめることができない。例えば，能動的か受動的か，思考により生成され規定されるのか生理的に規定されるのか，自発的かそうでないか，機能促進的か機能阻害的か，主体の考えが変ることで修正可能か否か，といった分類である。また，emotion は mood，動機，態度，性格的特徴と明確に区別しがたいのである。　　　　　　　　　　　　　　　（Rorty. ed. 1980: 1）

この引用で，私は emotion, fear など感情に直接言及する言葉をあえて訳さずにおいた。それは，感情そのものが人類に普遍的なものであっても，英語の感情語の意味分野の分節の仕方が日本語のと完全に重なることはないからである。無論，これは何も感情に限ったことではなく，すべてに言えることではあるが，とくに感情の言語表現を考えているのでいささか気を配ったわけである。

さて，日本の心理学では emotion など「感情」を表示する用語にいくつかの異なる訳を与えている。例えば，

わが国では英語の翻訳にさえ意見の一致が見られていないものがあり，たとえば矢田部達郎は emotion を情緒と訳し，affection を情動と訳したが，最近では emotion を，motion という言葉の含みを重視してか情動と呼ぶことが一般化してきている。　　　　　　（藤永保編 1981: 124）

これは，英語の心理学用語が，心理学だけに通用する特殊な述語なのではなくて，日常語にもとづいた用語なのだから，前述の理由で日本語とは簡単

に対応をつけられないわけである。日本の心理学の文献で海外の文献を参照しているものの中には，当該言語での感情語の意味を十分に吟味していないものが少なくないように見受けられる。

　現在の心理学では，このように複雑多岐な感情という対象を各人各様に概念規定してその本質に主として生理学的ないし実験的手法を使って「客観的」に迫ろうとしている（と私には判断される）。ところが，心理学の客観的研究対象は「主観」によって感情と判定されたものなのである。人がどのような感情状態にあるかは，本人の内省報告以外に知る手だてがない。なるほど，自分がどういう感情の状態にあるかがよく分からなくて他人から指摘されて初めてそれに気がつく，といったことはないわけではない。ところが，他人に指摘される前の最初の感情は，当人にとっては「どう表現してよいか分からない感情」であり，それは「他人が判断した感情」とは異なる。また，「他人から指摘されて気がついた感情」は「再認」を経ていてすでに最初の感情とは違うものになっている。このような事情を心理学は従来あまり重視してこなかったようである。感情の実験的研究で，ある主体がどういう感情の状態にあるかを判断するのがしばしば感情の主体である被実験者でなく実験者であるといったことがあったり，極端な場合には，「動物の感情」を測定するなどというのが見受けられるのである。

　いわゆる学問分野としての心理学ではない，素人判断の「心理学」を心理学者は「常識（的）心理学」と称することがある。私が感情についていろいろと考えをめぐらしているのもまさに常識心理学の枠内でのことである。こうした常識心理学は哲学や文学ではよく扱われているが，一般に心理学ではこれを正面から取りあげることはほとんどない。ところがこれは例外的と思われる（あるいは最近の動きなのかもしれない）が，心理学の中で常識心理学を積極的に評価しようという試みがある。例えば，次の見解は私には非常に重要と思えるので，やや長くなるが引用してみる。

　　"あいつは気が滅入っている"，"あの人は彼が好きなのよ"，"奴さんはあのことで非常に憤慨しているんだ" などという記述を，われわれは

完全に理解できるだけでなく，もしこうした表現が根のない中傷でなければ，そのように言いあらわされた主人公たちが今後与えられた状況下でどのような振舞に及ぶであろうかということさえ，われわれはかなり的確に予想できる。だから，概念の適切性，高度の予言可能性において，常識心理学は，方法こそ科学的でないとはいえ，相当高度のモデル的妥当性の水準に到達しているとさえ言える。(略)

　常識心理学はたしかにきわめて有効で，それだからこそわれわれは曲がりなりにも現代社会の複雑な人間関係をこなしていっていると言えるのであるが，常識心理学の水準のままですべての人間関係の問題が片づくものならば心理学などはなくてもいい。われわれは人間について常識をこえてもっと分りたいし，また分らなくては解けない難問が世の中には山積している。それならば，科学的心理学が常識心理学を超えて進むのにはどうしたらいいであろうか。

(略)二つの選択肢があると考えられる。一つは，常識心理学をまったく捨ててしまって，新しく，厳密に定義された概念のみから出発することである。第2は，常識心理学の中身を再吟味して，その内容を科学的方法を用いて再構成することである。心理学，とくに実験心理学は，第1の道をとった。その道は方法論的には明快で，それによって人間のことが常識心理学以上に分るならばそれにこしたことはない。たしかにそのような選択をすることで，心理学は常識心理学に欠けていたさまざまの重要な発見をし，一つの学問として発展することができた。しかし，それならば，常識心理学の中心部分をなしている情緒についてはどうかというと，心理学の教科書を開いてみれば分るように，その部分は科学的心理学ではほとんど空白のまま残されている。心理学がまともに取り扱わないからといって，人間が情緒にふりまわされながら行動していることが多いことに変りはないし，したがってその空白をうめるために常識心理学は確固としてその有用性を保ち続けることになる。

(戸田正直 1981: 44-46)

私はこの見解に完全に同意する。常識心理学から出発するこうした方法を「科学的心理学」の成果と総合していけば，感情の全体像をかなりの程度まで明らかにできるだろう。
　さて，感情は言葉で表現できるのだが，言葉は感情の常識心理学を成立させるきわめて重要な要素である。これは，言葉を持たない動物の「感情」が人間の感情に比べてずっと種類が少ないと想定されることや，子供は大人に比べて感情が未発達であるとの観察などによって知られる。私は感情の言語表現を目標にするのであって，決して，感情そのものを目標にするものではない。もし，感情が確定した対象であり記述の行き届いているものであれば，そもそもこのようにくだくだしく感情そのものについて述べることはなかっただろうが，事情は見た通りである。私は，むしろ，感情の言語表現を詳しく検討し，そのありさまを明らかにできれば，そのことが逆に感情の常識心理学に貢献するところがあるのではないかとさえ考えている。

第 16 章

感情語の意味をどう記述するか

　日常一般の言語表現には，話し手の感情が何らかの形でかかわっている（きわめて客観的・中立的な書き言葉の場合，それは「感情をおさえている」という形でかかわっているとみなされる）。特に話し言葉の場合に，話し手の感情は音声の諸特徴として現れる。話し手はそうした音声の諸特徴にみずからの感情を表すことを，多く無意識に，また非意図的におこなっている。そして，ときにはみずからの感情を意図的に，語彙的手段を用いて表す。
　たとえば，ウレシイ・クヤシイ・ハラガタツ・アタマニクルなどがそうした明示的な感情表出に用いられる。感情は，それを感じる主体の心理的な動きであり，他者にはそれを知ることが簡単ではない私的な存在である，と常識的には言える。ところが，これらの語は，同時に，話し手以外の他者の感情を表すのにもごく普通に用いられる。
　だれでもが共通にとらえられる，目に見える対象と異なり，感情は目に見えない私的なものだということを考えると，感情を表す語の用法は不思議な気がする。それはそれとして，この種の語の意味を記述しようとするのは簡単ではない。感情は客観的にとらえにくいことがらであり，また，感情をどのように表示したらいいかについて考えておくべきことが少なくないからである。
　以下，感情を表す語を感情語とよび，その種の語の意味の性質および意味

記述の諸問題について考える。なお，感情を考えるときに感覚について考えることが参考になるので，感覚についても必要に応じて触れることになる。

1. 感覚・感情は他者に分かるか

　感情語がそれを感じる話し手だけでなく，話し手以外の他者についても用いられるといったが，日本語の感覚・感情を表す語の用法に人称にかかわる制限があることはよく知られている。例えば，「私はかなしい。」という言い方に対して，「あの人はかなしい。」という文は，普通の叙述の表現としては適切でないという話である。このことの説明として，「他者の内的状態について断定できない」という趣旨の説明がなされることもまたよくある[1]。

　たしかに，他人が何を感じているかを直接に知ることは不可能である。しかし，そのことは，その人間が何を感じているかを判断できないことをただちに意味しない。その判断が可能なら，他者の感情を述べることもできることになる。

　たとえば，ある感覚が，それを感じる主体以外の観察者にも同時に感じられることがある。特に，五官を通じて感じられる五感（視覚・聴覚・嗅覚・味覚・触覚）の場合，感覚を共有しやすい。以下のやりとりは，そのことを示す。

> あっ，あそこに変なものが見える。――ほんとうだ。
> さっきから変な音がしている。――実は気になっていたんだ。
> うわ，臭っ！――ほんと，たまらんわ。
> 辛みがききすぎてる。――そうだね。
> すべすべして気持ちいいよ。――まったくだ。

　温度感覚もまた共有可能である。

---

[1] たとえば，西尾寅弥（1972: 28）には，次のようにある。
　　自分以外の人の気持や感覚は，その人の報知によって知ったり，外的な表われを通じて推測することができるにすぎない。日本語の感情形容詞が，その瞬間における感情・感覚に関しては話し手自身についてしか断定的に用いることができないのは，この基本的な事実と相応じているように思われる。

このビール冷えてないね。──ほんとだ，生ぬるい。
　今日も暑いなあ。──ほんと，いやになるね。

ただし，痛みの感覚は共有できない。

　ずきずき痛むんだ。──#その痛みなら経験したことあるよ。[2,3]
　あ，痛っ！──#たまらないね。

　他者と共有可能な感覚とそうでない感覚には，どのような違いがあるのだろうか。他者と共有できる感覚の場合，その感覚を引き起こすもとになるものが，感じる主体の外部にあって，他者にも知ることができるという特徴があると考えられる。つまり，そうした「感覚のもと」を，これとかそれとかあれとかいって指示することができる。感覚主体が知覚するそうした感覚のもとを，他者も見たり，聞いたり，嗅いだり，味わったり，触ったりして知ることができる。
　痛みの場合，「痛みのもと」を特定するのがむずかしいことがある。より正確には，痛みのもとというより，「痛むところ（＝痛みを生じるところ）」というべきかも知れない。痛みが体に受けた傷によるものであれば，その傷が痛みのもとと言えなくはないが，それは同時に痛むところでもある。もとでもところでもどちらにしても，それは感じる主体と一体化していて，それを切り離したり，それから遠ざかったりはできない。この点が，五官による感覚とは異なる。要するに，痛みのもとは感覚主体の外部にあるとは考えられない。
　感覚のもとを感覚主体の外に求められない感覚には，他に，空腹感・肩こり・平衡感覚などがある。いずれも，感覚のもとが感覚主体の外にはないので，それを他者が知ることは不可能である。
　感情はどうだろうか。感覚と異なり，同じ語を使った表現でも，共感できることもそうでないこともある。

---

[2] #は，問題の表現が，当該文脈では不自然であることを示す。
[3] 具体的な痛みでなく，痛みの類型についてなら，感覚の共有は可能である。
　　歯痛ってのは経験しないと分からないだろうね。──あれはたまらないよ。
これは，過去の経験にもとづく推測によるものだと考えられる。

やっと夏休みだ，うれしいねえ。──ほんとほんと。
あいつほどにくい奴はいない。──まったく同感だよ。

　共感できる場合，「感情を引き起こすもと」について，他者も知ることができる。「夏休み」は，感情主体だけのものではない。それについて同じように感じることはおかしくない。「あいつ」を他者もよく知っていれば，同じように感じることもありうる。

あいつから手紙が来たんだ。なんだかうれしくてね。──＃ほんとだね。
その男だけは許せないんだ。にくいよ。──＃同感だ。

　この2つのやりとりは不自然な例である。手紙が来たことを喜ぶ感情主体に共感するために，他者は同じように手紙をもらって喜ぶ立場にあることが必要だが，そうしたことは普通とはいえない。また，「その男」を他者は知らないわけだから，共感しようがない。このように，「感情を引き起こすもと」について，他者も知ることができないときには，当然ながら，共感できない。
　ところで，感情には他者が絶対に共感できないものはないようである。条件が整えば，つまり「感情のもと」を共有できれば，感情も共有できるのであるが，そうした条件が絶対に考えられないということはなさそうである。これは感情と感覚との重要な違いと考えられる[4]。

2. 感覚のもとと感覚そのもの

　場合によって，人は他者と共感できるのだが，そのとき「二人の人間が感じているものそのもの」とは何なのだろうか。共感できるのは，「感情のも

---

[4] 感情は，感覚と異なり，日常的な経験の中で獲得されていく面が大きいようである。つまり，他者の行動と自分の行動を比較しながら，個別の感情を獲得していくのではないか。そして，その個別の感情が，語彙的な単位と結びついて記憶され，感情表出に用いられるのではないだろうか。冒頭で，「だれでもが共通にとらえられる，目に見える対象と異なり，感情は目に見えない私的なものだということを考えると，感情を表す語の用法は不思議な気がする。」と述べたが，このような事情を考えれば少しも不思議ではないことになる。

と」が共有できるからなのだが，それはもちろん「感情そのもの」ではない。感情のもとは，感情主体の外にあるが，感情そのものはそれを感じる主体の内部にあると考えざるをえない。

　その点では感覚についても同様のことが言える。感覚のほうが考えやすいので，ここではまず感覚の場合について考えてみる。

　味覚を表すアマイの基本義について現行の辞書を見ると，たとえば以下のように記述されている。

　　　砂糖や蜜（ミツ）のような味である。　　　　　　（『大辞林第2版』）
　　　砂糖・あめなどの味がするさま。　　　　　　　　（『広辞苑第5版』）

　この語釈は，要するに，「特定の物質（砂糖・蜜・あめなど）について感じられる味」ということで，「味のもと」を記述しているが，味そのものの内容については何も言っていない。その味そのものは，「アマイという感覚のもと」さえ分かればだれでも感じることができるのであり，いわば言うまでもないものとされているようにも見える。

　たしかに，こうした語の「意味」は，個々人の生活経験の中で普通にそしていつのまにか獲得されるものであり，アマイという味の「具体的感覚」は，すでに分かっているのだから，その内容を事細かく規定しなくても分かると言えば分かるものである。

　アマイ味そのものがどういう性質のものであるかを，普通の人間はおそらく説明できない。アマイ味の成分の化学的分析を行ったり，それにもとづいて他の味との成分の違いを特定したりという作業から得られる結果は，一般の言語使用には無縁のものである。アマイという語の意味を理解し使用するのに，そうした知識は無用である。このことを考えると，上記の語釈は必ずしも不十分ではない。

　アマイについて，別のある辞書は次のように記述する。

　　　砂糖や蜜（ミツ）のように，舌に快く感じられる（抵抗感を与えない）味だ。
　　　　　　　　　　　　　　　　　　　　　　　　　　（『新明解国語辞典第5版』）

ここでは,「舌に快く感じられる(抵抗感を与えない)」という表現で味そのものの内容が記述されている。この記述と比べると,先に見た記述はやはり不十分であると言える。「分かり切ったことは記述しない」というのは1つの方針であるが,この場合は不適当である。なぜなら,「舌に快く感じられる(抵抗感を与えない)」という特徴が,「アマイ言葉にだまされる」「子供にアマイ」など,アマイの比喩的用法とのつながりを示すのに必要だからである。

3. 感情そのもの

　すでに見たように,アマイという語の意味記述には「感覚そのもの」にかかわることがらも必要であった。アマイの例に見られた必要性は,比喩的用法との関連性である。

　感情語の意味の場合にも,感情のもとだけでなく,感情そのものが含まれると考えるべきだろうか。そうだとしたら,感情そのものについての記述の必要性はどこに求められるだろうか。感覚語と異なり,感情語に比喩的用法は発達していない。したがって比喩的用法との関連性を利用することはできない[5]。

　さて,感情そのものについては,古来,哲学や心理学でさまざまに考えられてきている。もちろん,普通の人間は感情そのものが何なのかについて考えたりはしない。それは,アマミを分かっているようにすでに分かっている。哲学や心理学でいかに,その「本質」に迫ったとしても,それは味覚そのものの化学的分析に比すべきもので,そのかぎりで語の意味には無用のものである。

　しかし,ある感情を表す語の意味が「かくかくしかじかのときに感じる感情」というだけでは不十分だという気もする。この不十分な感じが何によるのか特定しにくいが,次の事情が関係するのではないかと思われる。つま

---

[5] 一部の感情語には比喩的用法があるかも知れない。例えば,ウットウシイが使われる状況には,天候と人間関係というかなり異なる状況が含まれる。このどちらか一方を基本と考えることが可能ならば,他方が転用法と言えることになる。

り，感覚の場合には，その感覚のもとが特定しやすい，少なくともその典型的な場合が考えやすいのに対し，感情の場合はそうしたことが考えにくいということである。例えば，何かをオモシロイと感じるのが典型的にどういう状況であるかは示しにくい。どうしても，感情そのものについての何らかの記述が欲しくなる。

　ところで，具体的な事物を表す語の意味では，「事物そのもの」が主に問題になる，と考える立場がある。そのような主張を明示的にしているわけではないが，とりわけ中型・大型の国語辞典にはどうもそうした考えに立っていると見られるものがある。感情そのものを考えるために，具体的事物についてのそうした扱いを眺めておこう。

　例えば，ミズ（水）について，ある辞書は以下のように記述する。

> 酸素と水素との化合物。分子式 H_2O 純粋のものは無色・無味・無臭で，常温では液状をなす。1気圧では，セ氏99.974度で沸騰，セ氏4度で最大の密度となり，セ氏零度で氷結。動植物体の70〜90パーセントを占め，生存上欠くことができない。全地表面積の約72パーセントを覆う。
> 　　　　　　　　　　　　　　　　　　　　　　　（『広辞苑第5版』）

　この語釈の前半部分は，ミズが表す物質そのものの物理・化学的性質という専門的知識である。後半部は，「生存上欠くことができない」という部分を除いて，この物質をめぐる専門的知識である。

　事物そのものの専門的知識を重視するこの立場を，かりに感情語の意味記述に適用しようとすると，われわれはまず，感情についての専門的知識が何であるかを知ることから始めなければならない。しかし，感情語の意味にそうした専門的知識が不要であることはすでに述べたとおりである。

　これは感情語にかぎらない。具体的事物についても専門的知識が不要であることは，ミズという語を使うのに，上記の語釈の大部分を心得ている必要はない，というほとんど言うまでもない事情から明らかである。

　ミズという語の使用に当たって心得ておかなければならないのは，ものそのものについての専門的知識ではなく，別の種類の知識である。ミズについ

て，別の辞書には次の記述がある。

　空から降ってきたり地面からわき出して流れていたりする，透明で，触れると冷たく，生きていくために飲むことが必要なもの。

（『類語大辞典』）

　ここでは，ミズという物質そのものにかかわる専門的知識は意味の一部として示されず，「物質そのもの」以外の要素も多く記述されている。つまり，「水そのもの」の「できかた」および「使い方」が触れられていて，たしかにこれらは，ミズという語を使うものであればだれでも心得ている事項である。このように，専門的知識と一般知識との違いは，感覚・感情語にかぎったことではなく，他の多くの一般の語にかかわることがらである[6]。

　ある対象を表す語の意味に含まれるものとして，その対象についての細部にわたる専門的知識にかかわる要素が不要であるにしても，多くの場合，その対象についての知識にもとづく要素が必要であることは言うまでもない。ミズであれば，どのような色か（透明），どのように存在するか（わき出したり流れたり），触った感じはどうか（冷たい），何をするものか（飲む），何に役立つか（生きる），などがそうした知識である[7]。

　このように，ある事物を表す語の意味には，「事物そのもの」以外に，さまざまな観点から見た要素が含まれる。Pustejovsky (1995) が提唱している「特質構造 (qualia structure)」は，この点に注目して，語の意味記述を体系

---

[6] しばしば「百科事典的知識」と「言語知識」の関係として論じられることである。これに関してはさまざまな論があるが，2つの知識はいつでも完全に分けられるものではないという結論が妥当なところであろう。注意すべきは，「いつでも分けられるわけではない」ということであり，分けられるあるいは分けるべき場合があるということを排除しないということである。

[7] これらの知識にかかわる語は，しばしばその対象を表す語と共起する。ミズについて「ミズを飲む／飲みミズ」「ミズが流れる」「冷たいミズ」など。ただし，語の意味に必要となる知識がすべて，その語と共起するとはかぎらない。例えば，「傘」は，何に役立つかという観点から「雨・雪・日差しを防ぐ」と言えるもので，「雨傘」のような結びつきはあるものの，「雪」と「傘」，「傘」と「防ぐ」，などは一般には「必然的な」統合関係に立たない（「傘で相手を防いだ」は臨時的な結びつきである）。詳しくは，本書第19章4節参照。

的に行おうとする試みである。特質構造は、以下の4つの側面からなる[8]。

　　構成役割（constitutive role）：材料、内容、部分などの構成要素を表す。
　　形式役割（formal role）：上位概念、形、色などの静的な属性を表す。
　　目的役割（telic role）：その概念を用いる目的や機能を表す。
　　主体役割（agentive role）：その概念を産み出す動作や原因を表す。

　Pustejovsky（1995）によると、個々の語の意味には、特質構造の4つの役割のすべて、あるいはいずれかが含まれるという。語の意味にはそれ以外の要素は含まれないとされるので、この4つの役割を確認できれば語の意味が記述できることになる。そこで、特質構造を用いて感情語を記述したらどうなるか見てみよう。

　感情語の例としてウレシイをとりあげる。ウレシイの意味が基本的に以下のように分析できたとする。

　〈あることがらを快として認知した瞬間に生じる感情〉

（山田進 1982: 114）

　この特徴を特質構造に振り分けてみると以下のようになるのではないかと思われる。「思われる」というのは、Pustejovsky（1995）の説明は上記のように一般的で、例も一部の意味類型の語についてしか示されていないので、任意の語の意味の諸要素が特質構造のどこに該当するかが明確に決められないからである。

　　ウレシイ
　　　構成役割　？
　　　形式役割　感情
　　　目的役割　？

---

[8]　「特質」とは、「ある語彙項目に結びつけられる性質ないし出来事の集合で、それが意味するものを最もよく説明するもの（that set of properties or events associated with a lexical item which best explain what that word means）」（Pustejovsky 1995: 77）。なお、「特質」その他の日本語訳術語、および各役割の内容規定は松本裕治（1998）にしたがった。

主体役割　あることがらを快として認知する

　ここでは，ウレシイの意味の諸要素が特質構造のどこに該当するかが明確に決められないので，分からないところは？としてある。Pustejovsky（1995）を見る限り，どのような語にも特質構造の4種類がつねに備わっているというのではない。したがって，？で示したところは，もともと存在しないとも考えられる。そうなると少なくとも目的役割は感情語には欠けているとしてよいことになる（ウレシイという感情の「目的」は考えにくい）。

　〈あることがらを快として認知した瞬間に生じる感情〉は，〈あることがらを認知した瞬間に，快として感じる感情〉と言い換えられる。〈快として感じる〉のは，認知より後に生じることであり，また〈快として感じる〉ということは，〈感じている感情が快である〉ということであるから，結局，〈快〉という要素は，「感情を引き起こす役割」ではなく，「感情そのもの」に属するとすべきである。では，主体役割からはずれた〈快〉はどこに行くべきか。「構成役割」が未定なので，そこに入ると考えられるかも知れない。〈快〉を〈感情〉の部分とみることになる。

　以上を考慮すると特質構造は以下のようになる。

　　　構成役割　快
　　　形式役割　感情
　　　主体役割　あることがらを認知する

　上で考えた「感情そのもの」は構成役割に相当し，「かくかくしかじかのときに感じる」という部分は主体役割に該当する，と見ることもできる[9]。

　特質構造に目を向けたのは，感情語の意味の「構造」について何かが明らかになるかも知れないと期待してのことであった。すでに明らかなように，特質構造を使ったからと言って，とりたてて新しいことが付け加わったわけではないし，特質構造に何が該当するかについてもすっきりしない面が残

---

[9] 構成役割は，対象の部分であるから，〈快〉を「感情」の部分と見て良いか明確でないが，一応このように考えておく。

る。特質構造は、具体的な事物を表す名詞など、ある意味類型を持つ語の意味の記述にはたしかに威力を発揮するのだが、感情語においてはその効果は認めにくい。

それは、おそらく感情語の意味の性質によるもので、どのような意味記述の様式を用いてもつねにむずかしい問題になることがらを含んでいるからである。その問題とは、〈快〉をはじめとする、感情語の意味記述に用いられるメタ言語にかかわることがらである。

4. メタ言語の問題

感情語にはウレシイ・タノシイ・オモシロイ・ヨロコブなど、〈快〉と特徴づけられる一群と、カナシイ・サビシイ・ツマラナイ・ニクムなど〈不快〉として特徴づけられる一群とがある。〈快／不快〉の代わりに、〈プラス／マイナス〉という言い方がされることもある。

菊地康人（2000: 150）は、〈快／不快〉という用語に関して次のような疑問を表明する。

> 感情・感覚に関する語を記述する場合に、無定義で使える基礎的な意味特徴（いわば、幾何学でいう〈点〉とか〈直線〉にあたるような無定義用語 primitive）として、何を認めるか、〈快〉（と〈不快〉）だけでよいのか、〈喜び〉のレベルのものまで認める必要があるのか、さらにいえば、そもそも感情・感覚語を、このように〈意味特徴を立て、それをさらに規定していく〉ということで、（体系的に）記述していくことが可能なのか。

この疑問はもっともなことで、〈快／不快〉そのものがいわば、感情・感覚の原型のようなものであるから、それを無前提に認めて感情語の意味記述に用いることが何となくためらわれるのである。また、一般の言語表現で〈快〉そのものを表す「快」という語が使われることは、造語成分としてでないかぎり、ほとんどない。このことも、〈快〉とだけ言っていていいのかということにつながるのだろう。

このような疑義はあるものの，〈快／不快〉あるいは〈プラス／マイナス〉というメタ言語は便利である。もちろん，感情語の意味記述に〈快／不快〉〈プラス／マイナス〉を使わないものはいくらでもある。特に国語辞典の多くは，語釈にこれらを用いない。しかし，そうした語釈には，〈快／不快〉〈プラス／マイナス〉に通じる表現が含まれている。

以下は，ウレシイについてのそうした分析例である。

> 自己にとって望ましく都合のいい状況，期待どおりの状態に接し，また，そうなったことを知って喜ばしく感じる気持。（森田良行 1977: 111）
> 自分の欲求が満足されたと感じて，その状態を歓迎する気持だ。
> （『新明解国語辞典第 5 版』）

「都合のいい」「喜ばしく」「満足された」「歓迎する」などの語の意味には，〈快〉〈プラス〉に見られるのと同じ意味特徴が含まれている。それは，〈いい（良い）〉という特徴である。この特徴はきわめて多くの語に関与するものであり，非常に基本的な意味特徴である[10]。

イイという形容詞はもちろんこの特徴を直接に表すものであるが，われわれは，何がイイもので，何がそうでないかを経験を通じて十分に身につけている。イイということが「ほんとうはどういうことなのか」について哲学的な反省などしなくても，前述のアマイで見たアマイ味のように，説明するまでもなく分かるレベルのものと言える。

〈快／不快〉〈プラス／マイナス〉についても，同様のことが言える。無論，これらはイイとは違う形式なのだから，それらとの異同はおろそかにできない。そこを心得たうえでならば，〈快／不快〉〈プラス／マイナス〉〈いい〉のどれをメタ言語として用いても不合理ではないし，実際にそうした前提に立った分析が行われているのだと解釈できる。

〈快／不快〉に関して疑問を呈した菊地（2000: 153）は，ウレシイの意味を

---

[10] イイという語の用法には〈いい（良い）〉だけでは説明できないものがあるので，イイとメタ言語の〈いい〉とは区別しなければならない。（メタ言語でない）イイの意味について，詳しくは本書第 21 章参照。

以下のように記述する。

> ウレシイ：《〈いいこと＝自分（当該の人物）を直接に益することで，それほどは実現しやすくなく，自分ではその実現を（完全には）コントロールできないこと〉が起こり，あるいはその実現が間近に迫り，それに触発されて起こる，〈快／喜び〉の感情》

この分析を示した上で，菊地（2000: 153-154）は次のように言う。

> なお，ここまで踏み込んで記述すれば，先程の〈快〉か〈喜び〉かという問題については，〈快〉と記述するだけでも十分に取り込めるのではないか（上記の記述で〈快〉としても〈喜び〉としても，実質的に，絞り込み方としては同じことになるのではないか）と思えてくる。

ここで，「踏み込んで」と言っているのは，先に「かくかくしかじかのときに感じる」という言い方で述べた，「感情のもと」を詳しく述べたということである。そこを十分に規定すればいいのであって，菊地もおそらく，「感情そのもの」を，〈快〉以外に何かないかと考えてさらに追求する必要性を感じていないということなのだろう[11]。

感情語の意味記述に問題になりそうなこととして，もうひとつ考えられるのは，記述に用いられる比喩表現の問題である。ウレシイの分析例として以下を考えてみよう。

> あることが生じたり，何かを知ったりした時に，それが自分にとり望ましい，価値の高いことで，心がおどるように明るくなった状態。
>
> （西尾寅弥 1993: 14）

ここで問題にしたいのは，「心がおどるように明るくなった」という表現である。これは，今まで〈快〉〈プラス〉などとしていたところを，より具体的に述べようとしたものである。一般に，比喩には具体的につかみにくい対

---

[11] 菊地の記述の要点は〈いいことによって触発される感情〉ということであるが，〈いいこと〉を十分に規定しているところにこの分析の力がある。

象を，より具体的なものごとになぞらえて，分かりやすく示すはたらきがある。ここでも，単に〈快〉というだけよりは，ウレシイという感情がいかにも具体的にとらえられていて分かりやすい。

　こうした比喩表現は有効であるように見えるが，少なくとも2つの問題点がある。まず，1つの感情語に対して比喩表現がいくつも考えられるということである。

> （望ましい事態が実現して）心がうきうきとして楽しい。心が晴れ晴れとして喜ばしい。　　　　　　　　　　　　　　（『大辞林第2版』）
> （思い通りになって）晴れ晴れとした，またははずむような，よい気持だ。　　　　　　　　　　　　　　　　　（『岩波国語辞典第6版』）
> 喜びに満たされ気分がいい。　　　　　　　（『旺文社詳解国語辞典』）
> いいことがあって，心がうきうきする状態だ。
> 　　　　　　　　　　　　　　　　　　　　　（『三省堂国語辞典第5版』）

　比喩表現はできごとをさまざまな角度からたとえるもので，必然的に1つの対象についていくつもの言い方が生じることになる。そのどれが，問題となる語の意味をもっともよく記述しているかの判定はむずかしい。逆に言えば，どれでもいいということになりかねない（あるいは，それでよしとする考えもありうるが）。

　もうひとつ，こちらはより深刻だと思われるのは，用いられる比喩表現自体が感情語，ないし感情表現として用いられたものだと言うことである。「晴れ晴れ」「はずむ」「満たされ」などは，具体的事象からの転用法であり，「うきうき」はそもそもが感情語である。

　感情語の中には比喩表現を使わないと十分に記述できないように見受けられるものもたしかにある。例えば，カナシイについての次の意味記述は，この語の意味をよくとらえたものであるが，これを比喩表現なしに記述することはむずかしいように思う。

　〈感じ手が〉〈あることを受け入れざるを得ない状況に対して〉〈心を痛

めているさま〉 　　　　　　　　　　　　　　（加藤恵梨 2004: 56）

　これを〈あることを受け入れざるを得ない状況に対して感じる不快な感情〉としても，カナシイの意味を十分に記述したとは言いにくい。それはともかく，「心を痛める」という表現はまさに感情語であるが，その意味記述はどうなるのだろうか。そして，カナシイとココロヲイタメルはどのような関係にあるのだろうか[12]。

　意味記述について問題になることのひとつに，ある語をその類義語で記述するという，「堂々巡り」の問題がある。これは，記述対象の言語とほぼ等価のメタ言語を用いるかぎり，理論上不可避のことがらである。類義語による「単なる言い換え」が非とされるのは，それぞれの記述対象の意味の異同が明らかにできないという点にある。それさえ回避できれば，循環それ自体は問題でない。しかし，比喩表現による記述は，相互の相違を明確にできないという問題点がある。

　一方，〈快〉〈プラス〉などの意味特徴は，「体系的」な記述には向いている。もっとも，「感情そのもの」を気にするときには，どうしてもその内容の乏しさは気にはなる。両者にはこのように一長一短がある。

　循環のことはさておいても，感情語には比喩を用いたものが少なくない。アタマニクル・ムカツク・ヘドガデソウ・ムシズガハシルなどの「感情の内容」はいずれも，「どうにも我慢できない」ことであると考えられるが，これらの感情語の違いはどのように記述すればいいのだろうか。これらが，ある 1 つの感情を異なる角度からたとえた比喩表現であるという可能性もある。もちろん，異なる角度からたとえているということは，「意味は同じではない」ことになりうる。その意味の違いを説明するには，「同じ事態をとらえた 2 つ（以上）の比喩表現」の意味の違いを記述する，というのがどういうことなのかを改めて考えなければならない。

---

[12] 上記カナシイの意味記述で用いられている「心を痛めている」は「心が痛む」としたほうがよい。「心を痛めている」は，感情主体以外の人間の状態描写にも使われる言い方である。一方，「心が痛む」は感情主体がみずからについていうときに用いられる言い方であり，感情語の人称制限についてのふるまいが，カナシイと軌を一にするからである。

これまで当然のように使ってきた「感情」という語も注意を要する。上で引用した辞書の語釈には，「感情」以外に，「気持」「気分」も使われている。「気持／気分」とくらべ，「感情」は固い言い方である。また，感覚・感情を表すもっとも一般的な語は，おそらく「感じ」という語である。したがって，これらの語のどれをメタ言語として用いるかについても本来は吟味が必要であるが，今はそれについて詳述する余裕がない。

5. 感情語の体系的記述

　最後に，感情語の体系的記述ということについて簡単に触れておく。結論から言うと，体系的記述は困難である。まず，感情語に共通の意味特徴として考えられる，〈快／不快〉ないしそれに類する特徴以外に，感情語全体に適用できるようなめぼしい意味特徴が見あたらないことがあげられる。個々の感情語は，それぞれ「独自の領域」を占めていて，それを分節するような特徴がどうも見あたらないのである（もちろん，これから先に見つかるかもしれないが）。したがって感情語は語彙としてみたときに，体系を作りにくい。類義語のペアや対義語のペアも一部にかぎられる[13]。以上の考察は，感情語の意味を記述しようとするときの問題点を，感情語のごく一部を材料にして憶測したものに過ぎない。より広範囲の感情語の具体的な意味の記述の積み重ねとそれにもとづく考察が今後の課題である。

---

[13] 感情語の一部だけを見れば，共通の意味特徴を想定できそうな場合はある。例えば，ウレシイとタノシイは，〈個人的(感情)〉対〈一般的(感情)〉という対立を持つので，十分な文脈的支えがないと，ウレシイは不自然になる（「ウレシイ音楽」対「タノシイ音楽」）。この対立は，カナシイとサビシイにも認められる（「カナシイ道」対「サビシイ道」）。また，「タノシク食事する／サビシク食事する」に対し，「ウレシク食事する／カナシク食事する」は十分な文脈なしには不自然である。このことも，ウレシイ／カナシイとタノシイ／サビシイとの対立を示す。これらは，それぞれ（完全とは言えないものの）対義語のペアをなすと言える。ウレシイ／タノシイの意味について詳しくは，山田進(1982)，菊地康人(2000)，カナシイ／サビシイについては加藤恵梨(2004)を参照。なお，これら4語に見られる対立が他の感情語にみられるかどうかはさらに調べる必要がある。

第17章

意義素分析の歴史と現状

1. 本章の目的と構成

　現在，言語記号の意味研究の多くは，言語記号連続からなる文のレベルの意味，あるいは文章・談話レベルの意味の研究に集中している感がある。これは文・文章・談話が認識・伝達の基本的手段であることを見れば当然のことである。このレベルでは，大小さまざまな部分集合としての文のタイプにかかわる意味が求められる(たとえば，「否定」「様相」「時制」など文の根幹にかかわる大きなくくりそのものの意味，あるいはそのくくりに属する個別形式にかかわる意味など)。

　しかし，文レベルの研究においては，個々の文を構成する個別の語の意味には一般に関心を向けない。個々の語の意味の違いよりも，それらに通有の意味タイプを問題にするからである。個々の具体的な語の意味は文の意味タイプにかかわるかぎりにおいて問題にされるわけだ。したがって，そうした関心のもとに設定される，語の意味の記述方法・形式は個々の語の意味の細部におよぶ十分な記述には適さない。

　一方，無数にある個々の語の意味を具体的に記述するのは辞書である。辞書は個々の語についての言語情報(音韻・形態・文法・意味など)をまとめて

記すものであるが,音韻・文法・形態の記述にくらべ,意味記述の方法はさだまっていない。特に,市販の辞書の意味記述は特定方法論にもとづくのではなく,伝統・経験にもとづく作業原則で行われている。

そうした状況にあって,具体的な個々の語の意味をどのように記述すべきかを具体的に示し,かつ実践する方法論として服部四郎によって提唱されたのが意義素論である[1]。意義素論が提唱されてしばらくは具体的な記述がかなり行われていたが,すでに60数年が過ぎ,今日ではその名を聞くことも少なくなった。その後,語の意味記述に関する有力な方法論は最近の認知意味論の登場まで提唱されていない[2]。

意味記述の方法論の妥当性は,具体的な記述によって試される。意義素論が消えかかっている今日,過去の記述を振り返り,それから読み取れることを現在から見てみることは無駄ではないと思う。

以下,2節で意義素の定義を略述し,3節で意義素による具体的な分析・記述の例を参照し,意義素概念および記述形式の変遷を述べ,さらに意義素記述と辞書との関わりに触れる。4節では意義素論への批判を紹介し,5節で意義素論を過去のものとして回顧するだけの存在ととらえるべきでないことを述べる。

2. 意義素の定義

本章は意義素分析による記述の歴史を振り返るものだから,ここでは「意義素」の名称についての細部にわたる議論にはふみこまず,以下の議論に必要な範囲にかぎって述べる。まず,「意義素」という用語は,服部四郎(1953)で公にされた。そこでは意義素が次のように定義されている(以下,(a)(b)

---

[1] 4節で見るように「意義素論」という言い方はだいぶ後で使われるようになったものだが,本章では,初期の意義素の考えを含め,その全体を意義素論とよぶことにする。

[2] 本章は,2008年8月30日に工学院大学新宿キャンパスでおこなわれた「服部四郎生誕100年記念シンポジウム　意義素論の今日的意義〜認知言語学との接点を探る〜」(主催:東京言語研究所　協賛:東京大学文学部言語学研究室)において,「意義素論の実践から見えるもの」と題して発表した内容の一部をもとにし,発展させたものである。

のように示すのは，意義素に関する定義・見解などである）。

(a) 「文や単語（形式）の意味は，このように抽象的なものであるから，発話の具体的な「意味」と区別して，文の「意義」，単語の「意義素」と呼ぶこととする。」　　　　　　　　（服部 1953 ＝服部 1960: 377）

　上記に続いて「或言語の単語や附属形式の意義素を記述するに当り注意しなければならないことは，単語そのものの意義素だけを記述するよう努めるべきことである」（服部 1960: 377–378）という言い方をしていて，「附属形式」についても意義素を考えていることが注意される。
　この考え方は具体的な分析・記述の進展とともに修正・変更が加えられる。その様子は次節以降で具体的にとりあげる。

3. 意義素による記述および意義素概念の変遷

3.1 文法的形式の分析

　意義素による意味記述は，分析対象となる言語単位および意義素の記述形式において変遷が見られる。前節で触れたように，意義素は当初，単語および附属形式の抽象的意味のことを指した。たとえば，以下の記述は形態素の意義素記述である（以下，［1］［2］のように示すのは具体的記述例である。引用にあたって，原文の書式を適宜変更したところがある）。

［1］　蒙古語のアスペクト形態素（服部四郎 1953 ＝服部 1960: 379–380）
　-la,　この形態素の意義素は，「話し手の眼前に行われた行動について聴き手の注意をうながす」点にあると仮定し得ると思う。
　-na,　<u>一つの形態素 /-na/ が，このように色々の意義素を有するか否かは甚だ疑わしい。</u>（中略）この形態素に関しては，「発話の瞬間以後においてその行動が確実に行われることを瞬間相においてとらえる」という<u>一つの意義素を仮定するだけでよいのではないかと思う。</u>

　上記引用の下線部（これを含め，以下の引用部分の下線部はすべて山田に

よるものである）に，その後の意義素分析および記述に影響を与えた思想が述べられている。

　文法的な形態素，あるいは文法的な性質をより強く有する語は，その外延が大きく，広範囲の用法をカバーするので，用法レベルにおいては多義を仮定しても不思議ではない。しかし，それが1つの意義素で説明できるという提案は新鮮であったに違いない。

　初期の意義素分析の対象に，1つの意義素で説明できる言語記号が選ばれたのはそうした事情があったものと思われる。以下の記述はその例である。

[2]　満洲語の一人称複数代名詞（服部四郎・山本謙吾1955＝服部1960: 395-396）
　boは，或種の関係で一団をなす人々を，話し手を含む側の人々とその他の人(々)とに分け，話し手を含む側を指す。その側から話し相手が除外されるとは限らない。また，話し手の側から除外される人(々)はその場面に居合わさなくてもよい。
　maseは，或種の関係で一団をなす人々として，話し手と話し相手を併せ指すか，或いはさらに第三者を含めた全体を指す。後者の場合，含まれた第三者はその場面に居合わさなくてもよい。また，その一団に関係のない者がそこにいてもこの代名詞によっては表されないが，それは除外されるのではなく，問題外におかれるのである。

[3]　格助詞（国広哲弥1962＝国広1967: 220-224）
　が《心理的に先に存在する述語の主題を初出の観念として補足的に示す》・《補語的意義質》
　の《前接語に関係した》・《形容詞的意義質》
　を《動作・作用の対象を示す》・《補語的意義質》
　に《密着の対象を示す》・《副詞的意義質》

　意義素のこのような性質について，意義素が登場してすぐに以下の批判がなされている。

(b) 【「出る」は,「芝居に出る」という文において〈出演する〉という意義を受け持つ。また,「(何々という)芝居が出る」では〈上演される〉,「芝居を出る」では,〈(劇場から)退場する〉または〈(劇団から)脱退する〉という意義を持つ,という趣旨の文に続いて——山田,以下,旧字体を新字体に改めた。また下線は山田による】そこでこの「出る」の意義素を記述するとなれば,この単語があらゆる環境に於て受持つところのあらゆる意味,意義を蓋い得る一つの抽象的な意味を見つけなければならない。このような仕事は多くの場合極めて困難であるにも拘わらず,<u>その結果得られた「意義素」なるものは余りにも抽象的で取り止めが無く,殆んど実際の役に立たぬのではないか——という疑問が生じてくるのは無理もない。</u>(中略)

　ところで,<u>正しく記述された意義素が最もその偉力を発揮しうるのは,「出る」「うつ」等の独立語よりも寧ろ各種の附属語に於いてであろう。</u>何故ならば,附属語の立ち得る環境は独立語に比べて遥かに連続的であり広範である——平たく云えば,附属語は余り選り好みをせず,色々な形式と隣り合うことが出来るからである。

(川上蓁 1954: 160)

3.2　より実質的な語の分析

　その後,意義素分析はより実質的な意味を持つ語を対象とするようになっていった。それにともない意義素の定義に修正が加えられる。

(c)　以前には文の構成要素である「形式」の意義を「意義素」と呼んだが,かなり前から,この名称は,単語特に自立語の意義を指すために用いるようにしている。本稿でも,「意義素」という術語は,「単語の意義」の意に用いる。　　　　(服部四郎 1964 ＝ 服部 1968a: 39)

　[4]～[6]はこの時期以降の具体的記述例である。

[4]　温度形容詞 (国広哲弥 1965 ＝ 国広 1967: 19)

サムイ《常温あるいはそれ以下にある体温が不快な程度にまで多量にうばわれる時の体全部の感覚（または主観的にそれと同様な感覚）》

スズシイ《常温以上に高まった体温が快い程度にうばわれる時の体全部の感覚》

アタタカイ (1) 体全部《体温が常温で熱が加えられもうばわれもしない時，また常温以下の時は快い程度に熱が加えられる時の体全部の感覚》

(2) 体一部《該当の体一部が常温以下である時わずかな程度の熱が伝えられる時の感覚》

[5]　英語の動詞（長嶋善郎 1968）

hit：① 〔手又は手に持った物で人又は身体に打撃を加える〕動作者の意図は問題にならない。

② 〔物体と物体——そのいずれかが身体の一部分でもよい——とが瞬間的に打ち当たる〕

knock：〔瞬間的な打撃によって，物又は人を力の加えられた方向へ動かす〕hit ①の場合と同様，動作者の意図は問題にならない。

punch：〔拳で，突き又は横なぐり——右手なら右から左への横なぐり——の動作で打撃を加える〕拳を振り上げて人の頭を叩くような動作は punch とは言わない。

[6]　英語の形容詞（服部四郎 1968a: 121）[3]

A short tree は funny だけれど，

　　　　a little short tree

は possible で，これは，樹を多少人間のように見立てた表現だという。これは，short が《短い》という意義素のほかに，それとは別の《（人が）せが低い》という意義素を持っている 1 つの indication ではないかと思う。

---

[3] 服部四郎 (1968a) は英語の形容詞・名詞・動詞などの意義素論的記述だが，個々の語の意義素をまとめて記述するというより，分析対象語についてのインフォーマントの報告を記し，考えられる意義特徴についてコメントするという体裁のものである。

このように 1960 年代後半には，文法形態素から動詞・形容詞へと分析の対象が移行し，[4]〜[6]の下線部に見るように，必ずしも 1 形式 1 意義素でない分析結果が提出されている。

ただし，1 形式 1 意義素の分析もあって，例えば，以下の記述がある[4]。

[7]　日本語の動詞（国広哲弥 1970: 164）[5]

アテル ｛ ［物体 A を物体 B に接触させる］
　　　　 ◎［目標をそれないようにする］

ツケル ｛ ◎［物体 A を物体 B に接触させる］
　　　　 ［接触後離れないようにする］

（◎印は重点が置かれていることを示す）

1970 年代には，動詞を中心に，具体的な語の分析・記述がかなり行われるようになった。例えば，[8]である。

[8]　動詞（柴田武他 1976 :14–23）[6]

特徴①アガル——到達点に焦点を合わせる。
　　　　ノボル——経路に焦点を合わせる。
特徴②ノボル——自分で動き得るものの全体的な移動を表わす。
特徴③アガル——初めの状態（基点）を離れることを表わす。
特徴④アガル——非連続的移行である。完了を示す。

---

[4] 1 形式 1 意義素と言っても，[7]の意義素は「基本的意義素」と名付けられ，各語の諸用法は，「転用」という概念で関係づけられている。

[5] 引用部分は，アテル・アテガウ・ツケル・オク・ノセルなどの「設置動詞」を英語と対照しながら分析するもの。

[6] 柴田武他（1976）は，「ごいしろう（語彙知ろう or 語彙四郎 or ？）」の名のもとに，4 人のグループで 33 組の類義動詞の意味分析を行った過程および結果を記述した「ことばの意味」（平凡社『月刊百科』に連載）をまとめたものである（[10]の例は山田進執筆分からの抜粋）。同書に「意義素」という用語はどこにもないが，それは暗黙の前提となっている。この他にシリーズとして柴田武他（1979），国広哲弥他（1982）の 2 巻がある。「ことばの意味」グループの記述は，類義語の差異を説明することに主眼があり，各語の個性をもっとも包括的に示す意義素を設定する方針を採っている。そのため，原則として 1 形式 1 意義素の体裁となっている。

特徴⑤アガル ⎫
　　　ノボル ⎬ 上への移動である。その結果，顕在化する。

次は，柴田武他（1976）の分析・記述に準じた記述である。

[9]　　動詞・名詞（国広哲弥編 1983）[7]
　ヒロガル　〈ものの切れ目なく連続して占める領域が，大きくなる〉
　ヒロマル　〈人から人へ伝わりやすいことが，多数の人間に受け容れられ
　　　　　　ることによって，広い範囲にゆきわたる〉
　原因　〈ある・注意をひく出来事・事態について，それをひき起こしたと
　　　　客観的にとらえられるもの・こと〉
　理由　〈ある現象がどのように生じるかについての発話者（または行為者）
　　　　の意図に基づいた説明・解釈〉

　[8]や[9]の記述によって，周囲からは「意義素は1形式1意義素である」との見方がなされていたようである[8]。
　1形式1意義素については，意義素分析の当事者から以下の見解が出されている。

(d)　さて，ヒロイ　の意義素が
　　　　(1) ヒロイ部屋，公園，池，野原
　　　　(2) ヒロイ壁，窓
　　のすべてに共通であるものとすると，≪人間のはいり得る物体・空間について≫という意義特徴をそれに含ませないことになる。もしこの

---

[7]　[9]は，東大大学院での意味分析演習の結果を記したものであり，「デモ・ナド」「〜ラシイ・〜ッポイ」などの機能語・接辞も分析対象としている（[9]の動詞例は相沢正夫，名詞例は福井玲執筆分から抜粋）。この他にシリーズとして国広哲弥編（1987, 1990）の2冊がある。

[8]　[8]は1形式1意義素ではない。特徴④の「完了を示す」は「雨が上がる」「仕事が上がる」の用法を説明するもので，具体的移動とは別用法である。これは，柴田武他（1976）の記述方針が，意義素の一体的な記述ではなく，有意な意味特徴に焦点をあてる方針をとっているためである。ただし，場合によっては，一体的な記述形式を取ることがあり，その場合には1形式1意義素の体裁となることが多い。

意義特徴をも　ヒロイ　の意義素に含ませることにすると，(2) の場合には，この意義特徴が抑圧されている，とすることになる。少なくとも共時的には，(1) の組合せが最も普通のもので，(2) はごくわずかだがはずれているように感ぜられる，というのが事実ならば，その事実を記述するには，ヒロイ　の意義素の中に上記の意義特徴を含ませた方がいい，ということになろう。<u>一般に，すべての用例に共通な意義特徴だけをまとめて「意義素」とする記述法は不適当なのではないか</u>。そういうふうにしていると，意義素の内容がはなはだ貧弱なものとなるばかりでなく，意義構造のいろいろ複雑な面を記述から漏らしてしまうことになり得る。そのようにして<u>希薄な内容となった意義素だけを記述することは，記述の実用的有用さをも減少させることになりはしないか</u>。　　　　　　　　　　（服部四郎 1968a: 105-106）[9]

(e)　最初の研究（1962）【国広哲弥 (1962)―山田】は対象が助詞であったため，<u>外部からは「一語一意義素」を唱えているという誤解を受けたが，けっしてそういうことではない</u>。その後の研究では多義も分析対象とし，多義的な意味同士の間の意味関係にも考察を進めて行った（cf. 国広, 1982a)【国広哲弥 (1982)―山田】。例えば「まき割り」には〈行為〉の意味と〈道具〉の意味があるが，これは多義の例である。

(国広 1990: 4)

3.3　名詞の意味分析

　次第に具体的な語の分析が行われるようになったとは言っても，分析対象は動詞が中心で，名詞も抽象的概念を表すものにかぎられていた。しかし，例えば，ある言語ないし方言の語彙を記述しようとすれば，そうは言っていられない。具体的には辞書を作る場合を考えれば明らかなように，そこでは具体物を表す名詞の割合が語彙の多くを占める。辞書記述とのかかわりは次節で述べることにし，ここでは具体名詞の意義素についての見解を見ておこう。

---

[9]　(d) は結果的に [b] の見解と呼応するのだが，[b] に対して答えたものではない。

(f)　しかしながら，犬の鳴き声をまねたワンワン，bow-wow という単語の意義素とは何であろうか。もし，その中に犬の鳴き声そのものの聴覚心像を含ませるべきだ——含ませる方が穏当のようだが——とすれば，この日本語の単語と英語のそれの意義素には，共通の非社会習慣的要素が含まれている，ということとなる。従って，イヌ，dog という単語の意義素の中にも，少なくともこの非社会習慣的要素が含まれている，ということになる。

　また，リンゴ, apple という単語の意義素にも——もし日本と英米で指し示す果物が同じであれば——共通の非社会習慣的要素が含まれている，とした方がよさそうだ，ということになる。

（中略）

　さらに，或特徴に関して，一般的陳述としての表現は確定していなくても，特定の事実に関する陳述としては極めて頻繁に用いられる表現のあることがある。たとえば，大きさに関して，大キイ　リンゴ，小サイ　リンゴ，'コノリンゴハ大キイ（〜小サイ）。'この場合リンゴの意義素は《⇒大キイ〜小サイ→》という語義的意義特徴を有する，ということになる。味についても，特定のりんごについてなら　スッパイ　リンゴ，アマイ　リンゴなどは普通の表現である。また《⇒オイシイ〜マズイ→》のように，タベモノの意義素の下位に属する意義素を有する名詞ならばいずれも共通に有するであろう意義特徴をも有する。その他《カタイ〜ヤワラカイ→》も有し，ガスガスノ，ナマノ，クサッタなどとも統合され得る。さらに《⇒タカイ〜ヤスイ→》も有する，ということは，りんごが売買の対象となる物に属することを示す。　　　　　　（服部四郎 1974 ＝川本茂雄他編 1979: 115–116）[10]

---

[10]　「リンゴの意義素」については鈴木孝夫の次の発言がある（鈴木孝夫・田中克彦 2008: 180–181）。

　　服部先生に会うたびに，私は意地悪だから，『先生，リンゴの意義素見つかりましたか，イヌの意義素は何ですか』っていうと，『鈴木さん，いまに見つけます』って淋しそうに笑われて，ついに見つからないうちにお亡くなりになった。

　(f) は服部がリンゴの意義素を「見つけた」ことを物語っている。

3.4 意義素分析と辞書

意義素論は語の意味分析方法の方針を示すものだから，辞書の語義記述と深いかかわりをもつ。(g) は当時の辞書の意味記述が不十分なので意義素の考えによる記述を行うべきだという日本語学者からの提言である。

(g) <u>一つの特定な文脈的意味を過大視することによって，その意義素的特徴を見失ってはならないのであって</u>，そのためには，出来るかぎり多くの用例がまず蒐集されなければならない。用例が多ければ多いほど，それらから帰納・抽出される意義素は，より適確にその語の中心的な特徴を把握したものとなり得る道理であり，またその語の各用例に適合し得る普遍性を含んだものとなり得る道理であろう。<u>辞書における意義の説明は，こうした意義素を明かにすることを意図すべきであって</u>，そうしてこそ，辞書は，その利用者が，単に既存の表現を理解するのに役立つのみならず，将来，読み，聞くという受容の面で遭遇すべき各種の表現，また，書き，話すという表現の面で創造すべき各種の表現にも，実用的な効果を発揮し得るものとなるであろう。
　<u>あらゆる語について，こうした意義素を記述することは，大変な困難をともなう仕事であることは言うまでもない。しかし，この理想に向って進む努力を，われわれはやはり放棄してはならないと思う。</u>

(阪倉篤義 1969: 71)

以下は，意義素による辞書項目の具体的な記述例である。

[10] 名詞（服部四郎 1977 ＝川本茂雄他編 1979: 468-469）【特殊記号など記述の一部を省略—山田】
　　xamaci かマチ　名　(1) 頭（人，獣，魚，虫などの。釘，斧などの）。人に於いては頭髪の生えている部分。人，獣では cïra《頭》を含まない。目や鼻は，xamaci についているとは言わず，cïra についている，と言う。《頭がいい》は θamasikiki，《頭がわるい》は θamasi nu neN，あるいは θamasi nu θaraN，と言う。（後略）(2) 頭髪（からだの一部と

しての)．(中略) 髪の形は，古い時代ほど，性別，身分，年令などに<u>よって一定のものを結うのが社会の習慣であった．どんな髪形をしているかで身分や年令がほぼわかった．</u>

(h) は [10] で採用された記述の説明である．

(h) <u>意味の記述は，それに近い「意義素」を有する標準語の単語を用いるけれども，それにとどめず，「意義素」を記述するように努めた．</u>たとえば, 1.1.xamaci の有する意義素のうちの一つ（<u>単語は複数の意義素を有することがあると考える</u>）は，<u>人体の部分を表わす場合には，</u>「頭」の意義素に等しいから，《頭》という訳語をつければすむわけだけれども，さらに，「人においては頭髪の生えている部分．人，獣では cïra《頭》を含まない．目や鼻は，xamaci についているとは言わず，cïra についている，と言う．」という記述を加えて，xamaci と「あたま」の意義素はこの点で一致し，《顔を含む頭部》という意義素を有する英語の head と異なることを示した．ただし，《頭がいい》《頭が悪い》という意味を表わす場合には xamaci を用いず θamasi を用いることをも記して，<u>こういう比喩的用法に関しては xamaci と「あたま」の意義素が異なる</u>ことを示した．

（服部四郎 1977 ＝川本茂雄他編 1979: 448）

辞書項目には多義であるものが少なくない．たとえば [10] は 2 つの意義素を設定している．[10] の (1) に「頭（人，獣，魚，虫などの．釘，斧などの）．」とある．「釘，斧などの頭」はあきらかに「人，獣，魚，虫などの頭」とは異なるのだが，1 つの意義素にまとめられている．これは，「釘，斧などの頭」という意義を「人，獣，魚，虫などの頭」の比喩的転用として処理し，その転用された意義を別の意義素として認めることはしないという考えによるのだと思われる．しかし，「人，獣，魚，虫などの頭」と「釘，斧などの頭」を別の意義素として立ててはいけない理由はない．ここには意義素がいくつあるか，言い換えれば多義語の語義がいくつあるかという，多義語

記述のむずかしさが見られる[11,12]。

3.5 意義素記述の分析対象および記述形式の変遷

ここまで，意義素による具体的記述の変遷を述べたが，分析結果の記述方式にも変遷が見られる。それを以下に図式的に示す。

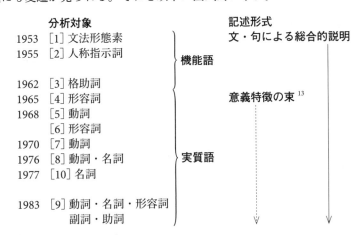

---

[11] 多義語と意義素のかかわりについては，国広哲弥 (1970, 1982) に詳しい考察があり，なかでも，「基本的意義素」とその「比喩的転用」との関係が中心に論じられている。ただし，比喩的に転用された意味は「比喩的転義」と呼ばれ，基本的意義素と独立の意義素であるかどうかは明らかにされていない。これは，「意味現象は至るところに連続的な部分を持っているとするのが，筆者の意味観の一部である」（国広 1982: 108）として多義を基本的に連続的ととらえる考え方によるものと思われる。

[12] 一般辞書における多義語の記述のむずかしさの一つはいくつの語義に分けるかという問題である。これに対して，類語辞典の場合，記述項目は基本的に多義ではない。したがって，その種の辞典の記述には意義素論的な記述が適することが多い。その具体的な実践として（意義素及び意義素論という用語は使っていないが），柴田武・山田進編 (2002)，柴田武・山田進・加藤安彦・籾山洋介編 (2008) がある。

[13] 「意義特徴の束」とは以下のようなものである。
「意義素」は，同時的に現れる多くの「意義特徴」に分析できると想定する。それは，「音素」(phoneme) が「弁別的特徴」(distinctive features)（など）に分析できるのに類似している。しかし，音素が，ほとんど閉鎖的な「特徴の束」と定義できるのに，「意義素」の場合は，意義特徴の「閉鎖的な束」と定義しても，実際にそれを挙げつくすことは，少なくとも現在のところ，不可能で，また　実用的にはその必要もない。

意義素の記述形式は，基本的に文・句による総合的な説明方式をとっている。その後記述対象が実質語に移行したことにより，意義素の内部構造が問題にされるようになり，意義素を「意義特徴の束」に分析する記述が試みられるようになった[14]。

4. 意義素論とその批判

服部四郎（1968b）には「意義素論」という名称は使われていないが，服部四郎（1968a:（7））には，「意義素論的研究」という言い方が見られる。ほぼ同時期に，意義素研究を精力的に進めた国広哲弥に「意義素論」という論文があるところから（国広 1968b），1968 年ごろにこの名称が使われ出したもののようである。その後，1974 年に，服部は「意義素論における諸問題」と題し，意義素の概念および意義素による意味分析および記述形式について考察

(服部四郎 1968b ＝川本茂雄他編 1979: 77)
　意義素の内部構造について，さらに興味ある暗示を与える例がある。たとえば，英語の cold wind, cold air などは，不快な感覚を引き起こす対象を表わすが，cold beer は必ずしもそうではない。「脈絡」によって，気持のいい程度に冷えたビールでも，冷えすぎたビールでも，表わしうる。cold meat も同様である。そこで, cold の意義素は，少なくとも次の意義特徴を含むと記述しては如何，というのである。(「中和」のほかに「だきあわせ」の概念を設け，それぞれ〜，＋で表わす。）
　(([《体全体の感覚》＋《不快》]〜[《体の一部（口腔など?）の感覚》＋（《快》〜《不快》]))
　そして, wind, air などと統合されるときには，第一の[ ]でくくった束が喚起し, beer, meat と統合されるときには，第二の束が喚起されるとする。このように記述すれば，cold の意義素は，少なくとも右に関しては一定の構造を持っている，と記述することができる。ただし，文脈によって喚起する意義特徴は多少異なる，ということになる。
(pp. 84–85)

[14] 服部四郎（1968a:（8））は意義素の記述形式について次のように言う。
【英語基礎語彙の意義素記述のしかたについて—山田】第 1 に，意義素を普通の言葉（日本語）を用いて記述しようとしている。従って，それは大まかなものでしかあり得ない。一体，おのおのの単語はそれ自身の意義素を有する。そして，外国語の単語の意義素と日本語のそれとがぴったり合うことはまずないわけだから，引きあてた日本語の単語の意義素に，ある種の意義特徴を加えたり，あるいは減じたりするのだが，それを日本語の単語を用いてするわけだ。従って，厳密には，過不足なく行うことを期待することはできない。将来，意義素を科学的に記述するには，それを意義特徴の束と定義し，そのおのおのの意義特徴を科学の言葉を用いて記述すべきものと考える。

する論を発表している。

　ところで，意義素分析は服部四郎が唱導し，国広哲弥によって推進されたものであるが，それに対する批判的見解は先に挙げた最初期の(a)以外には，1970年代なかごろまで，これといって目立つものはなかった。60年代，70年代には，意義素の考え方は日本語学の世界にも比較的よく知られ，受け入れられたらしいことが，上記(g)に引いた阪倉篤義(1969)，および次の一文からうかがえる[15,16]。

(i)　"意義素"("sememe")ということも近々に唱えられた概念ではないが，日本では服部四郎氏の唱導に続いて最近ではとくに国広哲弥氏らの具体的な個々の語についての研究がよく知られている。本特集のもととなった研修会【昭和46年度日本語教育研修会（現職者研修）―山田】でも，度々意義素設定についての示唆がなされたが，そのことは，国語学者の中でも関心が高まってきていることのあらわれであろう。

（寺村秀夫 1972: 81）

---

[15] 『日本語研究』（東京都立大学国語研究室）は1号(1978)から11号(1989)まで，「特集　類義語の意味論的研究」として，日本語動詞類義語の意味分析を行っている。これらの分析は意義素論にもとづくと明示的にのべていないが，服部四郎(1968a)，国広哲弥(1967)，柴田武他(1976)等が引用されていて，結果的に意義素論的な記述とみなすことができる。

[16] 1990年代以降，意義素による記述はそれまでにくらべ少なくなったが，例えば以下のものがある。
形式名詞
「つもり」：《あることを心の中に設定する》
「つもり」の用法が先行研究で言われているように分かれるのは，この意義素が文脈によって変容されるためである。　　　　　　　　　　　　（中道知子 1993: 527）
形容動詞
「まじめ」という語は，現代語では文脈によって'本気'という意味で用いられたり，'規範的'という意味で用いられたりする。(中略)'本気'，'規範的'という二つの意味は「まじめ」の二つの語義として扱うよりも，〈良いと考えられている価値基準を知った上で，それに沿ってふるまおうとするさま〉という一つの意義素から文脈の助けを借りて導き出すほうが適当であると考える。　　　　　　　　　　　　　　　　（山中信彦 1997: 110）
　また，意義素論の用語を用いていないが，実質的に意義素論的分析を空間・色彩・温度などの基本語についておこない，その意味体系を包括的に記述しておおきな成果をあげたものに，久島茂(2001)がある。

そうしたなかで，西山佑司（1976, 1977）の批判は，唯一の積極的な意義素論批判であった。

(j) 生成文法理論に基づく意味論では意味に対するモデル理論的アプローチを完結するため記述の枠組みをできるだけ明確に形式化しようとしているのに対して，意義素論ではその種の形式化への努力があまり見られない。もっとも，語の意味論に終始する意義素論にあっては，語の意義を文の意義へ結びつける形式的規則の解明は直接問題にならないかもしれないが，たとえ語の意味論のレベルに限定したとしても，語の意義間の意味的関係（たとえば，「反意性」「同義性」「矛盾性」「包摂性」など）に対する形式的定義——それによって任意の複数個の語の間にしかじかの意味関係が成立しているかどうかを一義的に規定できるような明確な定義——が与えられなければならないが，現行の意義素論ではそのような形式的定義は与えられていないのである。

(西山佑司 1976: 159-160)

(k) 以上のようにみてくると，意義特徴の客観的な分析手順として提唱された「語義的呼応の作業原則」(1)【互いに統合されうる自立語は，互いに呼応する語義的意義特徴を有する—山田】は，手順自体が不明確であるばかりでなく，重要な意味論上の区別をしばしば曖昧にし，文の意味性質についても誤った予測をする，という点でははなはだ不備な作業原則であると結論づけざるをえない。（中略）もちろん，こう述べることは，現今の意義素論者による個々の語の具体的分析そのものがすべて誤りであることを含意するものではけっしてない。むしろ，服部 (1963)，国広 (1967)，国広 (1969（ママ））【本書では国広哲弥 (1970)—山田】，国広 (1970)【「日本語次元形容詞の体系」『言語の科学』2—山田】，酒井 (1970) などにみられる日本語や英語の個々の意義素分析の結果はきわめて透察に富むものである。（中略）ただ，それらは，作業原則 (1) に厳密な意味で忠実に従った結果ではなくて，むしろ言語学的直観をフルに活用させ，一見原則 (1) を適用しているよう

に思われる場合でもかなり臨機応変に処置した結果にほかならない，という点に注意しよう。言いかえれば，<u>原則 (1) の適用がルースであるかぎりにおいて，それらの意義素分析は妥当性を獲得しているわけである。</u>　　　　　　　　　　　　　　　　　　（西山佑司 1977: 151）

これらは示唆に富む批判であるが，意義素論者からの積極的な応答はなかったようである[17]。

5. 意義素論的記述から見えること

以上，意義素分析の具体的な流れを概観してきたのであるが，今日の観点から見ると問題とされそうなことがいくつかある。以下，その「問題点」をとりあげ，それがほんとうに問題になることなのかを考えてみたい。

まず，発話の「意味」ではなく，発話から抽象される「意義」を対象とすることからの帰結として，1形式1意義素の志向が強いことがあげられる。その結果，当初は多義のあつかいが手薄になっていたことは否定できない。

---

[17] 国広哲弥 (1982: 39) は，西山佑司 (1977) の「呼応の作業原則」にしたがうかぎり，意義素に無限の意味特徴が含まれてしまうという趣旨の批判について，次のように述べてはいる。

西山佑司 (1977b)【本書では西山佑司 (1977)—山田】は上記の服部四郎 (1973) を参考文献に挙げているにもかかわらず，上記引用部分に十分注意しなかったのではないかと考えられる。

なお，「上記引用部分」とは以下である。

1つの言語 (すなわち de Saussure のいう langue) の意義素を研究するに際しては，われわれの資料をごくふつうの，慣習的な，社会的に確立した文に限定しなければならない。したがって，

　(9)　An elephant has a long memory.

という文は，科学的な真理を表現しているか否かとは関係なく，ただそれがアメリカ人の常識を表現しているが故に，われわれの意義研究の資料となる。従って，アメリカ英語の名詞 elephant の意義素は《⇒ have a long memory》という意義特徴を含むことになる。これに反し，日本語の名詞 zo (象) はそういう意義素を有しない。

一般に，ある単語の意義素の記述は，その単語によって表される事物の科学的記述ではなくて，むしろその単語の意味の民間伝承的記述となるであろう。

（服部四郎 1973: 20）

ただし，上記 [6], (d), (e) のコメントに明らかなように，1形式1意義素は分析・記述対象が1形式1意義素に適したものが多かったことから生じたことで，それが意義素論の主張だというわけではない。1形式1意義素の対極にあるのは，かぎりない用法の列挙であり，どちらも極端である。多義語にいくつの意味を認めるかは，どのような立場に立つにしても，一筋縄ではいかない問題である（注11参照）。

　次に，上に見た具体的な意義素分析例においては，句・文という統語単位の意味との関係が明示的に示されていない。一般に意義素記述には統語構造との関係が暗示的にしか示されないことが多いが，これは改善の余地がある。それが，上記 (j) にいう「語の意義を文の意義へ結びつける形式的規則の解明」ではないにしても，意義素記述のどの部分が統語単位のどの部分に対応するかは少なくとも記述可能であり，そうすべきものである。したがって，統語構造との関係は意義素において記述不可能だというわけではなく，暗示的に示されているため明示してこなかったわけである。

　統語構造との関係は別として，上記 (j) で西山は，「たとえ語の意味論のレベルに限定したとしても，語の意義間の意味的関係（たとえば，「反意性」「同義性」「矛盾性」「包摂性」など）に対する形式的定義——それによって任意の複数個の語の間にしかじかの意味関係が成立しているかどうかを一義的に規定できるような明確な定義——が与えられなければならない」と批判する。しかし，意味関係が西山の言うように形式的にかつ一義的にあつかえるかどうかは疑問である。いわゆる概念的意味あるいは論理的意味だけに限定すれば可能かもしれないが，語の意味はそれ以外の要素，たとえば「事態のとらえ方」や「百科事典的知識」を含む複雑な存在である。このことはたとえば同義関係の形式的とりあつかいを困難にするのではないか。

　意義素を記述するためのメタ言語について，服部は「将来，意義素を科学的に記述するには，それを意義特徴の束と定義し，そのおのおのの意義特徴を科学の言葉を用いて記述すべきものと考える」という（服部四郎 1968a: (8), 注14 も参照）。ただし，ここでいう「科学の言葉」というのが具体的に何を指すのかは明らかでない。一方，国広哲弥（1968a=1970: 220）は同

時期に，以下のようにいう。

(1) 筆者の現在の考えでは，意味記述において言語だけに基づくことに固執する必要はないと思う。現実の場面では実物指示・動作などを併用すべきであるし，書記による場合も符号や図解を用いて，言語外の世界と結びつけることに躊躇する必要はないと思うし，むしろそうすべき場合もあると思う。

要するにメタ言語に対する強い規定はなかったといっていい。すなわち，意義素記述ではメタ言語としてなにを使ってもいいということになる[18,19]。

さて，そもそも意義素の最初の定義は何であったかというと，2節の(a)で見たように「文や単語(形式)の意味は，このように抽象的なものであるから，発話の具体的な「意味」と区別して，文の「意義」，単語の「意義素」と呼ぶこととする。」というものだった。これは，「体系レベル(ラングのレベル)の意味」とほぼ同じことである。発話のレベルからの抽象度が高められた意義素は，具体的な諸用法との距離が遠くなる。この事情に対して意義

---

[18] メタ言語についての見解として注目すべき議論に以下があるが，こうした記述方法についての議論はそれ以後特になされなかった。

 我々は語の意義特徴記述に語や文を使う。特に語を使うことが多い。しかし語は，色々な意義特徴を場合場合により顕著にさせたり抑圧したりして現われるものであるから，定義に使われた語ではどの意義特徴を重視しているのかわかりにくい。そのため誤解が生じやすい。なるべく意義特徴の数の少ない，誤解を招きにくい語を使って特徴記述をすることを心がけなければならない。私はここでは誤解を招きやすいものは極力文で表現し，それらを記号にまとめることにした。この方法は誤解を招く率が少ない点で有効と思われる。 (酒井元子 1970: 42)

ここでいう記号による表示は具体的には，授受動詞「くれる」についての「+[A→B]，+[AよりBがK]」のようなものであり，「A／B／K」は，「A：主語」「B：主語の指示する者と授受関係を結ぶ者を表わす語」「K：「身近さ・親しみ」を感じる」などと規定されるものである【やや簡略にして一部を引用—山田】。

[19] 意義素論にさまざまな工夫を加え推進・発展させた国広哲弥の意味論が「認知意味論」になったことは何ら不思議はない。国広は近年多義語の研究に専心し，意義素の他にそれとは異なる現象素という概念を提唱し，多義の性質・多義語の意味構造の記述をおこなっている(国広哲弥 1997, 2006)。ここで詳細を述べることはできないが，私見では意義素と現象素はともに広義の意義素といっていいと思う。意義素概念はそれだけの融通性をもった概念なのである。

素論は「文脈的変容」という概念で対処する。

(m)　意義素はそれが用いられる具体的な場面・文脈からは原則として独立しており，それが場面・文脈の影響を受けて表面的にはいろいろと変容した姿を見せる，というふうに考えるので，意義素の分析にあたってはそれらの影響を取り除くよう努力をしなければならない。

(国広哲弥 1982: 44)

　　意義素記述において文脈的変容は，「これこれの用法の意味は，意義素がしかじかの理由で文脈的に変容したものである」といった言い方で示されることがある。この「しかじかの理由」には，「抑圧」「転用」などいくつかのタイプが考えられている[20]。しかし，意義素記述例の多くは，具体的諸用法の意味を単に文脈的変容によるものだというだけで，「しかじかの理由」を示さないことも多い。これは，そうした文脈的変容が語用論のレベルでおこなわれるので，暗黙の了解として記述していないのだと考えられる。それはそれで理由のあることだが，文脈的変容の諸相について考察を積み重ねていくことは必要だろう。

　　このようにみてきたとき，意義素論というのは，きわめて常識的な考え方だということが改めて確認される。すなわち，形式化をおこなわず，特別の用語を多用せず，だれにでも納得できる考え方を示しているからである。そのことが逆に，ある種の物足りなさを感じさせることは確かだが，ゆるやかな規定であるために，「弱点」を補うことは可能であるし，さまざまな見解を付け加えることが可能となっている。意義素論および意義素分析を通じて明らかになった，語の意味についてのさまざまな問題には未解決のものが少なくない。それらは意義素論への態度をどのようにとろうと，今後考え続けなくてはならないことがらである。

　　意義素分析および意義素論は単に回顧すればいいだけの存在ではないだろう，というのが本章の結論である。

---

[20]　「抑圧」「転用」などについての詳細は，国広哲弥（1982）参照。国広哲弥（1997, 2006）には，この種の概念の「認知意味論」の立場からの考察がある。

第IV部
辞書と意味記述

第 18 章

辞書の意味記述

　辞書ないし辞典と言われるものは多種多様である。国語辞典・英和辞典・用字用語辞典・アクセント辞典・人名辞典・実用辞典・日本史辞典・数学辞典，音声記号辞典などなど。これら種々の辞書に共通するのは，「一定の範囲の項目，典型的には見出し語を一定の規則にしたがって配列し，それぞれについての説明を記したもの」という特徴である。

　これらの辞書は，見出し語のタイプおよび説明のスタイルにもとづいて，さらに2つに分けられる。1つは，見出し語が名詞，特に固有名を中心にし，見出し語の指し示す対象そのものに関する知識を詳しく説明するタイプの「百科辞書」である[1]。もう1つは，固有名を除くすべての品詞に属する語を扱い，見出し語の言語情報を記す「言語辞書」である。

　辞書が言語学の研究対象とされるとき，そこで扱われるのは言語辞書であり，百科辞書ではない。ただし，あらゆる辞書がこの2つのタイプのどちらかにはっきりと区別されるわけではない。特に，言語辞書には，見出し語に百科辞書的な説明を含むものが少なくない。そこで，「百科辞書的知識」

---

[1] 「百科辞書」より「百科事典」の方が一般的であるが，「百科辞書」という言い方もないわけではない。なお，「事典」的な内容を持つ書物の題名に「事典」でなく「辞典」が用いられることは少なくない。

と「言語知識」を区別できるか，あるいは区別すべきか，が問題になることが多い[2]。

以下では，言語辞書に絞って，意味記述にかかわるいくつかの問題を考えることにする（以下，特に断らない限り，「辞書」を言語辞書の意に用いる）[3]。

1. 辞書が対象とする語彙の種類

さまざまな言語辞書を包括的に規定するとしたら，一応は次のように言える。

　　一定の語彙に属する語の言語的特徴を，一定の方式でまとめて表すもの。

ここで問題になるのは，「一定の語彙」がどのようなものであるかということである。典型的な辞書は，特定の言語の語彙の基礎的な部分を中心に，相当量の範囲を対象にする。その語彙は，「実際に使われているかどうか」および「共時的か通時的か」という観点から次のように分類できる。

ここで共時的語彙は，ある言語のそれぞれの共時態において考えられる語彙である。また，通時的語彙はそれら共時的語彙をまとめたものである。こ

---

[2] この区別に関してはさまざまな議論があるが，2つの知識はいつでも完全に分けられるものではないという結論が妥当なところであろう。注意すべきは，「いつでも分けられるわけではない」ということであり，分けられるあるいは分けるべき場合があるということを排除しないということである。

[3] 本章は，日本言語学会第128回大会公開シンポジウム「辞書と言語学―人はどうやって辞書を作るのか―」（2004.6.19 東京学芸大学）において，「辞書と意味記述」という題目で述べた内容の一部にもとづき，新たな考えを付け加えたものである。本章では，特に「辞書における意味記述」に焦点をあてているので，題目を少し変えてある。

れらは実際に理解され使用される，すなわちすでに使われているという観点から，既存の語彙と名付けることができる。

　一方，各共時態に属する言語使用者には，さまざまな局面で，既存の語彙に含まれない語を使う必要性が生じうる。そのような必要に応じて，新しい語が既存の語彙に付け加わることになる。そうした語の集合は，それまでには存在しなかったことから，潜在的語彙と名付けることができる。ある時点での潜在的語彙は，その時まで存在していないものであるから，その時点での所属語を示すことはできない。ある時点 A より以後の時点 B にいたったときに，A 以降に新たに付け加わった語の集合が存在することになる。B という時点にいたって初めて，A において潜在していた語彙が具体的な姿をとることになる。

　したがって，共時態において見るときの潜在的語彙は，具体的な姿を持たない，仮想的な存在である。この潜在的語彙，すなわちある時点でまだ存在しない語の集合は，その時点以降に，「当該言語の語彙のしくみから見て可能な語を作り出す潜在的な力」が行使されて実現した語彙だと考えることができる。

　さて，以上に分類した語彙のタイプと，辞書のタイプとはおおまかに以下の表に見るような対応を示す。

	一般辞書		脳内辞書
	大型	小型	
共時的語彙	○	○	○
通時的語彙	○	×	×
潜在的語彙	×	×	○

　ここで，一般辞書は，冊子あるいは電子情報等の具体的な形をとって世の中に存在する辞書であると規定する。それは，各種商業出版物としての辞書を典型とし，学問的研究成果としての辞書を非典型とする。脳内辞書というのは，言語使用者の脳の内部に蓄えられた語彙知識を，辞書にみたてたものである。その詳細については明らかではないが，「一定の語彙に属する語の言語的特徴を，一定の方式でまとめて表す」部分が何らかの形で脳の中にあ

ると想定するのは不自然ではない。

　一般辞書においては，種類を問わず，何らかの共時的語彙を記述の対象にする。大型の辞書には通時的語彙が含まれることがあるが，小型辞書はもっぱら共時的語彙を収録する[4]。

　脳内辞書には通時的語彙が含まれない。一方，脳内辞書には，潜在的語彙を作り出すしくみが含まれていると考えられる。そのしくみによって脳内辞書に，将来産み出される可能性のある語彙が想定できるという意味で，上の表に潜在的語彙と記したのである。

2. 辞書の対象者と記述のタイプ

　一口に辞書と言っても，それがだれを対象にして，また何を目的とするものなのかによって，考えられる辞書のイメージが異なる。

　まず，だれを対象にするかということについては，大きく，言語学（関係）者や辞書編纂者といった専門家の場合と，そうではない一般人の場合とに分けられる。

　専門家の中で，言語学（関係）者の場合，辞書を記述するという立場から，記述対象として潜在的語彙まで含めて考えることがある。そのような立場を取る記述者の場合，個々の具体的な記述内容よりは，むしろ記述のスタイルあるいは，語彙構造のしくみが辞書に反映する様子に興味をいだく傾向がある。言語の姿の本質的な部分を，できるだけ正確に辞書という形にまとめようとするのである。

　一方，（商業的）辞書編纂にたずさわる専門家も辞書を記述する立場に立つのだが，潜在的語彙のしくみや脳内辞書よりはむしろ，具体的な記述内容に注意を向ける。

---

[4]　大型の辞書は通時態も記述することがしばしばだが，つねにそうだとは限らない。『時代別国語大辞典』（三省堂）の各巻は，各時代の共時態を記述している「小型ではない」辞書である。学習用の「古語辞典」は，「古語」を長期間にわたる「古典語」という共時態におけるものとして扱っていて，そこに本来認められるはずの通時態を考えていない。

いずれの専門家も，辞書を記述するという立場から語彙を眺めることになる。異なるのは，言語学（関係）者の場合，その辞書は他の言語学（関係）者を想定して記述するのに対し，辞書編纂者の場合は，その辞書が一般人を想定しているという点である。

これに対して，専門家でない一般人は，辞書をもっぱら使う立場から考える。そういう人（日本語話者の場合）がまず思い浮かべる，典型的な辞書は，いわゆる国語辞典であり，それは以下のように規定できる。

> 現代日本語の標準的な語を多く集め，特定の語の言語的特徴（の一部）を知らないか不確かな場合に，それを知るために参照する，（一家に一冊はある）書物。

ところで，ここまで，辞書の目的と対象者とがいかにも明確に分けられるかのように述べてきたが，実際はその境界を明らかにすることが難しい場合が少なくない。例えば，理論的な見地からの言語記述の集約体として考える辞書と，記述的な言語調査の集成体としての辞書は，意味記述にかぎった場合に，まったく異なるものなのか，あるいは互いに無関係のものとすべきなのか，ということにあらかじめ答えることはむずかしい。その理由としてひとつ考えられることは，この場合の語彙がきわめて大きなものであり，諸言語の意味のタイプに予測しがたい面のある可能性が否定できないという事情である。

したがって，以下では，理論的か記述的か，あるいは専門家対象か一般人対象かという分類はひとまずおいて，意味記述の諸問題に触れることにしたい。

3. 意味記述の難問題

語の意味を具体的に記述しようとするときに，だれしもが直面する困難な問題がある。例えば，1つの語に意味をいくつ認めるかという語義区分の問題，問題となる2つの意味が1つの語に属するのかそれとも2つの異なる

語に属するのかという多義語と同音異義語の区別の問題，1つの語の複数の意味をどう関係づけるかにかかわる語義の配列の問題，意味の類似する語の相違をいかに示すかという類義語の記述の問題，一定の範囲の語に共通に見られる意味現象を，個々の語の記述にも述べる必要があるかという類型性と個別性の問題，などである。

ここでは，上記諸問題のうち，語義区分の問題と類型性・個別性の問題を特にとりあげて述べることにする。

3.1 語義の区分

ある語の意味が1つなのか，それとも2つ以上なのかは，語の意味をどのように考えるかによって異なる。

辞書で記述される語の意味は，それが特定の場面で具体的に使われた場合の「発話の意味」でないことは言うまでもない。それは，その辞書が対象とする言語の話し手に共有されると想定される，「言語体系レベルの意味」である。ある語が使われたときの具体的な発話の意味は無数にあるが，その発話の背後にある体系レベルの意味の数は，その語を記憶しておいて使えるだけのかなり小さなものである，と想定できる。

その状況を以下に簡単な図式で示す。

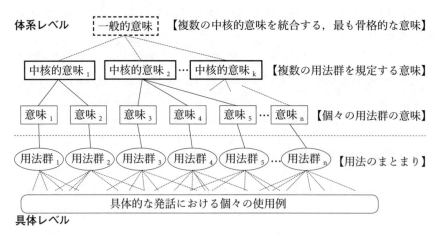

この図式の最下段は，具体的な発話における特定の語の使用例を示す。これは発話の数だけあるので，よく使われる語については，それをすべて列挙するのは不可能である。文脈・場面と結びついた個々の使用例の中には用法の同じものが含まれる可能性がある。その場合，同じと認められる用法をまとめた「用法群」が考えられる[5]。一つ一つの用法群には，それぞれ一定の意味が結びつく。上図で「意味$_1$, 意味$_2$, …」としたのがそれである。それら個々の用法群の意味は，さらにいくつかのまとまりを作ることがある。そのまとまりを「中核的意味」と呼ぶことにする。場合によっては，それらを統合するさらに上位の「一般的意味」を想定できることがある[6]。

　辞書における意味記述の態度は，中核的意味やさらに抽象的な一般的意味を求めようとするかどうかによって大きく異なる。これらを求めようとする場合には，用法群が少ない数になり，そうでない場合には用法群の数が大きくなる傾向がある。以下に，一般辞書が，多義動詞「取る」の語義をどのように区分しているかの例を示す（「とりおこなう」に見られるような接頭辞用法を除く）。

『新明解国語辞典第5版』8個の中核的意味
『岩波国語辞典第6版』7個の中核的意味
　　　　　　　　　　その7個の中核的意味のそれぞれについての，3
　　　　　　　　　　ないし8個の対応する個々の用法群の意味
『明鏡国語辞典』59個の用法群の意味

---

[5] 実際の言語使用者は直感的に用法群を識別していると考えられる。ただし，それを記述する場合，用法群の認定は記述者がどのような基準にしたがうかに左右される。

[6] ここに示した図式は比較的単純なもので，それぞれのレベルがより複雑に関係し合う図式も考えられる。一般的意味は記述者，特に言語学（関係）者が，複数の中核的意味を関係づけるために想定する抽象的な存在である。この種の抽象的意味は，意味理論の違いに応じて「意義素」「スキーマ」「コア」などの名前で呼ばれることがある。この種の存在がどのような性質をもったものであるかの具体的な，あるいは詳細な規定は意味理論ごとに異なる。

3.2 類型的事象と個別的事象

　一般の辞書は個々の語に固有の，個別的な特徴を記し，特定の語をこえた類型的で予測可能な特徴は特に示さない。例えば，「〜はじめる」という後項を持つ複合動詞が見出し語に立てられることはない。それらの意味は前項と後項の意味が分かれば自明であり，「語彙化」しておく必要がないと認められるからである。

　ただし，類型的な事象にはさまざまなタイプがあり，それをどの程度まで辞書の記述に反映させるかが決めにくいことがある。

(1) a　今日はあたたかい。
　　 b　このセーターはとてもあたたかい。
(2) a　ああおもしろかった。
　　 b　その話はおもしろかった。
(3) a　駅の裏に学校がある。
　　 b　今日は学校がない。
　　 c　それは学校が禁止している。
(4) a　週刊誌で顔を隠す。
　　 b　週刊誌を読みふける。
　　 c　週刊誌を買いに行く。
　　 d　週刊誌に記事差し止めを命じる。

　(1)aの「あたたかい」は，主体(話者)の感覚を表し，(1)bの「あたたかい」は，対象(セーター)の属性を表す。基本的に人の感情・感覚を表す形容詞が，対象となるものの属性を表すという現象は，「あたたかい」にかぎらない。(2)の「おもしろい」についても同じことが言える[7]。

　(3)の「学校」は，aでは〈建物〉，bでは〈授業〉，cでは〈組織〉という解

---

[7]　西尾寅弥(1972: 34)は早くにこの現象を指摘して次のように言う。
　　属性形容詞でも感情形容詞的に使われる可能性がないとはいえないのより以上に，感情形容詞【感覚形容詞も含む―山田】が属性表現的に使われることは多くみられる現象である。

釈を受ける。この解釈の多様性は，「会社・役所・銀行・教会」など他の語にも並行的に見られる[8]。これらは，〈集団的活動を行う機関〉という共通の特徴を持つ語である。

(4)で，「週刊誌」は，aが〈冊子〉，bが〈記事内容〉の解釈を受ける。cは〈冊子と記事内容をあわせた全体〉を表す。「週刊誌」のa〜cの解釈の変動は，対象のどの面に焦点をあてるかということにもとづく点で，基本的に「学校」の場合と同様の現象である。一方，dの「週刊誌」は〈発行主体〉という解釈を受ける。これはa〜cの解釈とは一線を画する。a〜cは〈記事内容を含む冊子〉という1つの対象の異なる側面であるのに対し，dはそれらとはまったく独立の対象を表すからである[9]。

「週刊誌」に見られるこの現象も，この語にかぎったことではなく，「新聞」「同人誌」など〈定期刊行物〉という特徴を持つ語に並行的に見られる。

辞書の意味記述で問題になるのは，上記のような，「特定の語にかぎられない意味的性質」を，個々の語の意味記述の際にどう扱うかということである。それを重複をいとわずに個々の語の記述に繰り返すのか，あるいは「学校タイプ」「週刊誌タイプ」など何らかの意味類型への指示を行うのかである。

意味類型の指示を行う場合には，あらかじめ意味類型を決めておく必要がある。意味類型にどのような種類のものがどれくらいあるのかは明らかでないので，まずそれについて具体的な調査・研究が必要である。

4. 意味の性質と記述のスタイル

前節の諸問題は，意味をどのような形で記述するかという問題とは独立のものである。ここでは意味記述のスタイルの問題をとりあげる。

---

[8] この現象についての指摘は数多くある。日本語については，国広哲弥（1997: 58）に次の指摘がある。
  この諸用法は，丸ごとに捉えた「学校」というもののある一面に焦点を当てたものと言うことができる。

[9] この例は，Pustejovsky（1995）による'newspaper'という語についての観察にならったものである。

まず，語彙に属するあらゆる語が同じスタイルで記述できるわけではないことに注意したい。たとえば，名詞・動詞の類とその他の品詞について，一般の辞書の語釈（意味記述）は異なる形態をとる。すなわち，名詞(動詞)の語釈の最後はほとんどが，名詞(動詞)で終わるのに対し，それ以外の品詞に属する見出し語の語釈が，その見出し語と同じ品詞になることはほとんどない。例えば形容詞・副詞の語釈の末尾は多く，「様子（だ）」で終わる。接続詞・助詞など，機能語的な性質が強い語の語釈の末尾は多く，「…に用いる」などの形式をとる。

語釈末尾が記述対象の語と同じだということは，その語釈が記述対象である語の「言い換え（パラフレーズ）」になるということである。このような意味記述スタイルの違いは，次節で見る意味の性質の違い（指示的か非指示的かという違い）にかかわりがある。すなわち，非指示的意味を持つ語は言い換えができず，指示的意味を持つ語は多くの場合に言い換えが利くということである。

以上は，品詞の違いに応じて語釈に使われる文ないし句の形態が異なるという現象である。意味記述のスタイルとしてもうひとつ考えられるのは，同じ品詞であっても，その意味の性質の違いに応じて意味記述のスタイルやメタ言語の種類を変更する必要が生じるということである。

まず，語の意味の性質について見ることにする。

4.1 意味の性質

語が表す対象には，「このようなものだ」といって指し示すことが（容易に）できるものとそうでないものとがある。例えば，種々の人工物や動植物を表す語は，実物や写真を使って対象を指し示すことができる。ところが，感覚・感情は，それを感じる主体の内部にあって切り離すことができないので，指し示すことはできない。

また，語によって，表す対象を言語使用者が常識的に考えやすいもの，つまり頭の中でイメージしやすいものと，そうでないものとがある。例えば，上記の人工物や動植物はもちろん，感覚・感情もわれわれは明瞭にイメージ

できる。これに対し,「ワザト／キット」という語が表す対象は,これらが結びつく特定の動作や変化とともに思い浮かべることはできるものの,その語が表す対象だけをイメージするのは容易ではない。さらに,「オヤ／アラ」以下は,それらの語の表す意味に関して,常識的な意味での「指示対象」がほとんど考えられないものである。

このような2つの観点について見ると,語の意味の性質は一様でないことが改めて確認される。以下は,私の直観にしたがった判断である[10]。

	語が表す対象をこうだと言って指し示せる	対象が(頭の中で)容易にイメージできる
イヌ／ミズ／ヒト／ヒカリ	◎	◎
タタク／ハシル／シャベル	○	○
サムイ／クヤシイ	×	○
ワザト／キット	×	×
オヤ／アラ	×	×
ドウモ／ジャア／コンニチハ	×	×
ラシイ／ヨウダ	×	×
ガ／ニ／ヲ／カラ	×	×

ある語によって,一定の対象を指し示したり,イメージできたりする場合,その語の意味に「指示的意味」が含まれるということにする。上の表に見られるように,指示的意味には,「より指示的かどうか」という程度差が認められる。ある語について,対象を指し示せず,イメージもできないとき,その語は指示的意味を持たない。そうした語の意味は「非指示的」であるということにする。

一般的に言って,指示的意味を中心にする語の意味記述は比較的容易である。指示的意味を持たなくなるにつれて,意味の記述は難しくなる。意味の性質のこの違いは,メタ言語とも深いかかわりを持つ。

---

10 ◎は他の言語使用者にも例外なくあてはまると想定されるもの,○は他の多くの言語使用者にもあてはまると思われるもの,×は他の言語使用者にも問題なくあてはまらないもの,をそれぞれ示す。

4.2 メタ言語

　意味記述に用いるメタ言語の問題が問われることはそれほど多くないが，これは意味記述における根本的な問題である。

4.2.1 図示による意味記述

　語が指示的意味を中心にする場合，その語の意味は，「対象を直接に呈示する，あるいは図解することで示せる」と考える立場がある。

> 目で見ることのできる物を指す語の定義に際して，語によっては図示を用いることが本質的なことであるということである。「語義の定義は言語のみによるのが本質的なことである」という説をどこかで読んだ記憶があるが，これが妄説であることは，いまや明らかであろう。辞典における図解はけっして通俗的な補助手段ではない。
>
> 　　　　　　　　　　　　　　　　　　　（国広哲弥 1997: 170-171）

　たしかに，図示は指示的意味を持つ語の意味の一面を示すのに有効である。下記の語釈は複雑だが，これは図を示せば一目瞭然であろう。

> 目的物に取り付けてある金具の穴や，目的物を結び付けた鎖の輪などに差し込んで使う小形の錠。金属製で，開閉装置を内蔵する本体と，そこから出ている馬蹄（バテイ）形の棒とから成る。
>
> 　　　　　　　　　　　　　　　　　　　（『新明解国語辞典第 5 版』）

　ただし，図示・図解などによる定義には注意すべき点がある。

(5) 　図解・図示は指示対象の形状を示すが，機能を表さないあるいは表しにくいことがある。例えば，上記語釈中の「目的物に取り付けてある金具の穴や，目的物を結び付けた鎖の輪などに差し込んで使う」という部分がそれに当たる。「机」などもその機能を言葉を使わずに図示だけで示すことは難しいのではないか。

(6) 　図解・図示は，複数の語の「意味関係」を表せない。例えば，「おお

きい」という語について，次のような定義の仕方がある。

> 現物の大きい玉と小さい玉を示し，大きい方を指しながら，「こっちのほうがオオキイ」，「こっちがチイサイ」と言えばよいのである。
> （国広哲弥 1997: 170）

この方法は「オオキイ／チイサイ」の意味の一面を分かりやすく伝えるが，一方で，「おおきい」と「おっきい／でかい／巨大」との関係を図示で表すことは不可能である。「机」と「テーブル」の違いも図示だけでは表しにくい。

4.2.2 言語による意味記述

非指示的意味が中心になる語の記述には，言語ないし言語と同等の記述システムを使わざるを得ない。

一般の国語辞典は，対象言語（記述の対象とすべき言語，すなわち日本語）と基本的に同じ言語をメタ言語（対象言語を説明するのに使う言語）として用いる。対象言語と同じ言語をメタ言語として使うときには，それをどのような態度で使うかが問題になる。

(7) 特に対象言語との違いを意識しないで，対象言語の資源を最大限に用いる。これは，国語辞典など一般辞書の記述が採用する。

(8) 対象言語のうちの一部分，例えば基礎語彙を特に取り出して，メタ言語として用いる。これは，一部の英語辞書で用いられている（例えば，*Longman Dictionary of Contemporary English*）。

意味論的な記述では，語に固有の個別的意味ではなく，そこに含まれる類型的な意味を示すために，少数の単位と制限された統語法を持つ「擬似言語」が使われることがある。

例えば，語彙概念構造はもともと動詞のアスペクト分類に対応する意味構造を示すために考案されたものである。影山太郎（1999: 64）によると，それは次の性質を持つ。

語彙概念構造は，個々の動詞が持つ概念的・含蓄的意味をすべて網羅的に示す必要はない。さしあたっては，当該言語で統語的に意義のある意味特性を示せばよい。

例えば，「彼女は身体を暖める。」という文は次のように表示される（p. 73）。

[[ ] x CAUSE [BECOME [[ ] y BE AT- [ATATAKA 状態] z]]]
(x＝彼女，y＝身体)

上記(8)の方法は，特定の言語内での話だが，これを拡張して，「人間の言語の基礎語」とでもいうべき，きわめて少数の単位と制限された統語法で，語の固有の意味記述をしようとする試みもある。代表例は「意味原素（semantic primitive）」の考え方である。以下は人体のある部分についての意味記述の例である。

    a part of a persons' face
    this part has two parts, one above the other
    these parts are alike
    because of this part, a person can say things to other people
    other people can hear these things
    often, there are some things inside this part
    because this person wants to do something to these things with this part
    people can think like this about this part:
        if there is nothing inside this part for a very long time a person cannot live
                                  （Wierzbicka 1996: 219）

メタ言語の種類と，記述の性質との関係をまとめると，以下の表のように示すことができる。この表から分かることは，それぞれに一長一短がある中で，「制限された普通の言語」がもっとも短所が少ないことである（ゴチックにした部分が短所と考えられるところ）。したがって，一般辞書について言

えば，この種のメタ言語を，どのように制限するかという点を十分に検討した上で，辞書の記述に積極的に取り入れることが考えられて良い。

	普通の言語	制限された普通の言語	語彙概念構造	意味原素
単位の数	**非常に多い**	少数（多くて数千）	きわめて少数	きわめて少数
統語法	普通	普通	**極端に制限されている**	制限されている
記述の対象	すべて	すべて	動詞・形容詞に限定？	すべて
読みやすさ	高い	高い	**低い**	**低い**

5.「完全な意味記述」は可能か？

3.1 節で述べたように，辞書で記述される語の意味は，多かれ少なかれ記述者による抽象化を経たものである。記述者が異なれば，抽象化の仕方も異なり，上で見たように，どのレベルに焦点を当てるかで，同一語の意味区分からして違いが生じる。

一般商業辞書の語釈においても，言語学(関係)者の意味論的な記述においても，基本的・基礎的な語の語釈・意味記述が一致することはまずない。この事情は，多くの場合に，一般辞書の場合は「先行辞書の盗用」とされないため，意味論的記述の場合は「先行記述を越える」ため，という配慮によって生じると考えられる。

しかし，仮にそうした配慮を一切しないとしても，記述者が異なれば，その記述が異なる可能性はかなり高いものになると予想される。また，「これが最善でこれ以上のものは考えられない記述」だと主張する記述者がいたとしても，それはその記述者にとってそれ以上のものが考えられないだけで，別の記述者にかかればまた違った主張がなされるに違いない。さらに，記述者の個性が色濃く出る場合とそれがほとんど感じられない場合とがある。語の意味が「公共的」であるとするならば，これは不思議な状況だとは言える。

辞書編纂の場合でも意味論的記述の場合でも，記述者は，ある語について

の自分の言語知識と実際の使用例にもとづいて記述を行うのが普通である。その場合の「実際の使用例」は，3.1 節の図式の最下段の「具体的な発話における個々の使用例」の一部である。ここで，使用例の「実態」に迫ろうとするなら，可能な限り大量の使用例を考慮しなければ意味をとらえられない，と考える立場がある。これは徹底的なあるいは極端な実在論の立場とでもいうべきもので，この立場をとるとき，記述者は自分の言語知識には含まれないあるいはそれに反する使用例を目にする可能性が少なくない。そのような，記述者の直観からすると「誤用」，「古めかしい用法」，「一時的な用法」などと感じられる使用例をも，実態を尊重する立場の記述者は意味記述に客観的に反映させようとする。

　一方，語の意味は実際の具体的使用例とはある程度切り離された形で，言語使用者の脳あるいは頭の中にある，と考える観念論的な立場がある。この立場に立つ記述者は，実際の使用例を眺めつつも，みずからの言語直観を最大限に活用して，意味記述を行う。この場合は，「実態を反映しない」程度に応じて，記述者による記述の食い違いが大きくなる可能性が高い。

　いずれにしても，上記のさまざまな要因によって，「だれにとっても理想的で完全な意味記述」は存在し得ないことが確認された。したがって，われわれは，「ある立場の人間のしかるべき目的に合う，使用実態から遊離しない範囲での，もっともよいと考えられる意味記述」を目指すほかはないのである。

第 19 章

意味分類辞書

1. はじめに

　言語使用者が,「頭の中に持っていると想定される語彙(に関する無意識の知識)」をしばしば比喩的に,「脳内辞書」とか「心的辞書」のように言うことがある。そのような「辞書」がどういう形でどのように使われるのかはもちろん, 直接に知ることはできない。語彙のいろいろな側面, さまざまな現象を観察することによって,「頭の中の語彙」の様子を推定しなければならない。その様子を記述するのが本来の意味での辞書であるが, 従来の辞書が語彙を記述する最善の方式だと決まっているわけではない。本章は,「語彙の実情」を記述する形式としてどのようなものが適当かについて,「語の意味の関連性」という観点から考えようとするものである。

2. 語彙における語の関連性

　まず, ここで考える「語彙」は, 特に断らない限り,「(ある言語のある共時態で認められるすべての)語を単位とする集合」であると考え,「ある言語のある共時態」を「現代の日本語」とした上で,「語彙の構造」を,「語が,

他の語と関連しあいながら，語彙を構成している，そのありさま」であると考えて議論を進める。

「(言語使用者が言語知識として習慣的に有すると認められる) 語彙構造において語と語が関係づけられている様相」を「語の意味の関連性」と規定するなら，その主なものとして，「類義関係」「対義関係」「上下関係」があげられる。

類義関係では，形態的には異なる語が，意味的に同じまたは類似することでつながる。例えば，次の3語である。

　　二親（ふたおや），両親（りょうしん），父母（ふぼ）

「二親」と「両親」は，同一対象について，〈(ある人の)父親と母親である二人〉という共通のとらえ方をするので，文体的特徴を除き，「意味が同じ」とみなせる。一方，「二親／両親」が，〈(特定の人の) 父親 and 母親〉であるのに対し，「父母」は〈(不特定の人の)父親である人 and/or 母親である人〉をも表す点で，「二親／両親」とは「対象の範囲が異なる」，したがって「意味が類似する（が同じではない）」と考える（「父母と教師の集まり」「学校側の対応に父母が騒いだ」で，「父母」を「二親／両親」に換えると不自然になる）[1]。

対義関係は，2つの語が意味的に対立する関係でつながる。対義関係と見られるものには諸種あり，一言で規定することはできない。類義関係が語彙のほとんどすべての分野に見られるのに対し，対義関係は，語彙の全体に見られるものではない。「感情形容詞」「運動動詞」「職業名」「動植物名」など，意味分野によってはほとんど見られないことがある。

上下関係は，2つの語 X・Y について，「X が Y の一種」であるとき，X と Y のあいだに成り立つ，意味的な関連性である（このとき，「X が Y の下位語」，「Y が X の上位語」という関係になる）。前出の「二親／両親／父母」は，「母親／父親／女親／男親／実の親／育ての親」などとともに，「親」と

---

[1] 本章は，「対象（の概念）をとらえる様式」を「意味」と考え，「対象の範囲が同じでも，とらえ方が異なれば意味が異なる」と考える立場に立つ。

上下関係をなす。上下関係は「推移的」である。すなわち，XがYの下位語，YがZの下位語なら，必然的にXはZの下位語になる（「父親／親」と「親／人」とが上下関係にあることから，「父親／人」も上下関係をなすことが導かれる）[2]。

3. 一般辞書とシソーラス

一般の辞書では，対義関係が明示的に示されることはあるが，類義関係と上下関係は，明示的に示されることはない。例えば，「二親／両親／父母（ふぼ）」についての辞書の記述は，以下のようである（『岩波国語辞典第6版』，用例は除く）。

二親　父と母。両親。⇔片親
両親　ふたおや。父母。
父母　ちちはは。両親。

「二親」の例では，対義語は「⇔」で明示されている。また，「父と母」という「語義の説明」のあとに，「両親」という「言い換えの語」が併記されている。この方式は，一般の辞書に頻繁に見られるものであるが，「併記の意味」についての説明をしている辞書はほとんどなく，これが類義関係にある別の語を示すことは暗黙の了解となっている[3]。この了解により，「二親」と「両親」，「両親」と「父母」がそれぞれ相互参照されることになる。な

---

[2] 2つの語が上下関係にあるとき，ある言語文脈で，推論・判断の結果（真理値）を変えることなく，下位語を上位語で置き換えられることがあるが，その置き換えがしにくい場合もある（「あの人は私の育ての親だ」→？「あの人は私の親だ」）。なお，上下関係は，どのような語にもあるわけではない。例えば，「養鶏／養蚕／養蜂／養魚／養鱒／養畜／養豚／養鯉」の場合，「上位概念」は考えられても，上位語は思い浮かばない。

[3] 『三省堂国語辞典第5版』は，「同義語は解説の末尾にあります」と明示するがこれは例外的である。『日本国語大辞典』では，「語釈の末尾に必要に応じて次のようなものを示す」として，「同義語は語釈のあとにつづけて示す」とし，「二親」の語義を「父と母。両親。かぞいろは。」とするが，「両親」の語義は「ふたおや。父と母。」としていて一貫性を持たない。

お，上例では，「二親」と「父母」が，「両親」を介してつながるものの，両者のあいだに直接の連絡はない。さらに，上の例では，他の語との上下関係が示されない，というように，一般の辞書では，語の関連性を組織的に示そうという関心は高くない。

これに対し，『分類語彙表』などの「シソーラス」では，語彙の構造に焦点をあてた記述が試みられる。『分類語彙表』では，語彙をまず品詞で大別した上で，それを「抽象的関係／人間活動の主体」など5部門に分け，それをさらに下位項目に細分し，そこに具体的な語をおさめている。「その分類と各項目の排列とについては，原理的に述べることが至極困難である」とした上で，「互いに関連する項目は，相接して排列されるが，その一般的総括的な内容を持つ項目は，部分的な内容を持つ項目より先にあげてある」(p. 5)とし，また各項目におさめる語は，「同義類義の関係で一つにまとめられているものである」(p. 6)ということで分かるように，『分類語彙表』は上下関係と類義関係を中心に構成される。

なお，一般辞書とも「シソーラス」とも異なる形の「辞書」に，「言語処理」を前提にして作られるものがある。例えば，『日本語語彙大系』は，「日英機械翻訳システム」の「翻訳辞書」のうちから「『日本語意味辞書』に関する部分を取り出し人間用の辞書としてまとめた」(同書「まえがき」)というものだが，語が「表記順」に配列される点で一般辞書的であり，個々の語の「意味」が，上下関係の階層の位置で示されるという点で「シソーラス」的である。

4. シソーラスでの語の意味記述

『分類語彙表』では，個々の具体的な語の「意味」が，一般の辞書のような，言い換えによる説明の形では与えられない。明示的に述べられているのではないが，そこでは，個々の語の「意味」が，分類・排列の「どこに位置するか」によって指定される。例えば，「二親」は，「体の類／人間活動の主体／親・先祖」という項目にあり，この階層の名称によって大まかな意味が

示される。

　ただし，この同じ項目には他に「親／両親／片親／父母（ふぼ）／父母（ちちはは）」も所属し，それらのあいだの意味の区別は示されない。

　これは，特定の語の意味を，それと同義ないし類義の語によって示すという，上で見た一般の辞書に見られる方法に似ている。われわれは，ある語が与えられたときに，その語の同義語・類義語を容易に想起できる。このことから見て，この方法は，われわれの語彙に関する知識の一部を反映しうるものだとしてよい。つまり，われわれは，ある語をその同義語・類義語といわばセットにして記憶しているから，それを容易に呼び出すことができる，と考えることができる。

　われわれはまた，ある語の下位語ないし上位語を容易に想起できる。これも「セットとして取り出せる形で記憶されている」と考えられる。上下関係をなす語同士の関連性が語の形態に反映され，明らかなセットをなすことも珍しくない。例えば，以下の語は「親（おや）」という形態を通じて意味的につながる。

　　親，母親，父親，女親，男親，生みの親，実の親，育ての親，二親

　この種のつながりは，「形態素」あるいは「単純語」については，「恣意性」のために一般には認められないが，合成語においては普通に見られ，語彙のかなりの部分を占める。

　語彙構造の記述においてはそのような「セット」は，ひとまとめにされ，また「類似したセット」は，「互いに近いところ」にまとめられる，というのが自然である，と何となく考えられる。シソーラスはその様子を示す一つの形式である。

　語彙のありさまの記述において，シソーラス形式は，類義・上下の2つの関連性を主に用いて，語の関連性の中で語の意味を規定しようとする。これに対し，一般辞書形式では，語の意味を「指示対象」との関係に焦点を当てて記述する。一般に，語の指示対象を「定義する」作業にくらべると，語の関連性を記述する作業はずっと容易である。特に，上下関係は，その推移

的性質により，何段にもわたる「語彙の階層」を構成するため，シソーラス形式では重用される。

5. シンタグマティックな語の関連性

　語の関連性を，類義・上下・対義にかぎって見るならば，シソーラスはそれを十分に表現できる。ところが，語の関連性については，類義・上下・対義にあるもの同士のように同じ統合的位置に生じることでまとまるパラディグマティックなものばかりでなく，異なる統合位置にあって共存することによってつながるシンタグマティックな関連性も考える必要がある。

　たとえば，「飲む」は，〈もの〉を対象とし，〈こと〉を対象としない。水・酒・スープなど，典型的には〈液体〉を対象とするが，「あめだま／胃カメラ」などの〈固体〉，「たばこ」などの〈気体〉，など体内に取り入れることができる〈もの〉であれば何でも対象になる。一方，「くだく」は〈固体〉，「もてなす」は〈人〉を対象にする，というように，対象を限定する動詞もある。このように，動詞と統合される名詞には，広狭さまざまな条件が課せられる（「共起制限」「選択制限」などと呼ばれることがある）。一般辞書では，こうした条件が示されることもあるし，示されないこともある（次例は『三省堂国語辞典第5版』によるもので，〔　〕内が条件を示す。語義説明が複数項目あるものは，その第一のものを示した）。

　　　のむ　　〔液体などを〕口に入れて，かまずにのどを通す。
　　　くだく　こわして小さくする。
　　　もてなす　〔客を〕待遇する。あしらう。「厚く―」

　シンタグマティックな語の関連性には，その他に，「甘い／〈味〉」「赤い／〈色〉」「うるさい／〈音〉」のような形容詞・名詞，「ぐったり／〈疲れる〉」のような動詞・副詞の関連性などもある。こうした「共起制限」はシソーラスでは示されない。

　「酒」と「飲む」，「涙」と「出る」，「鳥」と「飛ぶ」，「自転車」と「乗る」

とは，それぞれ共起する。ただし，ここでは，特定の名詞が典型的にそれぞれの動詞と共起するのであり，その逆ではない。名詞が動詞を指定する場合と，動詞が名詞を指定する場合とでは性質が異なる。

　たとえば，「酒」は「飲む」とだけ共起するわけではない。「酒」は「こぼす／買う／作る」など，多種多様な語と共起する。しかし，「酒」といえば，まず「飲む」が典型的に想起されるように，「飲む」は「酒」と特別な関係を持つ。これは，「飲む」が「酒」の「意味」を記述するときに必要となる要素だからである。名詞の中にはこのように，動詞を「意味記述に必要な要素」として持つものがある。たとえば，「はさみ／切る」「枕／寝る」「めがね／見る」「えさ／飼う」「舌／なめる」「森／茂る」「世間／暮らす」「嘘／だます・ごまかす」「絵／描く・見る」「字／書く・読む」「地図／見る・書く・表す」などである。上述の「両親」について，上記と別の辞書では「その人を生み，育てた父と母」という説明をする（『新明解国語辞典第5版』）。この説明に現れる「生む」という動詞も，「両親」の「意味に必要な要素」である。

　名詞と動詞がこのような関係にある場合，「飲む」が「酒」と共起するように，これらが共起することはよくある（「はさみで切る」）。両者が密接に関係するのだから，これは当然のことだと言いたいところだし，実際そうした例が数多く見られるのだが，名詞と動詞のあいだにこれらの関係があるからといって，それが具体的な使用において，そのままの形では必ずしも共起しない場合もあることに注意すべきである（「枕で寝る」「めがねで見る」は「高い枕」「度の強いめがね」などにしないとやや不自然である）。

　それどころか，名詞の「意味記述に必要な」動詞が，その名詞とシンタグマティックには共起しえないことさえある。たとえば，「あご」は〈ものをかむときに動かす〉という特徴を持つ。しかし，「あご」と「かむ」は必然的な統合関係を構成しない。また，「傘」は〈雨・雪・日差しを防ぐ〉という特徴を持つが，「傘」と「防ぐ」は一般には「必然的な」統合関係に立たない（「傘で相手を防いだ」は臨時的な結びつきである）。統合関係に立ちにくい類例として，「口紅／化粧する」「イヤリング／飾る」「ピッケル／登山する」

「花束／束ねる」「こおりみず／削る」「傷／損なう」「洗い物／汚れる」「模型／似せる」「差／違う」「過去／すぎる」「大晦日／終わる」などがある。

　つまり，動詞が共起する相手として指定する条件に合う名詞の中に，その動詞を「意味に必要な要素」とするものが多数ある一方，ある名詞の「意味に必要な要素」である動詞が，その名詞と必然的には共起しないこともあるというわけである。したがって，「共起制限」とは質の異なる，名詞と動詞との関係を記述する必要がある[4]。

　「意味に必要な要素」として異なる品詞が関連するのは，名詞に限らない。例えば，「ひもじい／腹が減る」の場合は，動詞が形容詞の，「しかたない／あきらめる」の場合は，形容詞が動詞の，それぞれ「意味に必要な要素」となっている。

　一方，異なる品詞が，形態を共有する派生関係でつながることがある。「恥じる／恥ずかしい」「苦しい／苦しむ／苦しみ」，「くらす／くらし」など。これら動詞・形容詞からの派生語が元の語と意味的につながるのは当然とも言えるが，これらの語の関連性は，シンタグマティックなものではない。といって，「上下／対義」といったパラディグマティックなものでもない。意味に共通の要素があるので，強いて言えば「類義」の一種と言えなくもないが，「類義」は，原則として文法機能を同じくする語のあいだに認めるべきものであるから，これは異質のものである。なお，『分類語彙表』では，この種の語を異なる品詞類の間で対応する位置に配置することで，その

---

[4] Pustejovsky (1995) は，名詞と動詞との関わりについて考察する中で，次の2つの文のbake について，1番目は「状態変化」，2番目は「作成」を意味するのだが，この場合，bake の「多義」は動詞ではなく，名詞の「特質(qualia)」の差によるものだとする (pp. 122-125)。
　　John baked the potatoes.
　　Mary baked a cake.
「特質」とは，「ある語彙項目に結びつけられる性質ないし出来事の集合で，それが意味するものを最もよく説明するもの (that set of properties or events associated with a lexical item which best explain what that word means)」(p. 77) であり，上記の2つの文の差は，cake が「焼くことで作られる」という特質を持つのに対し，potato にはそうした特質がないからなのだ，という趣旨のことを述べている。Pustejovsky (1995) は，語の意味の内部構造を，形式意味論的な表示を用いて考察していて，私には「ピンと来ない」ところもあるが，そこで述べられる諸現象は辞書の意味記述に大いに参考になる。

関連性を示す工夫をしている。

6. 意味分類辞書

　語彙の全体的な記述においては，個々の語の形態・意味・用法，および類義・上下・対義の関係がともに記述され，さらに，上述のシンタグマティックな関係，さらには派生関係も記述される。

　たとえば，「おや(親)」には，少なくとも次のことを記述する必要がある。「語種／位相／品詞」などは当然記述の対象になるが，ここでは，「関連性」にかかわるものについてだけ記す。

　　［おや(親)］
　　　　シンタグマティックな関係
　　　　　　［x/z が y の親］
　　　　意味
　　　　　　x/z〈生き物〉, y〈生き物〉
　　　　　　［x が y を生む］or［z が x に y を生ませる］or［x/z が y を育てる］
　　　　上位語
　　　　　　いきもの
　　　　下位語
　　　　　　母親／父親／女親／男親／実の親／育ての親／二親／両親／父母 etc.

「意味」は次のように書けるかも知れない。

　　〈{y を生んだ x} or {y を生ませた z} or {y を育てた x/z}〉

一般の辞書も同様の説明の形式をとる(『岩波国語辞典第 6 版』)。

　　それを生んだもの。または，それを子として養うもの。父と母の総称。

一般辞書の形式では，シンタグマティックな関係が，明示的に表されない。理想的には，上記のように「変項」を使って表記することが望ましい[5]。

　語の意味の重要な部分として，「類義の弁別」にかかわるものがある。たとえば，「母／母親／女親」は類義であり，辞書では次のように説明される（『大辞林第2版』）。

　　母　　親のうちの，女の方。女おや。実母・継母・養母の総称。母親。
　　母親　母である親。女親。母。
　　女親　母親。母。

　これだと，互いにどのような違いがあるのかが分からない。まず，「母／母親」は〈動物〉についてもいうが，「女親」は〈人間〉だけである。また，「母親」が「子との関係」を言うのに対し，「女親」は男親との役割の対比に注目するので，「私の母親」とは言うが，「私の女親」とは言わない。こうしたことは，意味記述に含めるべきことがらだが，一般辞書のような「言い換え方式」では表せない，あるいは非常に表しにくい。これらは，一般辞書では，「注記」ないし「用法」として記述される。「意味」を「一挙に」あるいは「一度に」表そうとすると，「言い換え方式」が好都合だが，この方式が意味記述に絶対に必要なものというわけではない。「意味」にかかわる要素は多岐にわたるので，言い換え方式では処理できない場合の方がむしろ普通である。

　それはともかく，語彙記述に際して，意味に関する部分をどのようにあつかうかについては，上で見たように，一般辞書は，語同士の関連性には一部を除き関心を示さないのに対し，シソーラスは逆に語の関連性に重点をおく

---

[5] Weinreich(1962: 40-41)は，一般辞書の定義がどうあるべきかを論じて，辞書執筆者が用いるメタ言語では，between のように関係的である語（relational terms）が，絶対的（absolute）であるかのようにあつかわれてしまうという不備を指摘し，「ある言語の多数の項目の関係性を表示する自由度が，その項目や定義にも例えば代数的変項 (x, y, …) を用いるなどによって，辞書にもっと多く与えられたら (if dictionaries were granted greater freedom to display the relational nature of many terms in a language, e.g., by using algebraic variables (x, y, …) in the terms and again in the definition,)」ずっといいのだという趣旨のことを述べている。

ものの，個々の語の意味・用法には関心を示さない。われわれの「頭の中の語彙」の様子により近づくためには，一般辞書とシソーラスのそれぞれの特徴を融合した形式が適当である。そのような形式による記述を，ここで仮に「意味分類辞書」と呼ぶことにしよう。

　意味分類辞書では，語について，一般辞書が目指すように，個々の語の意味・用法が十分に記述される。また，シソーラスが追求するように，他の語との関連性についての記述が含まれる。

　3節で述べたように，関連性を持つ語がセットとしてまとめられ，類似したセットが，「互いに近いところ」に置かれる，ということを反映するのが自然であるとするなら，シソーラス形式の配列が有効である。一般辞書において，（意味とは直接に関係のない）形態にもとづく配列にしたがう語の位置が語の関連性を示さないのに対し，シソーラスでは，語がパラダイグマティックな意味の関連性によって配列され，配列内の語の位置が関連性を示すからである。

　しかし，既存のシソーラス形式では，上述の名詞と動詞のかかわりなど，異なる品詞間の関連性が必ずしもとらえきれない。ここまでに見てきた語の関連性を，具体的にどのように記述したらいいかを次に考える。

7. 語をどのように分類し，配列するか

　『分類語彙表』など，冊子体のシソーラスでは，関連する語からなる大小さまざまな意味分類枠が，「しかるべき順序」にしたがって配列される。われわれの頭の中の語彙も，冊子体のシソーラスのように，「はじめと終わり」がある，と考えねばならぬ理由はない。むしろ，語が相互に関係しあいながら空間的なネットワークを構成し，「はじめも終わりもない」ような状況の方が，想定しやすい。一方，順序がわれわれの語彙の知識を必ずしも反映したものではないとしても，シソーラスで表現されるそれぞれの意味分類枠は，われわれの頭の中の知識にあるものとそれほど違わない，とは考えられるかもしれない。

シソーラスの本家であり，語彙分類表として名高い『ロジェのシソーラス (*Roget's Thesaurus*)』は，英語の意味の分節原理とは独立に考え出された「概念枠」をあらかじめ設定し，その枠に語を配当したものである。この概念枠は，上位概念の大分類があり，それをさらに下位分類していくという，「上から」の分類である。この枠はまた，分類対象である語と語のあいだの関係性にしたがったものではないという点で，「外からの分類」だと言える。『分類語彙表』あるいは，シソーラス形式の辞書である『角川類語新辞典』などで行われる分類の基本方針も同様である。

　「語の意味」と，「語と結びつく概念」とは相互に密接な関係を持っているのだから，このような枠も，語の意味の分類と大いに関係あることはたしかである。しかし，このような「外からの」枠は，「言語に内在する論理」とは無関係である上に，枠を作成する人間の思想・趣味に影響を受けるため，恣意的になりがちである。したがって，作成者ごとに，たがいの相違点が目立つことになる（『分類語彙表』と『角川類語新辞典』はかなり異なる）。英語の意味分類辞書である，*Longman Lexicon of Contemporary English* の著者は，「それにしても言語というものは拡散と分岐が著しいから，これぞ神の真理とでもいうべき完全無欠な処理法がいつの日か見つかるとは思えない。というわけでこの作品は私マッカーサーの『レキシコン』以外の何物でもない。もし所期の目的，あるいは何か他の目的に合わないのであれば，誰でも各々自分好みのレキシコンを作ればよい。お手並み拝見，と期待したいところだ」（マッカーサー 1991: 227）とうそぶく。これは，おそらく実際にシソーラス作成に関わった人ならばだれでも抱く感想だろう。

8. 語の新しい分類方式

　語彙の内部を見る前に，あらかじめ大きな概念枠を設定してから分類する，という方式に対し，語彙の内部をできるだけ細かく見て，すなわち一つ一つの語を見て，それと他との関連性を網羅的に記述し，そこから「関連する語のまとまり」を明らかにするというやり方が考えられる。理屈の上で

は，こうした集合を1つの言語の語彙の全体について考え得るかぎり集めれば，「意味にもとづく語の分類」ができたことになる。しかし，実際の作業となると，語彙の量が大きいために，分類に先立って全体の見通しをつけることが大変に難しい。

そこで，語彙の内部事情に即した記述のためには，ある工夫が必要になる。以下に述べる「新しい分類方式」の基本構想は，柴田武博士の創案にもとづくものであり，私はこの構想の実現に際して，基礎資料を用意し，柴田博士と討議を重ねながら，記述の具体化を進めている[6]。

「新しい分類方式」では，まず，「（原則として和語で単純語の）基礎的な動詞・形容詞（3000弱）」を分類して「基本の分類枠」を作り，つぎに，その分類枠にもとづいて，その他の動詞・形容詞および，名詞その他の品詞の語を展開していくという2段構えの方式を採用することによって，大量の語の分類に対処しようとする。

例えば，「生む」という動詞からは，「出産する／作る／こしらえる／産卵する」などの動詞，「卵／子／親」「産院／産室」「臨月／予定日」などの名詞，「多産な／安産の」などの「形容詞類」が展開され，「賢い」という形容詞からは，「聡い／鋭い」「賢明な／利口な」などの形容詞類，「知恵／才気」「知恵者／賢人」などの名詞が展開される。

「基本の分類枠」を構成する基盤として，「動詞・形容詞」を選んだのは以下の理由による。

(a) 　基盤となる動詞・形容詞の数は，語彙全体から見れば少なく，それほど扱いに困る数ではない。
(b) 　動詞は，述語として文の中核を作るもので，「動作・変化」を表すのに不可欠の要素である。形容詞は「状態」を表すための基礎的な要素である。状態は名詞や形容動詞でも表せるが，これらは数が大きすぎる。

---

[6] この分類方式の詳細については，山田進（1997）を参照。現在，この構想にもとづき，柴田博士と私が編集し，50数名の執筆協力者を得て，類語辞典を2002年秋に刊行予定である。なお，本章で提示する内容についての責任はすべて私にあることをお断りしておきたい。

(c) 　特に動詞は,「外界の事態の把握の仕方」を,文法形式との相関のうちに組織的に示す語類であり(語彙的意味とアスペクト・ボイス等との関係,自他の区別および対応,など),形式的な区分と意味とのあいだに一定の規則的な関係が認められる。この形式的な区分によって,語に内在する意味特徴にもとづく意味分類ができると期待される。
(d) 　動詞には,「転成名詞」が多くあって,「動詞から名詞への展開」ができるのに対し,「名詞から動詞への展開」は規則的でない。
(e) 　動詞と名詞は,前述のように意味的に結びつくので,動詞から名詞を展開するのは自然である。

9. 語の空間的な配列は絶対に必要か

　ある特定の語に認められる他の語との関連性は,その語と他の語とのあいだの関係の集合であるから,それを配列によって表現しなくても,当該の語に他の語との関係を記すことで示すことができる。つまり,線形に配列された一般の辞書形式の表示でも,語の関連性の情報を記すことが可能だと言うことになる。実際,機械処理を前提とする「辞書」の中には,実に豊富な情報を示すものがある(例えば,IPALの辞書)[7]。

　この種の「辞書」は,冊子体辞書に比べると,関連する語をセットとして理解しにくいし,人間にとってはそのままではきわめて「引きにくい」形式になっている。しかし,これをコンピュータ上で利用するという場合は,話が違ってくる。種々の関連性について,セットとして取り出すような「インターフェイス」を用意すればいいからである。英語の「オンライン辞書」として有名なWordNetでは,「情報が一定の形式で蓄えられ,それがそのまま引き手の要求に応じてディスプレイに表示される方式の冊子体辞書のオンライン版とは違って,情報は一般読者には無意味な形式で蓄えられている」の

---

[7] 　情報処理振興事業協会による,計算機用の日本語辞書。基本的な動詞 (861 語),形容詞 (136 語),名詞 (1081 語) について,形態・意味・統語・慣用表現などに関する情報が詳細に記載されている。情報処理振興事業会編 (1987, 1990, 1996) 参照。

であり,「インターフェイスが,語彙情報を引き出してディスプレイに表示するさまざまな方法を引き手に提供する」[8]。

現在インターネット上で公開されている WordNet1.7 のインターフェイス (HTML form interface) で, parent を引く(検索用の窓に語を入力する)と,名詞と動詞が1つずつ表示される。以下に名詞についての情報だけを示す。

The noun "parent" has 1 sense in WordNet.
1. parent-(a father or mother; one who begets or one who gives birth to or nurtures and raises a child; a relative who plays the role of guardian)

この状態から,「類義語/対義語/上位語/下位語/同位語(上位語を共有する語)」などが検索でき,種々の情報が取り出せるようになっている。以下に,下位語(簡略版)を検索した結果を示す。

parent-(a father or mother;one who begets or one who gives birth to or nurtures and raises a child;a relative who plays the role of guardian)
⇒ father, male parent, begetter-(a male parent (also used as a term of address to your father) ; "his father was born in Atlanta")
⇒ mother, female parent-(a woman who has given birth to a child (also used as a term of address to your mother) ; "the mother of three children")
⇒ stepparent-(the spouse of your parent by a subsequent marriage)

このように,データ構造の如何によらず,インターフェイスを工夫すれば,「意味分類辞書」と同等の効果を得ることができる。これは直感にすぎないが,「頭の中の語彙」をわれわれが利用するときに行っていることと非常に違ったものではないという気がする。情報の引き出しやすさが改善され

---

[8] Tengi (1998: 117) による。原文は以下の通り。Unlike an on-line version of a printed dictionary, where information is stored in a fixed format and displayed on demand, WordNet's information is stored in a format that would be meaningless to an ordinary reader. The interface provides a user with a variety of ways to retrieve and display lexical information.

ていけば、オンライン辞書が辞書の標準になる日も遠くはないと思われる。

インターフェイスをどんなに工夫しても、それと結びつけられる語彙情報データが、これまで述べてきたような関連性を記述していなければ、効果は期待できない。冊子体であれ、オンライン辞書であれ、「頭の中の語彙」にできるだけ近づく方策および記述の実践が必要である[9]。

10. 残された問題点のいくつか

意味分類辞書について考えるべきことはまだある。中でも重要と思われるのは、「多義語」および「語彙の単位」に関することである。以下、問題点だけを述べる。

多義語は語彙のあらゆるところに顔を出すやっかいな存在である。「多義」についての考えはそれこそ山のようにあるが、どこまでを1つの意味とするかという、「意味の区分」の問題、および「多義のそれぞれの意味がどのように関連するか」という「意味の関連性」の問題が中心となる。一般辞書では実際の記述に際して、これらに頭を悩ますことになる。一方、意味分類辞書の記述では、ある特定の多義語の意味は、同時にあつかわれるのではなく、そのうちの1つの意味だけに焦点が当てられ、それが「類義語群」の中で他の(多義)語の特定の意味とどのように関係するのかが主たる問題となる。このため、当面の記述に際しては、「意味の関連性」の問題は生じない(例えば、動詞「とる」の〈獲得〉の意味の記述に際して、〈除去〉の意味は無関係になる)。

ただし、「最初に特定の意味をどう区分して認定するか」の問題は残る。特に、「比喩にもとづく多義」がきわめて多いわけだが、この場合はそれぞれの意味の「関連性」がどこかで記述される必要がある。それを意味分類辞書のどこでどのような形で行えばいいかは難問である。

---

[9] 現在のWordNet1.7では、動詞と名詞の関連づけは行われていない。ただし、WordNetは絶えず「進化」していて、WordNetホームページによると、WordNet2(準備中)では、これが実現するとのことである。

ここまで，語彙を「(ある言語のある共時態で認められるすべての)語を単位とする集合」として話を進めてきた。より正確には「語および語に相当するものを単位とする集合」と言うべきである。「語に相当するもの」とは，語がもつ「形態および意味の面で緊密なひとまとまりをなし，原則として言語使用に先立って記憶されている」という性質を備えたもので，「手のひら」「気にする」「手を染める／足を洗う」など，形式的には句であるものや，「猿も木から落ちる」などのことわざも含まれる。

　ただし，「ひとまとまりをなす」という性質は度合いを持つものであり，典型的に語であるものから典型的に語でないものまでが連続性をもってつながっていて，実際問題として語彙の単位を認定するのが難しいことがある。

　例えば，「弁明これ努める」という表現は「弁明／これ努める」と分けられるが，「これ努める」をさらに分析すべきかどうかが問題になる。また，「報われる」は，「報う」という現代語にはない形の「受身形」であるが，これも辞書の見出し語にはなっていない。さらに判断に迷うのが「あなどりがたい」の場合で，これも見出し語にはないのだが，この場合は「あなどる＋がたい」と分析できる「自明合成語」とも見られる。ところが，同様の形式の「忘れがたい／御しがたい」などは見出し語に取られるなど一貫していない。

　それよりもさらに問題なのは，有賀千佳子 (1994) が「表現項目」と名付ける単位の存在である。これは「形態素以上の大きさの要素であり，その形式，文中・談話中の機能，意味内容において，固有の結びつきが認められるもの」と定義される（有賀 1994: 6）。例えば，「悪いことはいわない」「大きな声じゃいえないが」「どうってことない」などで，これらは，一般辞書ではもちろん語彙研究でも単位としてまともにあつかわれてこなかった単位である。こうした単位が辞書にないのは，気がつかれていなかったこともあるだろうが，なにせうんざりするほどその数が多く，実際に記述するのは大変な労力がかかりそうだということで，記述対象としてとりあげられなかったということもあるかもしれない。しかし，こうした単位は合成原理にしたがわないので，当然ながら辞書に記述すべきものである。

11. おわりに

　国広哲弥 (1997) は「理想の国語辞典」を作るための数々の有益な提言をおこなっている。ただし，そこでの「国語辞典」は一般辞書形式が考えられている。上で述べたように，語彙の記述である辞書は，「意味分類辞書」の形式がより適当と考える。さらに言えば，将来「辞書といえばオンライン辞書」という時代が来ると予想されるが，そのときには一般辞書・シソーラス・「意味分類辞書」で得られた成果が統合されて「頭の中の語彙」により一層近づいたものができるだろうと期待される。

第20章

意味から引く辞書

　われわれの身の回りにある辞書はすべて，見出し語から意味を引くようにできている．この配列を逆にした，意味から語を引く辞書を作ることができるのかを考えてみた．

1.　一般辞書を逆に引く

　意味から語形を引く辞書を仮に「意味引き辞書」と名付けよう．意味引き辞書とはどのような姿をしているのか．容易に考えつくのは，一般辞書の記述の順序を逆にしたもの，すなわち，見出し語から語義へという記述の順序とは反対の順序にしたがうものだろう．

　まず，一般辞書での記述項目の順序の実際を見てみる．『岩波国語辞典第6版』（以下，『岩波』）では，各見出し語についての情報が次の順序で配置されている．

　　①見出し（平仮名・片仮名）：語幹・語尾
　　②歴史的仮名遣い
　　③表記形

④品詞
　　⑤説明：文法（接続関係など），語義，位相，対義語，他項目参照
　　⑥用例
　　⑦補足説明：語源，故事，類義語との区別，用法上の注意，語形のゆ
　　　れ，外来語の原つづり，など
　　⑧派生語：－さ，－げ，－み，－がる
　　⑨関連語：類義語，関連語

『新明解国語辞典第6版』（以下『新明解』）では以下のようになっている。各項目が，上記と同種の場合は，同じ番号を付し，上記以外の項目がある場合，A・Bとした。

　　①見出し（平仮名・片仮名）：語幹・語尾，表音式表記，形態上の切れ目
　Aアクセント
　　②歴史的仮名遣い
　　③表記形【正書法】
　　④品詞
　B動詞を述語とする文の基本構文の型
　　⑦補足説明：語原・位相など
　　⑤説明：語義，位相，対義語，他項目参照
　　⑦補足説明：広義，狭義，転義など
　　⑥用例
　　⑦補足説明：語の運用に関する情報，表記，かぞえ方，など
　　⑧派生語：－さ，－げ，－がる
　C表記：古来の慣用，代用字など

上記2つの辞書の記述項目のうちの主要項目は①④⑤⑥である。これらはどの（言語）辞書にあっても記述されるべき項目である。『岩波』『新明解』ともに，これら基本項目の提出順序は同じで，「見出し→品詞→説明→用例」となっている。

この順序を単純に逆にすると，次のようになる。

(1) 　用例→説明→品詞→見出し

　用例は無数にあり，用例から引く辞書は事実上不可能であるから，この部分は無視できる。すると，次のようになる。

(2) 　説明→品詞→見出し

　一般辞書の「説明」（⑤）には，文法（接続関係など），語義，位相，対義語，などさまざまなものが含まれる。その中の「語義」が，当然ながら意味引き辞書において引くべき「意味」と考えられる。一方，一般辞書の「見出し」は「語形」である。これが，意味引き辞書では「引き当てられる」位置に移動するのだから，意味引き辞書においては，一般辞書のときに持っていた「見出し」の機能を失う。意味引き辞書の記述順序は (2) の書き方だと紛らわしいので，(3) のように表す。

(3) 　語義説明→品詞→語形

　一般辞書の記述順序を反転させて作る意味引き辞書の見出しは，語義説明の部分である（以下，それを「語義説明句」と呼ぶことにする）。
　語義説明句が見出しとして妥当かどうかを考えるためには，あらかじめ「語の意味」および「語義説明句」とはそもそも何なのかを明らかにしておく必要がある。まず，「語の意味」について確認しておこう。

2. 語の意味と外界の事物

　改めていうまでもなく，実際の言語表現およびそこに含まれる語の多くは，何らかの外界の事態あるいは事態に関わる対象を指し示す。例えば，「バスが来た。」という文が発話された場合，この発話によって発話時以前に生じたある事態が指し示される。また，「バス」はある特定の対象を指し示

し,「来た」は特定の事態を指し示す[1]。

　発話「バスが来た。」は,特定の場面・状況で,ある特定の「意味」を伝える。さらに,この発話の中の「バス」および「来た」もある特定の「意味」を伝える。一方,この発話は,外界の特定の事態を伝え,その中の「バス」は特定の対象を,「来た」は特定の事態を伝える。そうすると,「意味」と「事態・対象」が同時に伝えられていることになるが,これは「意味」と「事態・対象」とを同じだと考えれば不思議なことではない。確かに,日々のできごとを伝えるニュースにおいて,文およびその中の語は,事態やその事態に関与する対象を伝えているように見える。

　このように,「意味(する)」という語には,「事態・対象(を指し示す)」という意がある。以下,「事態・対象」をまとめて,「事物」と言うことにする。そうすると,(外界の)事物を,語の意味と同一視する立場があるのは奇異なことではなく,「語を通常の仕方で用いるとき,人々が語ろうと思っているのは,その語の意味についてである」(フレーゲ 1988: 36)という発言にもうなずけるものがある。

　しかし同時に,このような「意味」は,われわれが普通に考えている意味とは違う。「辞書で語の意味を調べる」というときの「意味」は,「語が表す外界の事物」とは考えにくい。辞書には時折,図解・図示が見られる。そこにある挿し絵・写真などは,確かに外界の事物を表す。しかし,「(語が表す事物の)挿し絵・写真」を「語の意味」ということはためらわれる。仮に,言葉による説明抜きに,一切を図解・図示で一貫した辞書があるとした場合,その辞書に,普通の感覚での意味が記されているとは言えない。

　さて,語が表す外界の事物を,それらの意味だとみなす立場の者も,語には「意味=事物」以外の何かがあると考える。それは例えば「意義」という言葉で呼ばれる。このような背景においての意味と意義の違いは,例えば,

---

[1] 「来た」は厳密に言うと,「(〜が)(〜に)来た」の「(〜が)(〜に)」の部分を前提とするものである。すなわち,「(〜が)(〜に)来た」が事態であることになる。また,この発話が特定の事態を指し示すと言えるのは,外界に「対応する事態」が存在する場合に限られることは言うまでもない。

次のように説明される。

> a, b, c を，三角形の頂点と向かい合う辺の中点を結ぶ直線とする。このとき，a と b の交点は，b と c の交点と同じである。かくしてわれわれは同じ点に対し相異なる表示をもつ。そしてこれらの名前（「a と b の交点」と「b と c の交点」）は同時にものの与えられ方をも示しており，したがってその命題には本物の認識が含まれているのである。
> （略）記号（名前・語結合・文字）には，記号によって指示されるもの——これは記号の意味と呼ぶことができる——のほかに，なお私が記号の意義と名付けようと思っているもの——ここにはものの与えられ方が含まれている——が結びついていると考えられる。これによると，われわれの例においては，確かに，「a と b の交点」という表現の意味と「b と c の交点」という表現の意味は同じであるが，しかしそれらの意義は同じではないであろう。「宵の明星」と「明けの明星」の意味は同じであるが，意義は同じではないであろう。　　　　（フレーゲ 1988: 34）[2]

　意味と意義の区別は重要であるが，日常言語において両語は類義語であり，きわめて紛らわしい。一般に，ここでの「意味（＝事物）」には「指示物」「指示対象」「外延」などの用語があてられ，「意義（＝ものの与えられ方）」には「意味」があてられる。とは言え，「意味」には確かに「事物」を指す用法があるので，本章では，「意義」と「事物」という用語を用い，「意義」を「ものの与えられ方」の意で用いることにする（ただし，次節で本章の立場からの修正を加える）。要するに，「語の意味」には事物と意義の 2 種の要素が関わるということである。

　そうすると，上で，意味引き辞書の「見出し」である語義説明句が「意味」を表すと想定したのであるが，「意味」に二面性がある以上，語義説明句が表す「意味」と事物および意義との関係について考える必要が生じる。すなわち，意味引き辞書の見出しにふさわしいのが，「意義」なのかそれと

---

[2]　「ものの与えられ方」は別訳（フレーゲ 1999）では「表示されるものの与えられる様態」となっている。

も「事物」なのか，あるいはそれ以外の何かなのかという問題である。それに答えるために，まず，語義説明句を意義であると仮定した場合と，事物であると仮定した場合のそれぞれについて検討する。

3. 語義説明句と語の意義，あるいは事物との関係

まず，「見出し」を意義であると仮定した場合について考える。（フレーゲによる）語の意義とは，「ものの与えられ方」であった。この言い回しは，「だれが与えるのか」を明示しない。むしろ，「自然にそうなった」ないし「あらかじめそのように決まっている」という含みをもつ表現である。「ものの与えられ方」という見方を取る立場では，「記号の意義は多くの人々の共有財産となり得るものであり，したがって個々の人間の心の部分でもなければ様態でもない」（フレーゲ 1988: 37）ものとされる。意義を公共的な存在と考えるのは，言語が公共的である以上，当然である。だからといって，意義を客観的あるいは人間を超越した存在であるとみなさなければならない，ということはない。実際，意義は時代と共に変化する。その変化の出発点は個々の人間である。

ここでは，語の意義を「（人間が）事物を認識するときの，認識の仕方，つまり事物のとらえ方のうち，公共的な部分」と考えることにする[3]。

---

[3] フレーゲの意義は「ものの与えられ方」であり，意義が分かればものが与えられる。つまり，意義は語からへのもの，フレーゲの言葉で言えば記号から「意味」への「関数」と考えられている。本章で考える意義は，関数というよりも，「もののとらえ方の様式」そのものに注意する。したがって，言語表現の意義を知っているからと言って，その言語表現に該当する事物を取り出せるとはかぎらないことが生じる。例えば，「日本語で最も長い語」という表現の意義が分からない人はまずいないと思われるが，この表現に該当する実際の存在を指摘できる人もまずいないと思われる。これは，語の組み合わせによる句であるが，句の場合にはこうした事態が頻繁に生じる。

一方，個々の語についての意義と事物の関係については，事情は簡単ではない。私もその口だが，植物名・動物名と実物を一致させられない人は多い。例えば，「くぬぎ」あるいは「むささび」を植物園や動物園で同定できない人が，「くぬぎ」「むささび」の意義を知らないと言えるかという問題である。実物と一致させられない人でも，「くぬぎ」が〈樹木の一種〉であり，「むささび」が〈けものの一種〉であることを知っている可能性は高い。つまり，これらの語が表す事物について，ある程度のことを知っているわけである。フレー

具体的な語義説明句について見ることにしよう。

(4) a （花もはじらうほど）ういういしく美しい。
　　b 花もはじらうほど美しい。
(5) a なんとなく汚らしく，うとましい。
　　b ひどく汚ないところも無いが，全体にわたって何となく汚ないという印象を受ける様子だ。
(6) a おとなしく従順で，かわいい。いじらしい。
　　b 上品・優美という印象を与えながら，控え目な存在としてそこに居る様子だ。

　これらは，いずれも形容詞についての語義説明句で，a が『岩波』，b が『新明解』のものである。一見して分かるのは (4) のように両者がよく似ていることもあれば，(6) のようにまったく異なることもあるということである。(5) はその中間で，語義説明句の一部が共通する[4]。

　語の意義が公共的であるとしたら，こうした違いは次のいずれかの事態によって生じていることになる。

(7)　語義説明句は語の意義を表さない。
(8)　語義説明句は語の意義を表すが，それが十分でないことがある。

　ある特定の事物を，まったく恣意的な 1 つの記号で表すのでない限り，そして単なる他の 1 語による言い換えでないかぎり，語義説明句は特定の統語構造にしたがって語を組み合わせた句を用いざるを得ない。また，そのような句は 1 つとは限らない。同じ語に対して，さまざまな語義説明句が

ゲであれば，〈樹木の一種〉〈けものの一種〉という「規定」は「意義」に含まれるであろう。しかし，「くぬぎ」や「むささび」は，特定の種類の樹木ないし動物についての特定の観点からのとらえ方を含む語だとは考えにくい。これらは，人名・地名などの固有名に似た性質を持つ。つまり，分類項目に与えられた「名前」である。固有名と同じく，そうした名前において「意義」は希薄である。

4　これらの語義説明句は，(4) が「はなはずかしい」，(5) が「こぎたない」，(6) が「しおらしい」という見出し語についてのものである。

あることは，辞書ごとの違いを見れば明らかである。ある特定の語義説明句を採用するということは，他の語義説明句を排除するということであり，これは，ある特定の「事物のとらえ方」を採用するということである。すなわち，これは意義（の少なくとも一部）を表している。したがって，(7)の考えは妥当でない。

本章の立場では意義を公共的なものと考えるので，辞書によって語義説明句がはなはだしく異なる場合，そのうちのあるものは意義を十分に記述していないと考えざるをえない。つまり，(8)の考えは受け入れられる。

次に，意味引き辞書の「見出し」である語義説明句が表すのが事物だと仮定した場合を考える。

視覚によって知覚可能な事物については，図解・図示を用いれば一目瞭然で語義説明句よりも有効に働くことは否定できない。ただ，そのような目に見える事物の場合にも，言語表現を図解・図示の代用に用いることが可能である。例えば，(9)の後半部は，ある形状を言葉で描写したものである。

(9) 　目的物に取り付けてある金具の穴や，目的物を結び付けた鎖の輪などに差し込んで使う小形の錠。金属製で，開閉装置を内蔵する本体と，そこから出ている馬蹄（バテイ）形の棒とから成る。

一方，(10)のように目に見えない事物の場合，それを表すには言語表現を用いるほかない[5]。

---

[5] (9)は『新明解』の「南京錠」の説明で，(10)は『岩波』の「酵素」の説明。なお，「酵素」という語はもともと専門語であるが，酵素を含むと称するさまざまな商品の宣伝に頻繁に使われる（「酵素パワー」など）。しかし，その「酵素」なるものが，何であり，どのようなものであるのかを知る人は多くない。この場合，「酵素」を見聞きするわれわれは，その事物そのものについて正確には知らない。その「意義」については，せいぜいは「何らかの役に立つ物質」というくらいの認識であろう。「酵素」は，注3で触れた，「固有名に似た性質を持つ語」である。こうした語は，その語の事物についての正確な知識よりも，分類体系内での位置の知識が大切である。われわれは，「酵素」が具体的に何かを知らなくても，「語彙体系の中でどのような位置を占めるか」，つまり，それが「何かの働きをする物質」の類に属する語であり，「動物」やら「植物」やら，あるいは「金属」やらではないことを知っている。

(10) 生物の細胞の中で作られる，触媒作用のある蛋白(たんぱく)質性の物質。例，アミラーゼ，ペプシン。

(9)，(10)の語義説明句は，ともに事物を表している。これらはいかにも事物の客観的描写のように見える。しかし，それは事物のある面を選び取って表すものであるから，そこにはやはり意義の要素が含まれざるを得ない。すなわち，次のことが言える。

(11) 語義説明句は事物を描写できるが，そこに意義の要素が必ず含まれる。

以上から，語義説明句は，つねに「意義」を表し，ときに事物を描写するものだということが分かる。また，語義説明句において，意義と事物を切り離すことは困難であることが分かる。したがって，見出しを語義説明句とみなす場合，その見出しは意義・事物の両面を備えることになる。

4. 事物から言語表現へ

日常の言語活動での発話の際には，対象ないし事態や状況，すなわち事物を把握して，思考・推論を行い，それを言語を用いて表現する。そこでは，事物から言語形式へという方向が認められる。言語表現解読の際に形式から意味への辞書が必要となるように，事物を言語で表現する際にもある種の辞書が必要なのではないか。「意味引き辞書」はそうした必要に応じるはずの辞書である。先に見たように，人は言語表現によって，（フレーゲの言う）「意味」について語る[6]。

---

[6] 「現実世界」とは対応しない，「言語によって構成された世界」について言語で表現することももちろんある。そのような言語表現が指し示す「事物」が現実世界に対応する存在をもたない場合がある。しかし，「現実世界の事物」と「非現実世界の事物」との区別が，言語表現の形式的特徴において区別されることはないように思える。例えば，「非現実世界の事物」を表す言語表現が，「現実世界の事物」の言語表現には見られない統語的・音韻的その他の形式的特徴を体系的にもつということは観察されない。

そこでの「意味」は「事物」であり,「意味引き辞書」の「意味」は実は事物なのだと考えたくなる。この場合には,事物が「見出し」になり,事物から語を引くことになる。このような辞書に記述される事物は言うまでもなく,発話の状況と結びついた個別的・特定的なものではない。この場合の事物はタイプと考えるべきである（これは,「事物の概念」と言い換えてもよい）。その事物が視覚的に識別される形状をもつならば,図示・図解によって,タイプとしての事物,あるいは事物の概念を示すことは不可能ではない。実際,図解辞典として知られるドゥーデン（Duden）のシリーズ中の一書はまさにそうした辞書である。

しかしこの種の辞書は,先にも記したように,「通常の感覚での意味」を表しているとは言えない。この種の辞書には,意義が欠落している。図示・図解によって事物（正確には,「事物のタイプ,ないし概念」）を表せても意義までは示せないからである。事物と語を直結するタイプの辞書は,物品を表す語については機能を果たすが,語彙全体を視野に入れた意味引き辞書としては不十分である。

では,意義を見出しとして,意義から語を引くことを考えたらどうか。意義は語義説明句に示されるから,語義説明句を見出しにすればよいように見える。(11)で見たように,語義説明句は事物を描写できるが,そこに意義の要素が必ず含まれる。事物と意義とが同時に語義説明句によって示される。

以上をまとめるならば,事物の図示・図解を見出しにした場合は意義が欠けるため不十分であり,一方,事物＋意義を見出しとすることは可能であり,それは語義説明句を見出しにすることで達成できる,ということが分かる。

5. 語義説明句から語を引けるか

語義説明句を見出しにする場合,見出しの配列方式をどうするかが問題になる。一般辞書では,見出しが語形であり,その語形は文字列で示される。文字列そのものは,「意味」とは無関係であり,それぞれの文字列は,文字表という独立の配列体系を利用して配列される。したがって,どの文字表を

採用するかだけが問題である(「逆引き配列」は文字表をどのように利用するかにかかわるが、これは二次的なことである)。

それに対して、語義説明句は語の組み合わさった句である。これらの句を互いに区別するのは「意味」である。文字に文字表があるのとは異なり、「意味」にあらかじめ決まった配列体系はない。つまり、どこからはじまり、どのような原理で順序づけられ、どこで終わるのかという点が決まっていない。この場合の「意味」を、事物のタイプあるいは概念を重視してとらえたときには、「概念分類」が考えられなくはないが、それは分類当事者に依存するもので、千差万別であり得る。

語義説明句の「意味」を、意義に重きをおいてその配列を行うことも考えられる。しかし、それはさらに困難な作業である。そもそも、意義を表示する方法からして問題である。一般辞書の語義説明句は、普通の言語をメタ言語として用いていて、一定範囲の辞書特有の「言い回し」にしたがう。そうした「言い回し」には何らかの類型があって、それを分類することは絶対に不可能とまでは言えないだろうが、具体的に分類しようとしても、かなりの困難が予想される。

前節で、語義説明句が見出しになりうると述べた。つまり、任意の語義説明句が与えられれば、それに対応する語形が定まる。しかし、語義説明句は配列が困難で、実際に「引く」ことがむずかしい。これは、語義説明句を配列しようとしたことから生じている。配列が必要なのは、実は、意味引き辞書は紙の上に実現しなければならないものだという暗黙の了解があるからである。

紙の上に実現するという前提を離れれば、語義説明句の配列を気にかけなくてすむ方法がある。それはディスプレイおよび電子媒体を用いることである。ディスプレイの見出し入力欄に任意の語義説明句を入れれば、対応する語形がしかるべき場所に現れるというしくみを作ればよい。

この方式では配列はいいとして、見出しの入力が問題になる。まず、上述のように、ある語形に対する語義説明句は一定しない。また、仮に一定していたとしても、(9)、(10)のように長かったり、複雑だったりして記憶してお

けないものが少なくない。このようなわけで，やはり，引けないことになる。

　次に，語義説明句そのものを見出しにできなくても，語義説明句を構成する意味の要素を取り出して利用することは，一つの可能性としてありうる。そうした要素を必要なだけ同時に入力すると，求める語形が現れるというものである。例えば，(9) の場合なら，〈小形〉〈錠〉〈馬蹄形〉などの要素を同時に入力することになる。ただ，この場合も，入力すべき意味要素をどのように設定するかという問題が残る。例えば，〈目的物を結び付けた鎖の輪〉〈差し込んで使う〉などを意味の要素としていいのか，それともそれらをさらに分析すべきなのか，などについてである。

　ここで言う意味要素は，意味の分析・記述で問題になる「意味特徴」に相当するものとみなせる。語の意味について，特にその意味の表示についてさまざまに異なる考えがあるが，語の意味を表示する際に，分析的な意味特徴を用いない立場というのは考えにくい。メタ言語としての意味特徴については，きわめて少数の閉じた体系を設定するものから，日常普通の言語表現を自由に用いるものまでさまざまであり，またそれぞれに一長一短がある（このことに関しての詳細は，本書第 18 章参照）。すべての語義説明句を十分に記述できるだけの質をもち，実際に使いやすい意味特徴を，十分にしかし多すぎずにそろえることができるならば，この方法は有望である。

6. 近似的な意味引き辞書

　言語で表現すべきものごとが分かっていて，それに適した語が分からないときが，意味引き辞書の出番である。例えば，(9) のように記述されるもので，その形状も機能もありありと分かる，つまり〈錠〉の一種であることは分かるのに，それが具体的に何というものなのか分からない，という場合である。あるいは，(5) のように，「なんとなく汚らしい」という感じがするが，それをずばり表す一語が出てこない，といった場合である。

　このように，「意味」すなわち，事物あるいは意義から語を引くというとき，われわれは，その「意味」についての大まかなことを知っている。つま

り，その「意味」がどのようなカテゴリーに属するかを心得ている。例えば，(9)ならば，おおまかにはまずそれが〈もの〉であること，さらに〈道具〉であり，細かくは〈錠〉であることを知っている。また，(5)ならば，〈さま〉であり〈評価〉であり，〈汚い〉というそれぞれの類に属することを分かっている。分からないのは，そうしたカテゴリーに属する，適当な語形である。

このような場合に，適当な語形を知るための手段が実はすでに存在する。いわゆるシソーラスである。本来のシソーラスには「意味」が記されていないから，それは意味引き辞書ではない。しかし，シソーラスの形式を利用して，意義を記す方式の辞書は，意味引き辞書に近い機能を持ちうる。「意味」が分かっていて語形が分からない場合，その「意味」のカテゴリーが分かり，そのカテゴリーを表す語が分かれば，その語を手がかりにして，シソーラスで，求める語を探すことができる。

シソーラス形式の意義記述辞書において，索引の一つ一つの語は，いわば，意味引き辞書の見出しが持つ役割を，間接的な形で実現するものだと言える。それは，事物概念あるいは意義そのものではないことから，意味引き辞書の本来の見出しではないが，事物概念・意義から語形に到達するための手がかりになるからである。例えば，(9)のように記述される事物概念から出発したとして，「錠」あるいは「かぎ」という語をキーにしてそうした辞書を引けば，一連の類語・関連語が見いだされ，そこに記述された意義を参照して，求める語形を探し出すことができる[7]。

ところで，最初に想定した意味引き辞書の構成(3)は「語義説明→品詞→語形」というものであった。この中の品詞の役割について簡単に述べる。

「品詞」は語の統語的なカテゴリーであるが，それは意味のカテゴリーと無縁ではない。語の品詞分類は，語のおおまかな意味分類であるという一面も持つ。そのことは，品詞の違いと，語義説明句のタイプとが一定の対応関係をもつことにも表れている[8]。上に述べたように，「意味」から語を引こう

---

[7] この種の辞書の詳細については，本書第19章参照。その具体例については，『類語大辞典』参照。

[8] 名詞と動詞については，語義説明句末尾の語の品詞が，見出し語の品詞と同じになる傾

とするとき，われわれは，その「意味」がどのようなカテゴリーに属するかを心得ている。そうしたカテゴリーの一つが品詞というカテゴリーである。およそ，「何という語か」を問うとき，その語の品詞の見当がつかないということは考えにくい。品詞もカテゴリーを絞り込む手がかりの一つになっている。意味引き辞書にも品詞情報が必要なわけである[9]。

以上の考察から，既存の辞書の記述を単純に逆転した辞書は，少なくとも紙の上に実現しようとするかぎり，ほとんど不可能であり，電子媒体を用いたものになら可能性があること，シソーラスの形を取る辞書が意味引き辞書に近い機能を持ちうるという見通しが得られた。

向が顕著に見られる。形容詞に関しては，語義説明句末尾が形容詞になる場合もあれば，辞書特有の形式（「…様子（だ）」）が用いられることもある。その他の品詞については，一般的に言って，語義説明句末尾の語の品詞が，見出し語の品詞と別であるか，多くは辞書特有の形式である傾向が見られる。

[9] 『ロジェのシソーラス（*Roget's Thesaurus*）』など，本来のシソーラスも品詞分類を利用している。

第21章

「いい」の意味論
―意味と文脈―

1. はじめに

　本章では形容詞「いい」の意味の特性を探り，具体的な意味解釈および意味記述に関するいくつかの問題を論じる[1]。

　「いい」は，「良い／好い／善い」などと表記され，「よい」という交替形を持つ。「いい」と「よい」の違いは，「いい」がほぼすべての位相で使われる一般的な形であるのに対し，「よい」は相当に改まった場面，改まった態度で使われる。この2つの形に実質的な「意味」の違いは認められない。本章では「いい／よい」を代表する形としてイイを用いる。

(1)　　イイは，「成績／品質」などの「客観的な対象」についても，「味／におい」「気持ち／気分」などの「主観的な対象」についても使われる。

---

[1] Vendler (1967) は，英語の good の用法を，結びつく名詞のタイプおよび統合型の観点から分析している。この論文に接したのはずいぶん前のことであったが，そのときから漠然と日本語の「いい」はどうなのだろうと気になっていた。今回，改めて読み返してみると，その分析に学ぶ点が多く，それがいつのまにか「刷り込まれて」いたのかと感じることがあった。ただ，Vendler (1967) は，題名に示されるように「文法」の話であり，good の「意味分析」ではない。本章になにほどかの「よさ」があるとしたら，good とタイプを同じくする「いい」の「意味」を分析した点にあるかと思う。

また，ある話し手にとってイイと言えるものが，他の話し手にはイイとは言えないことが珍しくない。イイの「意味」はどのように考えられるか。
(2) イイは，文脈に応じてさまざまな言い換えができる多くの用法をもつ。こうした「多義」のあいだにどのような関連があるのか。
(3) イイの意味を記述する「メタ表現」はどのようなものであるべきなのか。

2.「イイ＋名詞」の意味解釈の多様性

　「形容詞＋名詞」という語結合の意味関係は「修飾－被修飾」の関係としてとらえられる。一般に，「修飾語」はそれと結合する「被修飾語」を「限定する」。たとえば，「ナガイ棒」というと「棒の中のナガイもの」であり，「ナガイ話」は「話の中でナガイもの」であって，被修飾語の指し示す対象の範囲が修飾語によって狭められている。一方，修飾語の意味解釈が被修飾語によって影響されることがある。たとえば，「ナガイ棒」のナガイは「空間的延長」を表し，「ナガイ話」のナガイは「時間的延長」を表す。この「解釈の違い」は，ナガイと結合する「棒」「話」によってもたらされていて，修飾語の意味解釈が被修飾語によってコントロールされている。
　「ナガイN」のナガイの意味解釈が少なくとも2通りであることを記述する方法の1つとして考えられるのは，ナガイに2つの変種を認めるやり方である。たとえば，ナガイ$_1$が〈空間的延長〉の意味特徴を持ち，ナガイ$_2$が〈時間的延長〉の意味特徴を持つといった具合である。そして，結合する名詞Nに含まれる意味特徴が〈空間的〉であるか〈時間的〉であるかに応じて，呼応する変種が選ばれるとする。このやり方がうまくいくためには，結合しうる語に含まれるそれぞれの意味特徴を指定する必要がある。ナガイの場合，そうした特徴は比較的容易に取り出せる。しかし，そうした特徴が取り出しにくい性質を持つ語もある。
　たとえば，形容詞のイイがそうである。

(4) a イイ人　　b イイ男　　c イイ女　　d イイ子

　上にあげたそれぞれの「イイ＋名詞（以下，Nで示す）」の意味解釈はどのようなものだろうか。これらはすべて「人間」について用いられるが，その解釈として一応，aは「善良な人」，bは「顔立ちがきれいな男」，cは「容姿が魅力的な女」，dは「従順な子」などが考えられる。上述のナガイと同じに考えれば，イイに4通りの変種を認め，それぞれ〈善良な〉と〈人〉，〈顔立ちがきれいな〉と〈男〉，などの呼応があると記述することになる。

　「イイN」のNの位置には，ほとんどすべての名詞が立ちうる。思いつくままにあげれば(5)のようなものである。

(5) a イイ成績　　b イイ医者　　c イイ暮らし　　d イイ大学

　これらの語結合の意味解釈を試みれば，aは「上位の成績」，bは「すぐれた医療技術・知識を持った医者」，cは「金銭的に余裕のある暮らし」，dは「世評の高い大学」などとなろう。

　これに対し，文脈なしにいきなり「イイ立看板」というのを与えられたらどうだろうか。試しに何人かに訊ねてみたが，みな最初はなんのことか分からないと言うような顔をする。つまり，ピンと来ないのである。しかし，この表現も次のように文脈を与えられれば違和感を感じない[2]。

(6)　　路上観察というのは基本的には目の前勝負なので，どこを歩いても同じようなものだが，でもその袋井で，<u>いい立看板</u>があった。
　　　「老人は家の守り神」
　　　ペンキで堂々と大書されている。いいなあ，この言葉。小さな町内会の集会所みたいな小屋の前にあったんだけど，何だかちょっと感動してしまった。
　　　　　　　　　　　　　　　　　　　　　　　　　　　　（赤瀬川）

　この文脈の中での「イイ立看板」は，「感動的な言葉の書いてある立看板」

---

[2] 引用例の問題とする箇所に下線を引いて示した。用例末尾の括弧の中は，本章末尾に記した「引用例文出典」の略記である。

という解釈ができる。

　次の(7)の「イイ暮らし」は，(5)cの固定表現的な語結合での解釈とは異なって，「裕福」というニュアンスを含まない。

(7)　「来るとお思いだったでしょう，そうなんだ，昨日の出会いも，因縁です，共通の知人の席でね，不思議です，いや会うときまった因縁があるんです，」
　　　「因縁なんて仰言ると，なにか，前世のことにつながりそうな，」
　　　「皆目，御様子はわからない，それでも来ましたから，やっぱり前世の……」
　　　「ほそぼそと，じっとしております，古い着物など繕ったり，」
　　　「いいなあ，いい暮しだなあ，」
　　　　わたしは，いつの間にか，堀川多江がひとり暮しであることを諒解した。　　　　　　　　　　　　　　　　　　　　　　　（中里）

　イイは，(4)(5)のように，特定の名詞と結合して特定の解釈を，結合する名詞以外のより広い文脈とは独立に持つこともあれば，(6)のように，名詞と結合しただけでは解釈できず，より広い文脈の中での解釈を要求することもある。また，(7)のように，名詞と結合しただけで文脈と切り離して意味解釈ができる語結合が，ある文脈では別の解釈を受けるということもある。イイのこのふるまいはどのように考えたらいいのだろうか。
　(4)(5)の場合は，「イイ＋名詞」という語結合自体があらかじめ記憶されていて，個々の「解釈」が，言語外の知識にもとづく「慣習化された解釈」になっていると想定できる。あらかじめ記憶されているということからすれば，この種の個々の解釈がそれぞれのイイの「意味」であると言えなくはない[3]。ただし，すでに述べたように，これらをイイの「個別的な意味」である

---

[3] 池原悟他編(1997: 369-372)は「良い」が生じる構文のタイプを120種に分けて記述する。そこでは，もっとも一般的なタイプとして以下があげられる。
(2)　　5属性11感情状態（状態　受身不可）
　　　　N1がN2に良い　　N1 be good for N2
　　　　[N1（*）N2（*）]

とするとその数がきわめて多くなり，「そんなに多義なのか」という疑問が生じる。ここには「意味」をどのようなレベルで考えるかの問題がある。

　一方，名詞と結合しただけでは十分な解釈ができない (6) (7) のような語結合の場合は，イイに固有のある意味要素があり，それが，結合する名詞との関係だけでなく，より広い文脈に応じて解釈されるのだと考えることができる。この場合，文脈との関連でイイに具体的な個々の解釈を与えられるだけの「一般的な規定」としてどのようなものを考えるかが問題になる。仮にこのような規定が得られたとすると，それはイイの多くの用法に共通するものであることが期待される[4]。

　本章では，「慣習化された解釈」が存在する一方で，その背後にあって文脈と結びついて臨時的に個々の解釈をもたらす「一定の意味」があると考える[5]。さらに，イイの「一定の意味」を構成する中心的な要素に「受け入れ

　ここで，1行目の「(2)」は「語義番号」，「5, 11」は「意味属性番号」。2行目は「文型パターン」であり，3行目の＊印はN1・N2が任意の意味属性をとりうることを示す。その他のタイプは，Nに特定の意味属性が指定されるか（例えば，「(1) 15 自然現象［略］／N1 が良い N1 be fine／[N1 (2360 天気)]」）または，文型パターンのNに特定の具体的な名詞が指定されたタイプ（例えば，「(120) 5 属性［略］／N1 は割が良い N1 pay well／[N1 (1000 抽象)]」）である。「良い」そのものの「意味」についてはそれぞれのタイプに「意味属性」が与えられるが，この意味属性は個々の語の意味を詳細に規定するものではなく，語の意味を大まかにタイプ分けする特徴として設定されている。これによると，「良い」は，「15 自然現象／5 属性／11 感情状態／31 感情動作／14 身体状態／7 相対関係／20 属性変化／10 知覚状態」という，8つの「意味タイプ」に分けられることになる。

[4]　Katz (1966) には，good の「意味分析」がある。それによると，「good の意味は，他の語・表現の概念内容と結びつくことなしには，意味をなさない」(p. 312) もので，good の意味は共起する名詞の「評価意味標識 (evaluation semantic marker)」に作用して決まり，good はその評価意味標識に「プラス」の値を付与するのだとしている (p. 296)。この意味標識は use, function, duty, purpose などのタイプに下位分類されるが，そうした「適当な発話によって人やものごとを評価しうる観点は，いうまでもなく多数ある」(p. 295)。Katzの分析では，good の意味が「プラスの評価」であり，それが，結合する名詞の評価基準に応じて選択的に与えられるのだ，ということになる。「プラスの評価」というだけでは good そのものの意味分析としては不十分だろう。

[5]　文脈に応じた臨時的な解釈をもたらす「一定の意味」は「ラング」のレベルにある。一方，高度に慣習化された解釈は，一定の形式に常に結びつくわけだから，それもラングのレベルにある。「一定の意味にもとづく臨時的解釈」と「慣習化された解釈」との関係は，「一般の句の解釈」と「慣用句の解釈」との違いに平行する。

る」という言い方で表せる概念を考え，この概念が人間の認識にかかわるきわめて基本的な概念の1つであると想定する。

3. イイの基本的な意味特徴

イイは(4)～(7)のような名詞修飾の他に，述語としてもはたらく。こうした述語用法のうちで，イイが比較的一定した解釈を持つのが，「NがCにイイ」という形をとる場合である。

(8) 「いいね，こうしていられるなんて生涯の夢が叶った，しかし暮すには日本がいい，気候が激変するのは，体によくないようだ，」（中里）
(9) 自意識っていうのは，ないと困るものではあるけれど，自意識過剰の空回りは健康によくないですね。なにごとも過剰はからだに悪い。
（赤瀬川）
(10) 何しろ日本で作付面積の最も広い野菜である。食べ方もいろいろだ。煮物，漬物，なます，おろし……。ひりひりする辛さのおろしで食うそばのうまさは，だれの発明か。葉も漬物，ひたし物，汁の実などにいい。 （朝日）

これが名詞修飾となると「CにイイN」という形をとるが，このイイの解釈は「NがCにイイ」と対応する。

(11) わが国としても，国際的な慣行を参考にし，伝統的なやり方の改善を検討するのによい機会である。 （朝日）

これら「NがCにイイ／CにイイN」の意味解釈に共通するのは，〈Nが，Cに関して求められる条件をもつ〉という特徴である。(8)の「暮らすには日本がイイ」は「暮らすことに関しては，日本が，求められる条件をもつ」ということである。(8)の「体」および(9)の「健康」について「求められる条件」とはたとえば，「病気をしたり疲れたりしないで元気である」ことで，その条件を「自意識過剰の空回り／気候の激変」は「もたない」と

いうことだと解釈される。(10)は「大根」を話題にする文であり，大根の葉が，各種の料理に関して求められる条件，たとえば「調理のしやすさ，おいしさ」をもつから，それをイイと言っている。(11)では，「機会」が「改善を検討する」ことに関して，求められる条件をもつのである。

「求められる条件」は，Ｃの内容に応じて変わる。「暮らすのにイイ」の場合でいえば，「暮らすことに関して求められる条件」として「便利・快適であること」などが予想される。「健康にイイ」というときは，「病気をしたり疲れたりしない，元気な状態を保てること」が条件として求められる。これに対して，たとえば，「この運動は肩こりにイイ」というとき，常識的には，「肩こり」を「解消すること」が求められる。ところが，あえて肩こりをしようという状況があったとしたら，今度は「肩こりの成立」が求められる。その場合は，ある種の運動をして肩がこるとしたら，その運動は「肩こりにイイ」ということになる。

「Ｃに関して」という部分は，Ｃが「行為」を明示する場合には，「Ｃを実現するときに求められることについて」という解釈になる（上記(8)の「暮らす」，(11)の「検討する」など）。Ｃが行為でなく，「もの」であるときには，そのものに関してどういう行為が求められるかにもとづいて解釈される[6]。

イイには「Ｃに」と共起しにくい用法がある。

---

[6] Vendler (1967)によると，goodの統合型の基本的なタイプは，それぞれa good dancer および a good meal で例示される2つのタイプである。前者は a dancer who dances well, 後者は a meal which is good to eat から派生されたものであるという違いがある。このように，good と名詞は，heavy, red など他の形容詞が名詞と直接的な関係を持つのに対し，「名詞によって決まる適当な動詞類を介して」名詞と結びつくのだという。本章で言うＣの「行為」は，「a good meal タイプ」の「適当な動詞類」で示されるものに相当する（「イイ肉＝食べるのにイイ肉」）。一方，a good dancer に相当する日本語は，「イイ踊り手」で，これはa dancer who dances well に対応させれば「ヨク踊る踊り手」となるが，これは「踊る」が重複するため日本語としてはやや不自然である。同じことを表すのに「踊りのイイ踊り手」という表現もできる。これも重複のため不自然であり，そのため「踊りの」を省いた形が使われる。重複がなければ，このタイプは「育ちのイイ人／聞き分けのイイ人」のように不自然ではなくなる。これらの「名詞＋の＋イイ」というタイプの「名詞」に相当する要素は後述するＰに相当する。

(12) ボケ老人というとなんだかだめなだけの人間みたいだけど，ボケも一つの新しい力なんだから，もっと積極的に，老人力なんてどうだろう。いいねえ，老人力。

　老人力。

　ということになり，人類ははじめてボケを一つの力として認知することになったのである。　　　　　　　　　　　　　　　　（赤瀬川）

(13) 小学校のときはもちろん二人とも巨人ファンで，川上，青田，千葉である。あのころは地元チームのある人は別として，子供ならだいたいジャイアンツだ。それが普通だ。良い悪いじゃなしに。　　　（赤瀬川）

(14) 「なにも，会にこれを使いなさいっていうのじゃないよ，ちょっと，珍しいから，」

（中略）

「巧妙でなくて，いいわね，」

「かと言って，下手でもないし，おかしなものだね，以前は，たくさんあったのでしょう，大和絵の流れだろうけれど，それほどの巧者でなく，気安く，民家で使用したものだろうね，」　　　　　（中里）

　これらの「Nがイイ」という用法の解釈に共通して認められるのは，〈Nを受け入れることができる〉という特徴である。(12)では，「老人力」という言葉を「受け入れることができるのだ」という思い，(13)では，「巨人ファンであること」が「受け入れられることである」という判断を表している。また，(14)は「茶会に使う掛け軸」についての話で，その絵が「巧妙でない」のだがそのことがかえって「受け入れられる」のだということである。

　以上の「NがCにイイ／CにイイN」という統合型では〈Nが，Cに関して求められる条件をもつ〉ということが，「Nがイイ」という統合型では〈Nを受け入れることができる〉ということが，それぞれイイの特徴として認められた。この２つの特徴は，まったく別のものというわけでなく，互いに関係している。

　上の(8)では，「『暮らす』ことに関して，『日本』が求められる条件をも

つ」と解釈したのだが,これは「『暮らす』ことに関して,『日本』を受け入れることができる」と解釈することもできる。そもそも何かを受け入れることができるかできないかについて判断する際には,ある種の条件が関わってくる。その条件は,ものごとによって具体的な内容は千差万別であるけれども,結局は「Nを受け入れることができる条件」に他ならない。言うまでもないが,何かがただ一定の条件にあっているからといって,それが受け入れられるわけではない。

　ここにはいわば一種の「循環」がある。NがイイKと判断されるとき,それは「受け入れることができる」ための「条件をもつ」のであり,また「条件をもつ」から「受け入れることができる」のである。どちらの面により重点を置くかによって,「条件をもつから受け入れることができる」という解釈と,「受け入れることができる条件をもつ」という解釈との違いが生じるが,基本には〈受け入れることができる〉という特徴がある。

4. 何がイイのか

　あるものごとをイイと判断するとき,ものごとのある点をとくにとりあげてイイと判断することがある。

(15) カメラはもちろんライカ。電子的なオートマ機構の入っていない旧式の機械カメラで,でも撮る感触はじつに良い。　　　　　　　　（赤瀬川）
(16) 「うちのトースタア,気にしていらしたのね,いいものを頂いたわ,焼き上ると,ぽんと出て来てスイッチはきれるし,デザインもいいし,ありがとうございました,」　　　　　　　　　　　　　　（中里）

　(15)のカメラは旧式だから,その点では必ずしも「受け入れられる」とは言えないが,「撮る感触」については「受け入れることができる」といっている。(16)は,「受け入れることができるもの（いいもの）」についての,「受け入れることができる点（デザイン）」を指摘している。

　ものごとはある点(P)ではイイとしても,他の点ではそうといえないこと

があり，また，全体としてイイものについて個別的な点をとりあげてイイといえることもある。そうしたとき，「NはPがイイ」という型が使われる。

この型は，名詞修飾になると，「PのイイN」という型になる[7]。

(17) どんなに<u>いきのいいウナギ</u>でも，新聞紙で押さえると，屈伸の自由がきかなくなる，と書いた本もあった。なんとも妙な話だ。　　（朝日）
(18) 見舞客，家族を，いち早く見つけて，嬉しげに歩いてみせる。痩せている病人ばかりではない。どこが悪いのかと思うような，<u>血色のいい男</u>もいる。　　（中里）
(19) 中学校で，<u>成績の良い子</u>が病気になると「競争相手が1人減った」とにっこりする生徒がいる，という恐ろしい話も耳にした。偏差値競争の悲しむべき産物である。　　（朝日）

(15)～(19)の「NはPがイイ／PのイイN」において，NとPの関係は，「PがNの属性」という関係になっている。「NはPがイイ／PのイイN」という型の解釈は，「Nは，Nの属性Pについて受け入れることができる」というもので，イイ自体の意味解釈は，他の場合と変わらない。

5. 暗黙の了解

(17)～(19)で，Pに相当する部分を削除した「イイN」，すなわち「イイウナギ」「イイ男」「イイ子」を取りだしてそれだけを文脈抜きに見ても，不自然さを感じない。ところが，単独では不自然さを感じさせない「イイウナギ」「イイ男」「イイ子」は，上記文脈のなかでは程度の差はあれ，以下のようにどれもやや不自然に感じられる。

---

[7] 「PがイイN」という型もあるが，実際の例では「PのイイN」に比べてずっと少ない。本文で「PのイイN」について述べることは，原則として「PがイイN」にも適用される。

(17) b　どんなに<u>いいウナギ</u>でも，新聞紙で押さえると，屈伸の自由がきかなくなる，と書いた本もあった。

(18) b　痩せている病人ばかりではない。どこが悪いのかと思うような，<u>いい男</u>もいる。

(19) b　中学校で，<u>良い子</u>が病気になると「競争相手が1人減った」とにっこりする生徒がいる，という恐ろしい話も耳にした。

　Pなしでイイと言って，不自然にならない場合は，一定のPが暗黙のうちに了解されている。「イイウナギ」は「味」，「イイ男」は「容姿／格好」，「イイ子」は「行儀」などがまずPとして想定されるだろう。この暗黙に了解されるPにもとづくイイの解釈が，ある文脈ではしっくりこないことがある。それが(17)bのケースである。ここで「イイウナギ」はまず，「味がイイウナギ」という暫定的な解釈を受けるが，後続文脈は「味」とはなんの関連もないので不自然に感じられる。(18)b，(19)bも同様である。

　もちろん，先行文脈で「ウナギの勢い」が話題となるような場合には，「味」の解釈は受けない。(17)b～(19)bでは，より広い文脈を抜きにした場合を考えている。ただし，「より広い文脈を抜きにした」というとき，われわれはしばしば，無意識に，「ある種の潜在的文脈を想定している」と考えられる。「暗黙の了解」というのはそうした潜在的文脈の1つを構成するものである。

　われわれは，いろいろなものごとを経験していく過程で，一定のものごとを「受け入れる」かどうかを判定するのだが，その判定に際して当該のものごとのどのような点が問題になるのかが，多くの人々のあいだで共通に了解されていることもあれば，そうでないこともある。多くの人々のあいだに共通の了解があればあるだけ，そうした了解についてことさらに述べる必要性は減じる。

　「イイN」がP抜きで解釈できるケースはそうした場合である。ものごとによって「イイN」だけではPが想定しにくいものもある。たとえば，「イイ頂上」だけでは落ち着かない。これには次例のように適当なPを補う必

要がある[8]。

(20) 「サミットとかけて，見晴らしのいい頂上ととく。心は，景観（警官）に目を奪われる」とだじゃれを飛ばす人がいた。　　　　（朝日）

　あるものごとのどのような点を問題にするのかが人々のあいだである程度了解されている場合にも，受け入れることができるかどうかの判定が人によってはなはだしく違うことがある。たとえば，「イイ料理」はまず「味／見た目／食材」などについてイイかどうかが問題になるだろうが，それをイイというかどうかにはかなりの個人差がありうる。反対に，あるものごとについての「受け入れ」の度合いが，「社会共通の尺度」という形で人々のあいだに共有され，イイかどうかの判定がある程度「客観的」になることもある。「点数／成績」がその典型である[9]。そのような場合には，イイの解釈が固定し他の解釈がしにくいことがある。

　このことに関連して，イイが名詞を修飾する「イイN」の型では，Nについての一般的了解にもとづく「慣習化された解釈」が多くみられるのに対し，イイが述語としてはたらく「NがイイJの型では，周囲の文脈に応じた臨時的な解釈を受けることが多いということが指摘できる。たとえば，「あのイイ男」の固定的解釈と「あの男はイイ」の不定的な，すなわち文脈に応じてさまざまに変化する解釈とを比較せよ。これは一般に「名詞修飾用法」が「分類」を，「叙述用法」が「記述」を典型的な機能とすることの現

---

[8] Pの場合と同様に，上記「NがCにイイ／CにイイN」で，「Cに関して求められること」があらかじめ予想されるときには，「Cに」がなくても解釈できることがある（「イイりんご」が「食べるのにイイりんご」であるなど）。ただし，あるNに対して期待されるCにはいくつもの可能性があるので（「イイ土地」については「暮らす／売る／建てる／栽培する」などが考えられる），Cの場合はPの場合ほどには慣習化された解釈が確立していないようである。

[9] 社会共通の尺度にもとづく「客観的」な用法では，「AがBよりイイ」は「BがAよりヨクナイ」を含意する。たとえば「春子は秋子より成績がイイ」ならば「秋子は春子より成績がヨクナイ」ことになる。しかし，共通尺度にもとづかない「主観的」な用法ではそうした含意を持ちにくい。たとえば，「春子は秋子より性格がイイ」からといってかならずしも「秋子は春子より性格がヨクナイ」ことにならない。

れであろう。ただし，「受け入れ度合いについての社会共通の尺度」が確立している場合には，叙述用法においても固定的な解釈が行われる（「彼女のイイ成績」と「彼女の成績はイイ」）。

　Pを明示しない用法には，Pが了解されていることによるのではなく，Pをはっきりと意識しない，あるいは意識できないことによると見られる用法がある。

(21)　<u>どこがいい？</u>　ここって，言えないのだけれど，心が通う，黙っていても通いあう女とでも言うほかはないだろうか。　　　　　　（中里）

　たしかに，「どこがイイとは言えないが，とにかくイイ」ということはある。この例では，イイの〈Nを受け入れることができる〉という基本的特徴がそのまま現れているものと見なせる。

6. イイのその他の用法

　イイには，文相当の句を補足部とする用法がある。

(22)　ムダな力を抜くというのも，ムダな記憶を抜くのと同じことで，<u>時の解決にまかせればいい</u>のだけど，でも現実的にはそうもいかないことがあって，プロ野球選手も苦労するのだ。　　　　　　　　（赤瀬川）
(23)　食事が終ると，壬生は，帰りたくないと言い出しました。
　「だめよ，楽しかったわ，」
　わたしは，笑顔でいましたが，<u>壬生が，このまま帰らなかったらいいな</u>という気もしたのです。　　　　　　　　　　　　　（中里）
(24)　「ここからいちばん近い病院にこの人たちを運んでください。緊急事態ですから，クラクションを鳴らしながら，<u>信号が赤でもいい</u>ですから，どんどん進んでいってください」って指示を与えました。
　　　　　　　　　　　　　　　　　　　　　　　　　　　　（村上）

　この種の統合型には他に「するとイイ／してもイイ／してイイ」などの形

がありそれぞれに用法を異にするが、イイの部分が寄与する意味はどれも基本的に「ある事態を受け入れることができる」ということである。

イイには「必要ない」あるいは「いらない」という表現に置き換えられるような用法がある。

(25) 写真は好きだから撮るけど、撮ってしまえば<u>もういい</u>というか、場所の記憶があまり好きではないのでつい忘れる。　　　　　　（赤瀬川）

何かが「必要ない／要らない」というのは「受け入れない」ということにつながるから、これまでに見てきたイイの基本的意味特徴に反する。これはどのように考えるべきだろうか。

この用法に関係づけられる用法に、次の (26) がある。この場合のイイは「十分だ」という表現に置き換えられる。

(26) 　御飯をたいて、辛子(からし)をといて、玉子のお露(つゆ)を作って、出来るそばから、卓子(テーブル)に運びました。
「<u>もういい</u>から、座ってよ、楽しいね、辛子まで違う味がする、」
　　　　　　　　　　　　　　　　　　　　　　　　　（中里）

これは、相手の動作が「受け入れることができる条件をもつ状態に、もう達した」すなわち「十分だ」というように解釈できる。したがって、〈受け入れることができる〉という特徴を介してイイの基本的特徴に関係づけられる。あることが進行していって「受け入れることができる状態」に達したとき、その時点で「十分である」というように解釈できるわけである。「もう十分である」ようなものごとは、しばしば「それ以上は必要ない」ものとみなされる。先に (25) のイイを「不必要／要らない」と解釈したが、これは「十分」と解釈することも可能な例である[10]。

---

[10] 国広哲弥(1997: 223)は「ある動作・出来事を指す表現に関して、一般の人々は、もしその動作・出来事が実現したら、たいてい次のあることが生じるものだという推論を下すことがある」として、ここから生じる意味を「推論的派生義」と呼ぶ。これは、イイの「不必要」の解釈に見られるように、「動作・出来事」だけでなく「状態」についてもあてはまるといえるだろう。

このようにして，表面上は相反する「受け入れることができる」と「不必要／要らない」という解釈とが結びつくのであるが，ある用法では後者の解釈が固定した解釈となっている。

(27) （コーヒーを飲もうとする相手に）「ミルクいる？」
    「いいよ。」（文末下降調で）
(28) 「そろそろ行こうか。」
    「まだイイだろう。」

(27)〜(28)の用法は，〈『主語』を伴わない単独の叙述用法である〉〈しばしば『まだ，もう』などの類の副詞を伴う〉という特徴を持つ。したがって，これらは，特別な型として固定した表現に結びつく「別義」を持つとみなすこともできる。別義といってもこれらがイイの基本的意味と関係することはもちろんである。

7. 「受け入れる」という特徴

前節の「別義」を別にすれば，以上見てきたイイのそれぞれの「多義」のあいだには，「意味の抽象化」「字義からの比喩的転用」「プロトタイプとそれからの派生」「共通部分を持たない連鎖的つながり」といった関係は認められない。これらの「多義」はすべて〈受け入れることができる〉という1つの意味特徴によって説明できる[11]。これは「受け入れる」という語それ自体が，多様な解釈を許容する性質をもつ概念であることによる。

一般に，意味記述のために用いる「メタ表現」は1つに限られる必要はないから，〈受け入れることができる〉という表現以外に同等の表現があるかもしれない。たとえば，「評価」という語を用いてイイを記述することも考

---

[11] 「遠くの山がよく見える」の「よく」は，「遠くの山の見え方がイイ」という表現と対応を付けることができ，これは『『見える』様態が受け入れられる条件をもつ』，すなわち「姿がはっきりしていて見えないところがない」という解釈が一応はできる。一方，「あんなところまでよく行ったね」「あのひとはこの店にはよく来ます」などの「よく」は，直接にイイと結びつけにくい。このような副詞の「よく」については改めて考えたい。

えられる。しかし，これだと上記の，「イイの他の用法」のところで見た諸用法と関係づけることは難しい。そこで本章では，〈受け入れることができる〉という特徴を用いてイイの意味を分析的に示すことにより，イイの意味および用法の関連を統一的に説明しようと試みたのである。

「受け入れる」という動詞は，「受け入れる対象（A とする）」と「受け入れる主体（B とする）」とを項とし，「A が B を ＿」という項構造を持つ。A と B には以下のようなものが来る[12]。

- A：彼等，大統領，代議士，民衆；信託銀行，企業；与党，宮内庁側；相手国，紛争当事国，日本，アメリカ
- B：難民，留学生，外国の芸術家，孤児，病気の人々，「他者」，地元の子ども；急進的改革，一層の円高，国際取引の全面禁止，規制強化，自主独立経営，北の参加，核施設の国際査察，衆院解散；新しい枠組み，伝統的なアメリカの価値観，編集部のそのようなモチーフ；外国の臨床試験データ，米国の中距離核 48 基；勧告，申し出，国際的な要請，他人の干渉，犯人の要求，相手の意見，野党の主張，仮説，条件，医師の説明；決議，批判，調停，裁定，指導；事態，現実，敗北の結果，自民党のけじめ；夜型社会，消費税，金銭，資金供与；イスラム神秘主義の影響，戦争，東独からの亡命；信仰，愛

A に来るのは基本的に「人間」あるいは「人間が背後にいる組織」である。これに対し，B に来る対象はきわめて広い。ほとんどすべての事物が「受け入れる」対象になる。

「受け入れる」という行為については以下のことが成り立つ。

(29) i　A が，B の存在を認識する。
　　 ii　A は，B が「A のところ」にあることを排除しない。

「受け入れる」は A・B の他に，上記 (29) ii の「A のところ」を表す随意

---

[12] 朝日のデータにもとづく。A はここにあげたものぐらいである（ただし網羅的なものではない）が，B は非常に多く，ここでは異なるタイプの例を適宜取捨した。

的な項（これをCとする）を取って，「AがBをC に _ 」という項構造を持つことがある。Cには以下のようなものが来る。

　C：心，心の中，体内，集団，共同体のなか，紙面の中

　この項は「Aのところ」を表すのだから，義務的項であるAから導けるものであり，特に示す必要はないものである。実際の例を見ても，Cが現れるケースは少ない。

　「受け入れる」の特徴について(29)iiで「排除しない」という言い方をしたが，この「排除する」という概念は，「あるものの力が，それと力関係を持つ他のものの力よりも強い」という状況である。この種の概念は，Talmy (1988)のforce dynamicsという図式でとらえられそうに見える。たしかに，「AがBを受け入れる」とき，BはAに対してある影響をおよぼし，AはBに対してなんらかのかかわりをもたざるをえないことがある。ただし，force dynamicsでは，「他のものが迫ってくる」状況が考えられていて，たとえば，「何らかの状況があるのを，そのまま許容する」という場合は考えられていない。「受け入れる」という語に含まれる概念はそうした状況をも含む，より広い概念を表すものである。

　ものごとがイイかそうでないかの判断はきわめて基本的なもので，われわれはすべてのものごとについて，無意識に，またあるときは意識的にイイかどうかを判断していると考えられる。そこで，イイが表す基礎概念を，他に還元のできない，したがってそれ自体を分析し説明する必要のない存在であるとみなす立場もある。たとえば，Wierzbicka (1996: 51–52)は英語のgoodを他の要素たとえばwantに還元しようとする試みを批判して，good（および，イイなど他言語の相当語）はGOODという，分割不可能な「意味原素 (semantic primitive)」で説明すべきだという。この批判はgoodをwantで記述しようとしたことに対するものとしては妥当かも知れないが，そのことをもって，goodが他に還元できないと断定することはできない。

8. むすび

「はじめに」の (1)～(3) で設定した問いを考えた結果は次のようにまとめられる。

(30) イイは，〈対象を受け入れることができる〉という要素を中心的な意味特徴として含む。対象によって〈受け入れられる〉度合いが公共的なものから臨時的・個人的なものまでさまざまであることに応じて，イイの解釈が変動する。

(31) イイの用法のあるものは特定の語，ないし統合型と結びついて固定化し，その解釈が慣習化されている。その背後には〈受け入れることができる〉という基本的意味があり，この特徴だけにもとづいて解釈できる用法もある。「多義」のそれぞれは，いずれもこの基本的特徴となんらかの結びつきを持っている。

(32) イイの意味を記述するメタ表現に，分割不可能・説明放棄のプリミティブな意味要素を設定しても，イイの諸用法の関連性をとらえることはできない。

引用例文出典
(赤瀬川) 赤瀬川源平『老人力』筑摩書房 (1998)
(中里) 中里恒子『時雨の記』文春文庫 (1998 新装版)
(村上) 村上春樹『アンダーグラウンド』講談社 (1997)
(朝日) 電子ブック『朝日新聞－天声人語・社説 1985–1994』日外アソシエーツ

参照文献

日本語文献

有賀千佳子 (1994)『意味上の言語単位・試論──表現上の単位としての語彙項目の認定について──』くろしお出版.

李在鎬・村尾治彦・淺尾仁彦・奥垣内健 (2013)『認知日本語学講座第 2 巻　認知・音韻形態論』くろしお出版.

池上嘉彦 (1975)『意味論──意味構造の分析と記述──』大修館書店.

池原悟他編 (1997)『日本語語彙大系 5　構文体系』岩波書店.

石黒ひで (1984)『ライプニッツの哲学──論理と言語を中心に──』岩波書店.

大江三郎 (1975)『日英語の比較研究──主観性をめぐって──』南雲堂.

大鹿薫久 (1989)「類義語・反義語」『講座日本語と日本語教育 6　日本語の語彙・意味 (上)』236–261. 明治書院.

小川明 (1981)「That 節にあらわれる叙想法の should 考察」『Litteratura』2, 17–28. 名古屋工業大学外国語教室.

荻野綱男 (1983)「シソーラスについて」『ソフトウェア文書のための日本語処理の研究-5』1–61. 情報処理振興事業協会.

奥田靖雄 (1983)「を格の名詞と動詞のくみあわせ」言語学研究会編『日本語文法・連語論 (資料編)』21–149. むぎ書房.

奥田靖雄 (1985a)「言語の単位としての連語」奥田靖雄『ことばの研究・序説』67–84. むぎ書房.

奥田靖雄 (1985b)「語彙的な意味のあり方」奥田靖雄『ことばの研究・序説』3–20. むぎ書房.

ガーディナー, メトカーフ, ビーブ・センター (1964)『感情心理学史』(矢田部達郎・秋重義治訳) 理想社.

影山太郎 (1999)『形態論と意味』くろしお出版.

加藤恵梨 (2004)「「かなしい」と「さびしい」の意味分析」『日本語教育』121, 56–65.

川上蓁 (1954)「意義素把握の態度 (第 31 回大会発表研究)」『言語研究』26・27, 158–161.

川本茂雄・国広哲弥・林大編 (1979)『日本の言語学第 5 巻　意味・語彙』大修館書店.

菊地康人 (2000)「タノシイとウレシイ」山田進・菊地康人・籾山洋介編 (2000) 143–159.

九鬼周造 (1979)「情緒の系図──歌を手引として──」九鬼周造『いきの構造　他二編』129–195. 岩波書店.

久島茂 (2001)『《物》と《場所》の対立──知覚語彙の意味体系──』くろしお出版.

国広哲弥 (1962)「日本語格助詞の意義素試論」『島根大学論集』12, 81–92.【国広哲弥 (1967), 川本茂雄・国広哲弥・林大編 (1979) 所収】

国広哲弥 (1965)「日英温度形容詞の意義素の構造と体系」『国語学』60, 74–84.【国広哲弥

(1967），川本茂雄・国広哲弥・林大編（1979）所収】
国広哲弥（1967）『構造的意味論』三省堂．
国広哲弥（1968a）「日英語比較研究の方法」『英語文学世界』2-13, 2-6.【国広哲弥（1970）所収】
国広哲弥（1968b）「意義素論」『英語教育』17-2, 5-7.【国広哲弥（1970）所収】
国広哲弥（1970）『意味の諸相』三省堂．
国広哲弥（1980）「意味の構造と概念の世界」柴田武編『講座言語第 1 巻　言語の構造』221-254. 大修館書店．
国広哲弥（1982）『意味論の方法』大修館書店．
国広哲弥（1990）「意義素論の展開」『東京大学言語学論集 '89』1-16.
国広哲弥（1994）「認知的多義論——現象素の提唱——」『言語研究』106, 22-44.
国広哲弥（1997）『理想の国語辞典』大修館書店．
国広哲弥（2000）「人はなぜ言葉を言い換えるか」『月刊言語』29-10, 20-25.
国広哲弥（2006）『日本語の多義動詞——理想の国語辞典 II——』大修館書店．
国広哲弥編（1983）『意味分析』東京大学文学部言語学研究室．
国広哲弥編（1987）『意味分析 2』東京大学文学部言語学研究室．
国広哲弥編（1990）『意味分析 3』東京大学文学部言語学研究室．
国広哲弥・柴田武・長嶋善郎・山田進・浅野百合子（1982）『ことばの意味 3——辞書に書いてないこと——』平凡社．
黒川利明（1985）『Prolog のソフトウェア作法』岩波書店．
国立国語研究所編（1951）『現代語の助詞・助動詞——用法と実例——』（国立国語研究所報告 3）秀英出版．
コセリウ（1982）『コセリウ言語学選集 1　構造的意味論』（宮坂豊夫・西村牧夫・南舘英孝訳）三修社．
酒井元子（1970）「意義特徴記述の試み」『言語の科学』1, 31-53. 東京言語研究所．
阪倉篤義（1969）「語義記述の現実と理想」『言語研究』54, 63-72.
柴田武（1982a）「私の意味論——意味をどうとらえるか——」『日本語学』1-1, 9-13.【柴田武（1988）所収】
柴田武（1982b）「現代語の語彙体系」『講座日本語の語彙 7　現代の語彙』43-66. 明治書院．
柴田武（1987）『柴田武にほんごエッセイ 1　ことばの背後』大修館書店．
柴田武（1988）『語彙論の方法』三省堂．
柴田武・国広哲弥・長嶋善郎・山田進（1976）『ことばの意味——辞書に書いてないこと——』平凡社．
柴田武・国広哲弥・長嶋善郎・山田進・浅野百合子（1979）『ことばの意味 2——辞書に書いてないこと——』平凡社．
柴谷方良（1978）『日本語の分析——生成文法の方法——』大修館書店．
鈴木孝夫・田中克彦（2008）『対論　言語学が輝いていた時代』岩波書店．

鈴木敏昭（1994）「実験的方法による多義語の分析」『言語研究』106, 45–73.
鈴木敏昭（1996）「多義語におけるプロトタイプ構造——メタファーとのかかわりをめぐって——」言語学林 1995–1996 編集委員会編『言語学林 1995–1996』1109–1126. 三省堂.
ソシュール（1972）『一般言語学講義』（小林英夫訳）岩波書店.
田中章夫（2002）『近代日本語の語彙と語法』東京堂出版.
田中茂範（1990）『認知意味論　英語動詞の多義の構造』三友社出版.
チョムスキー（2014）『統辞構造論　付『言語理論の論理構造』序論』（福井直樹・辻子美保子訳）岩波書店.
寺村秀夫（1972）「語の個性と文法」『国語シリーズ別冊 1　日本語と日本語教育——語彙編——』73–98. 文化庁.
寺村秀夫（1973）「感情表現のシンタクス——「高次の文」による分析の一例——」『月刊言語』2-2, 98–106.
寺村秀夫（1982）『日本語のシンタクスと意味Ⅰ』くろしお出版.
時枝誠記（1941）『国語学原論』岩波書店.
時枝誠記（1955）『国語学原論続篇』岩波書店.
時枝誠記（1973）『言語本質論』岩波書店.
戸田正直（1981）「情緒と行為決定」浜治世編（1981）43–67.
長嶋善郎（1968）「Hit, break, cut とその類義語の意義素の構造について」『言語研究』52, 58–79.
長嶋善郎（1982）「類義語とは何か」『日本語学』1-1, 43–46.
長嶋善郎（1989）「語の意味」『講座日本語と日本語教育 6　日本語の語彙・意味（上）』194–210. 明治書院.
中道知子（1993）「「つもり」の意義素」大東文化大学創立七十周年記念出版推進委員会編『大東文化大学創立七十周年記念論集　上巻』519–529. 大東文化学園.
西尾寅弥（1972）『形容詞の意味・用法の記述的研究』（国立国語研究所報告 44）秀英出版.
西尾寅弥（1993）「喜び・楽しみのことば」『日本語学』12-1, 14–22.
西山佑司（1976）「「言語的意味とは何か」をめぐって」『慶応義塾大学言語文化研究所紀要』8, 139–166.
西山佑司（1977）「意義素論における「呼応の作業原則」について」『研究報告「日本語文法の機能的分析と日本語教育への応用」』（昭和 51 年度文部省科学研究費補助金研究成果報告書）133–159.
仁田義雄（1980）『語彙論的統語論』明治書院.
野村雅昭（2006）「基礎語で辞書の意味記述はできるか」倉島節尚編『日本語辞書学の構築』17–36. おうふう.
野村益寛（2002）「意味論研究史管見——認知言語学の視点から——」『月刊言語』31-6, 118–129.
野村益寛（2003）「認知言語学の史的・理論的背景」辻幸夫編『シリーズ認知言語学入門

第1巻　認知言語学への招待』17-61. 大修館書店.
芳賀純 (1977)「ことばと感情」『日本語と文化・社会1　ことばと心理』51-84. 三省堂.
服部四郎 (1953)「意味に関する一考察」『言語研究』22・23, 21-40.【服部四郎 (1960), 川本茂雄・国広哲弥・林大編 (1979) 所収】
服部四郎 (1957)「言語過程説について」『國語國文』26-1, 1-18.【服部四郎 (1960) 所収】
服部四郎 (1960)『言語学の方法』岩波書店.
服部四郎 (1964)「意義素の構造と機能」『言語研究』45, 12-26.【服部四郎 (1960) 所収】
服部四郎 (1968a)『英語基礎語彙の研究』三省堂.
服部四郎 (1968b)「意味」服部四郎・沢田允茂・田島節夫編『岩波講座哲学11　言語』292-338. 岩波書店.【川本茂雄・国広哲弥・林大編 (1979) 所収】
服部四郎 (1973)「意義素の構造」『英語展望』42, 19-24.
服部四郎 (1974)「意義素論における諸問題」『言語の科学』5, 東京言語研究所.【川本茂雄・国広哲弥・林大編 (1979) 所収】
服部四郎 (1977)「奄美方言人体分類語彙表」長田須磨・須山名保子編『奄美方言分類辞典　上』笠間書院.【川本茂雄・国広哲弥・林大編 (1979) 所収】
服部四郎・山本謙吾 (1955)「満州語の一人称複数代名詞」『言語研究』28, 19-29.【服部四郎 (1960) 所収】
浜治世編 (1981)『現代基礎心理学8　動機・情緒・人格』東京大学出版会.
プルチック, R. (1981)「情緒と人格」浜治世編 (1981) 145-161.
フレーゲ, G. (1988)『フレーゲ哲学論集』(藤村龍雄訳) 岩波書店.
フレーゲ, G. (1999)『フレーゲ著作集4　哲学論集』(黒田亘・野本和幸編) 勁草書房.
ポティエ, B. (1984)『一般言語学――理論と記述――』(三宅徳嘉・南館英孝訳) 岩波書店.
本多啓 (2005)『アフォーダンスの認知意味論――生態心理学から見た文法現象――』東京大学出版会.
益岡隆志 (1987)『命題の文法』くろしお出版.
松尾拾・西尾寅弥・田中章夫 (1965)『類義語の研究』(国立国語研究所報告28) 秀英出版.
マッカーサー, T. (1991)『辞書の世界史――粘土板からコンピュータまで――』(光延明洋訳) 三省堂.
松本裕治 (1998)「意味と計算」『岩波講座言語の科学4　意味』125-167. 岩波書店.
宮島達夫 (1972)『動詞の意味・用法の記述的研究』秀英出版.
宮地敦子 (1979)『身心語彙の史的研究』明治書院.
室山敏昭 (1989)「柴田武『語彙論の方法』書評」『国語学』158, 67-60.
籾山洋介 (2002)『認知意味論のしくみ』研究社.
籾山洋介 (2005)「類義表現の体系的分類」『日本認知言語学会論文集』5, 580-583.
森田良行 (1977)『基礎日本語――意味と使い方――』角川書店.
ヤーコブソン, R. (1986)「一般格理論への貢献」『ロマーン・ヤーコブソン選集1　言語の分析』(服部四郎編・早田輝洋他訳) 71-131. 大修館書店.
安井稔 (1983)「語の意味論」安井稔他『英語学大系5　意味論』23-127. 大修館書店.

山口仲美（1982）「感覚・感情語彙の歴史」『講座日本語学 4　語彙史』202-227. 明治書院.
山崎幸雄（1976）「反義関係に関する一考察」『富山大学文理学部文学科紀要』3, 1-10.
山田進（1982）「ウレシイ・タノシイ」国広哲弥・柴田武・長嶋善郎・山田進・浅野百合子（1982）112-120.
山田進（1989）「野林正路『意味をつむぐ人びと』書評」『国語学』155, 18-25.
山田進（1997）「内在的な特徴による語彙の分類」『言語研究とシソーラス　第 5 回国立国語研究所国際シンポジウム第 1 専門部会発表論文集』191-99.
山田進・菊地康人・籾山洋介編（2000）『日本語　意味と文法の風景——国広哲弥教授古希記念論文集——』ひつじ書房.
山中信彦（1997）「「まじめ」の意味分析」『国語学』191, 110-98.
山本俊英（1955）「形容詞ク活用・シク活用の意味上の相違について」『国語学』23, 71-75.
吉村公宏（2000）「ハリデー文法と認知言語学——中間表現を巡って——」小泉保編『言語研究における機能主義——誌上討論会——』75-103. くろしお出版.
渡辺実（1998）「多義語の意義の位置づけ」『東京大学国語研究室創設百周年記念国語研究論集』803-825. 汲古書院.

英語文献

Coleman, Linda, and Paul Kay. (1981) "Prototype semantics: The English word *lie.*" *Language*, 57, 26-44.
Chomsky, Noam. (1965) *Aspects of the Theory of Syntax.* MIT Press.
Cruse, D. A. (1986) *Lexical Semantics.* Cambridge University Press.
Cruse, Alan. (2004) *Meaning in Language.* Oxford University Press.
Crystal, D. (1980) *A First Dictionary of Linguistics and Phonetics.* Andre Deutsch.
Davitz, Joel R. (1969) *The Language of Emotion.* Academic Press.
Dixon, R. M. W. (1982) *Where Have all the Adjectives Gone? and Other Essays in Semantics and Syntax.* Mouton.
Fillenbaum, Samuel and Amnon Rapoport. (1971) *Structures in the Subjective Lexicon.* Academic Press.
Jackendoff, Ray. (1983) *Semantics and Cognition.* MIT Press.
Johnson-Laird, P. N. (1988) "How is meaning mentally represented?", In Eco, U., M. Santambrogio, and V. Patrizia (eds.) *Meaning and Mental Representation.* Indiana University Press.
Katz, Jerrold J. (1972) *Semantic Theory.* Harper & Row.
Katz, Jerrold. (1966) *Philosophy of Language.* Harper & Row.
Kay, Paul and Chad K. McDaniel. (1978) "The linguistic significance of the meanings of basic color terms". *Language*, 54, 610-646.
Kempson, Ruth R. (1977) *Semantic Theory.* Cambridge University Press.

Lakoff, George and Mark Johnson. (1980) *Metaphors We Live by*. The University of Chicago Press.
Langacker, Ronald. (1987) *Foundations of Cognitive Grammar, Vol. 1: Theoretical Prerequisites*. Stanford University Press.
Lyons, John. (1977) *Semantics*. Cambridge University Press.
Miller, George A. and Philip N. Johnson-Laird. (1976) *Language and Perception*. Harvard University Press.
Nida, Eugene A. (1975) *Componential Analysis of Meaning*. Mouton.
Nida, Eugene A. (1998) "The Molecular Level of Lexical Semantics." *International Journal of Lexicography*, 10-4, 265–274.
Pustejovsky, James. (1995) *The Generative Lexicon*. MIT Press.
Rorty, Amérie Oksenberg. (ed.) (1980) *Explaining Emotions*. University of California Press.
Ruhl, Charles. (1989) *On Monosemy*. State University of New York Press.
Sapir, Edward. (1921) *Language*. Harvest books.
Sapir, Edward. (1963) "Speech as a Personality Trait". In Mandelbaum, David G. (ed.) *SelectedWritings of Edward Sapir in Language, Culture and Personality*. University of CaliforniaPress. 533–543.
Schank, Roger C. (1975) *Conceptual Information Processing*. North-Holland.
Talmy, Leonard. (1988) "Force Dynamics in Language and Cognition". *Cognitive Science*, 12, 49–100.
Tengi, R. I. (1998) "Design and implementation of the WorldNet lexical database and searching software". In C. Fellbaum (ed.) *WorldNet: An Electronic Lexical Database*. MIT Press.
Tobin, Yishai. (1990) *Semiotics and Linguistics*. Longman.
Vendler, Zeno. (1967) "The Grammar of Goodness". In Zeno Vendler, *Linguistics in Philosophy*. Cornell University Press.
Weinreich, Uriel (1962) "Lexicographic definition in descriptive semantics". In F. W. Householder and Sol Saporta (eds.) *Problems in Lexicography*. Indiana University, 25–43.
Wierzbicka, Anna. (1980) *Lingua Mentalis: The Semantics of Natural Language*. Academic Press.
Wierzbicka, Anna. (1996) *Semantics: Primes and Universals*. Oxford University Press.

参照言語辞書・用語辞典・専門分野事典など（発行年順）

国語学会国語学辞典編集委員会編（1955）『国語学辞典』東京堂.
倉石武四郎（1963）『岩波中国語辞典』岩波書店.
国立国語研究所編（1964）『分類語彙表』秀英出版.
上代語辞典編修委員会編（1967）『時代別国語大辞典　上代編』三省堂.

林達夫編(1971)『哲学事典』平凡社.
玉虫文一他編(1971)『岩波理化学辞典第3版』岩波書店.
金田一京助他編(1972)『新明解国語辞典』三省堂.
Burchfield, R. W. (1972) *A Supplement to the Oxford English Dictionary*, Vol. 1, Oxford University Press.
日本大辞典刊行会編(1972-1976)『日本国語大辞典』小学館.
Roget, P. M. revised by Chapman, R. L. (1977) *Roget's International Thesaurus* 4th edition, Crowell.
小稲義男他編(1980)『研究社　新英和大辞典第5版』研究社.
国語学会編(1980)『国語学大辞典』東京堂出版.
大野晋・浜西正人(1981)『角川類語新辞典』角川書店.
藤永保編(1981)『新版　心理学事典』平凡社.
McArthur, Tom. (1981) *Longman Lexicon of Contemporary English*. Longman.
山口明穂・秋本守英編(1985)『旺文社詳解国語辞典』旺文社.
室町時代語辞典編修委員会編(1985-2000)『時代別国語大辞典 室町時代編1～5』三省堂.
西尾実他編(1986)『岩波国語辞典第4版』岩波書店.
情報処理振興事業協会編(1987)『計算機用日本語基本動詞辞書 IPAL（Basic Verbs）』情報処理振興事業協会技術センター.
金田一京助他編(1989)『新明解国語辞典第4版』三省堂.
情報処理振興事業協会編(1990)『計算機用日本語基本形容詞辞書 IPAL（Basic Adjectives）』情報処理振興事業協会技術センター.
見坊豪紀他編(1992)『三省堂国語辞典第4版』三省堂.
松村明編(1995)『大辞林第2版』三省堂.
亀井孝・河野六郎・千野栄一編著(1996)『言語学大辞典6　術語編』三省堂.
情報処理振興事業協会編(1996)『計算機用日本語基本名詞辞書 IPAL（Basic Nouns）』情報処理振興事業協会技術センター.
山田忠雄他編(1997)『新明解国語辞典第5版』三省堂.
文部省・日本言語学会・日本英語学会(1997)『学術用語集　言語学編』日本学術振興会.
廣松渉他編(1998)『岩波哲学・思想事典』岩波書店.
新村出編(1998)『広辞苑第5版』岩波書店.
西尾実他編(2000)『岩波国語辞典第6版』岩波書店.
見坊豪紀他編(2001)『三省堂国語辞典第5版』三省堂.
北原保雄編(2002)『明鏡国語辞典』大修館書店.
柴田武・山田進編(2002)『類語大辞典』講談社.
辻幸夫編(2002)『認知言語学キーワード事典』研究社.
山田忠雄他編(2005)『新明解国語辞典第6版』三省堂.
青本和彦他編(2005)『岩波数学入門辞典』岩波書店.

新村出編（2008）『広辞苑第6版』岩波書店.
柴田武・山田進・加藤安彦・籾山洋介編（2008）『講談社類語辞典』講談社.
林四郎監修・篠崎晃一他編（2016）『例解新国語辞典第9版』三省堂.
WordNet（http://www.cogsci.princeton.edu/~wn/）.

本書各章と既発表論文との関係

　本書の各章は序章をのぞいて，既発表論文にもとづいている。本書収録に際して，あきらかな誤記の修正・一部書式・表記の統一・わかりにくい表現の修正をおこなったが，内容の大きな変更はおこなっていない。以下に，各章と元の論文との対応関係を記す。

序章　ことばの意味とその研究
　本書のために新たに書き起こしたもの。ただし，4 節「とらえ方と意義素」は，私が「語の意味論」（斎藤倫明編 (2016)『講座言語研究の革新と継承 1 日本語語彙論 I』167–205. ひつじ書房) の「3. 語の意味をどうとらえるか」で述べた内容にもとづき，修正をくわえたものである。

第 1 章　固有名詞と意味
　「固有名詞と意味」『Litteratura』1, 47–58. 名古屋工業大学外国語教室. 1980 年 10 月

第 2 章　見せかけの意味要素
　「見せかけの意味要素」『Litteratura』4, 41–55. 名古屋工業大学外国語教室. 1983 年 11 月

第 3 章　意味と概念とをめぐって
　「意味と概念とをめぐって」『Litteratura』6, 39–49. 名古屋工業大学外国語教室. 1985 年 10 月

第 4 章　「丸い三角形」はどこがおかしいのか
　「『丸い三角形』はどこがおかしいのか」『Litteratura』8, 23–31. 名古屋工業大学外国語教室. 1987 年 10 月

第 5 章　語の意味特徴の性格
　「語の意味特徴の性格」国広哲弥教授還暦退官記念論文集編集委員会編『文法と意味の間―国広哲弥教授還暦退官記念論文集―』45–59. くろしお出版. 1990 年 6 月

第 6 章　語の形式と意味
　「語の形式と意味」『国語学』175, 13–26. 1993 年 12 月

第 7 章　事物・概念・意味
　「事物・概念・意味」言語学林 1995–1996 編集委員会『言語学林 1995–1996』1095–1108. 三省堂. 1996 年 4 月

第 8 章　同義に関する二三の問題
　「同義に関する二三の問題」カッケンブッシュ寛子・尾崎明人・鹿島央・藤原雅憲・籾山洋介編『日本語研究と日本語教育』61–76. 名古屋大学出版会. 1992 年 10 月

第 9 章　類義語とはどのような語か

「類義語とはどのような語か」長嶋善郎編『人文叢書 3 語彙的意味関係の対照研究—日本語・韓国語・英語・ギリシャ語・アラビア語の対照—』5–23. 学習院大学人文科学研究所. 2006 年 3 月

第 10 章　類義語の存在理由

「類義語の存在理由」『日本エドワード・サピア協会研究年報』20, 45–55. 2006 年 5 月

第 11 章　多義の処理—格助詞「で」の場合—

「多義の処理—格助詞『で』の場合」『Litteratura』2, 51–67. 名古屋工業大学外国語教室. 1981 年 9 月

第 12 章　多義語の意味記述についての覚え書き

「多義語の意味記述についての覚え書き」『聖心女子大学論叢』92, 190–204. 1999 年 2 月

第 13 章　言語普遍的意味特徴による語彙記述

「言語普遍的意味特徴による語彙記述」『名古屋工業大学学報』29, 105–108. 1978 年 3 月

第 14 章　語の意味はどのようなことばで記述できるのか

「語の意味はどのようなことばで記述できるのか」『日本語研究の 12 章』239–252. 明治書院. 2010 年 6 月

第 15 章　感情の言語表現—予備的考察—

「感情の言語表現—予備的考察」『Litteratura』5, 1–30. 名古屋工業大学外国語教室. 1984 年 10 月

第 16 章　感情語の意味をどう記述するか

「感情語の意味をどう記述するか」『聖心女子大学論叢』104, 242–224. 2005 年 2 月

第 17 章　意義素分析の歴史と現状

「意義素分析の歴史と現状」『聖心女子大学論叢』114, 203–225. 2010 年 2 月

第 18 章　辞書の意味記述

「辞書の意味記述」影山太郎編『レキシコンフォーラム』1, 47-63. ひつじ書房. 2005 年 5 月

第 19 章　意味分類辞書

「意味分類辞書」『国語学』208, 30–42. 2002 年 1 月

第 20 章　意味から引く辞書

「意味から引く辞書」倉島節尚編『日本語辞書学の構築』49–62. おうふう. 2006 年 5 月

第 21 章　「いい」の意味論—意味と文脈—

「『いい』の意味論—意味と文脈—」山田進・菊地康人・籾山洋介編(2000)『日本語 意味と文法の風景—国広哲弥教授古希記念論文集—』125–141. ひつじ書房. 2000 年 2 月

あとがき

　こどものころ，なにかわからないことばを母にたずねるときまって，辞書を引きなさいと言われた。いま思うと単に面倒だったから母はそう言ったのかもしれない。頻繁に引いたために辞書がぼろぼろになった，という話を聞くことがあるが，手元にある古びた辞書は色があせてはいるものの，実にきれいなままで，さほど引いたような覚えがない。奥付に「1963年4月10日第1刷発行」とあるその辞書は『岩波国語辞典』で，そのとき私は中学3年生だった。それほど使わなかったかもしれないこの古い辞書をいままで捨てずに取っておいたということは，そのころからどこかに辞書あるいはことばの意味に対する思いがあったのかもしれない。

　私の意味論の出発点は大学時代に受講した意味論の講義にある。当時の日本の言語学は生成文法（「変形文法」という言い方がより一般的だった）の全盛時代だったが，私には国広哲弥先生が担当されていた意味論の方により大きな魅力を感じたのだった。同じ言語学科にいらした柴田武先生が主導し，国広先生，学科の先輩である長嶋善郎さんに，大学院生だった私が参加を許されてはじまった「意味論研究会」は，私の意味論のもっとも大きなよりどころとなった（意味論研究会の成果は，柴田武・国広哲弥・長嶋善郎・山田進 (1976)『ことばの意味―辞書に書いてないこと』として出版されることになる。研究会発足の経緯は，同書「まえがき」および柴田武 (1982a) に詳しい）。この研究会での議論がどれほど私の血となり肉となったか，まことに計り知れないものがある。

　その後，柴田先生の語彙分類構想を実現する『類語大辞典』にかかわることになった。この辞典の編集・執筆作業が私の意味論のもうひとつの大きなよりどころとなった。『ことばの意味』が，少数の基礎語の意味を時間をかけて徹底的に分析するのとちがって，『類語大辞典』ではとにかく大量の語の意味分析を短時間でおこなわなければならない。語の意味を考えるのに，前者だけでなく後者の経験ができたことはまことにありがたかった。本書序

章に述べた，「どのような意味論も，具体的言語表現の記述をおこなわないかぎり，単なる構想にとどまる」という私の信念ともいうべきものは，以上の2つのよりどころから得た貴重な経験にもとづいている。

　私は研究会や学会等にまじめに参加して見聞をひろめるということをしてこなかった人間である（「まじめにでなく」参加することはいくらでもあったが）。そういう私にも，意味についてあれこれと意見交換をしていただいた方がある。上記の意味論研究会はおよそ10年で散会となったが，柴田先生をはじめ，特に国広先生・長嶋さんにはその後もずっと，意味についての意見交換をくりかえしおこなわせていただいた。

　上記研究会メンバーを別にして，私がもっとも影響を受けたのは，久島茂氏である。1993年にある論文の抜き刷りを送っていただいた。『言語研究』に掲載されたその論文を私はすでに読んでいて非常に刺激を受けていた。私の考えを手紙で少しばかりもうしあげたところ，詳しい返事をいただき，それから書面でのやりとりがはじまった。それ以来，直接お会いしたのはどこかの学会で一度きりだったけれども，数十回をこえる「文通」によって，意味についての真剣な議論をおこなうことができた。

　こうした経験から私が得た教訓は，「広く浅くではなく，狭く深くありたい」ということになろうか。狭いと言えば，本書の参照文献を見て分かるように，私はごく限られた先行研究にしか目を通していない。したがって狭いことはたしかだが，自分の考えが深くなったなどとはまだとても言えない。

　私が意味論を学びはじめて50年近くになるが，その間に，「構造」から「認知」へという潮流の変化があった。私は，「古い奴だとお思いでしょうが，古い奴こそあたらしいものをほしがるもんでございます」という口上ではじまる歌を愛唱歌のひとつにしている古い人間である。しかし，そのセリフは自分の心に実際はそぐわないものであって，私は新しいながれにさおさしてあたらしいものをほしがるということをしないまま，意味論を学びはじめたころの考えにいまだにしがみついている。

　このように古く，狭く，浅い自分が書いたものをまとめて人前に出すなどということは少しまえまでまったく考えてもみなかった。それがこうしてかたちになったのは，ひとえに，この春まで聖心女子大学の同僚だった小柳智一さんの叱咤激励のおかげである。再三再四すすめられてはことわるということをかさねたあげく，大学を定年退職するのを機に，ようやくその気になったというわけである。小柳さんは出版社の選定から校正までおてつだいくださり，書名まで考えてくださった。

　本書各章のもとになった論文のうち，7編は1978年から1987年にかけて発表したもので，私が名古屋工業大学に勤務していたときのものである。理系の大学であることからか図書・雑誌に使える予算が相当あり，また当時の大学は昨今とはちがい，まだのんびりしていて，しかも私が発表したのは紀要や所属部門の機関誌という学界的には目立たない媒体であり，自由気ままに書くことができた。残りの14編は聖心女子大学に移ってからのものである。日本語日本文学科（赴任当時は国語国文学科）に所属し，学会誌にも書くようになった。所属学科の教員は各分野で活躍する人たちであり，また和気藹々とした雰囲気に満ちていて，きわめてすごしやすかった。20年あまりにわたってご一緒した，日本語学の山口佳紀氏には研究姿勢を含め多くを学んだ。いまこうしてふりかえると，私は研究環境にめぐまれていたのだという思いをあらたにする。

　くろしお出版には本書の刊行をこころよくお引きうけいただき，編集部の荻原典子さんには完成までの長期にわたっておつきあいいただいて，このような美しい本にしあげていただいた。

　こうしてあとがきを書いていると，ここにお名前をあげた方々のほかにも，これまでいろいろなところで私の意味探究をあとおししていただいた，あの人やこの人のことばが耳にこだまし，そのときどきのすがたが目にうかぶ。みなさま，ほんとうにありがとうございました。

2017年4月

索　引

(1)「x」は，x が記述対象としてとりあげた語句であることを示す。例：「あがる」。
(2) 〈x〉ないし《x》は，x が意味特徴であることを示す。例：〈いい〉，《場所》。
(3) x [α] は，α が x とほぼ同じことを表す項目であることを示す。例：意味原素 [semantic primitive]，「オモシロイ [おもしろい]」。
(4) x (〜) は，x のほかに x 〜という関連するかたちがあることを示す。例：語彙 (の) 構造→語彙構造 & 語彙の構造。
(5) 1 つの索引項目があまりに多くのページにわたる場合，すべてではなく適宜取捨選択したところがある。例：語。
(6) 1 つの索引項目の出現ページが連続するときには最初のページ番号だけを記した。例：「15, 16, 17, 30, 35, 36」→「15, 30, 35」。
(7) 下記の用語はいたるところに頻出するため，複合語や句の構成要素となる場合は別として，単独の用語としては索引項目にしていない。
　　意味　　言語　　言語表現　　言語記号　　ことば

A 〜 Z

Chomsky 210, 217
construal 14
Cruse 124, 159

Davitz 254
Dixon 247, 250

emotion 246, 252, 254, 257

feeling 246, 252
Fillenbaum 254
force dynamics 363

good 347, 351, 353, 363

Jackendoff 48, 60
Johnson 46, 197

Katz 44, 67, 69, 72, 351
Kempson 122, 202

Lakoff 46, 197

Longman Lexicon of Contemporary English 248
Lyons 50, 122

male 216

Nida 43, 205

Pustejovsky 268, 307

Rapoport 254
Roget's International Thesaurus 248, 326
Rorty 257
Ruhl 87

Sapir 48, 55, 238
Schank 72, 75

Tengi 329
Tobin 87

vagueness 75
Vendler 347, 353

water 218
Weinreich 209, 324
Wierzbicka 253, 312, 363
WordNet 328

あ

相沢正夫 284
IPALの辞書 328
「アガル」46, 283
「あがる（あがって）」126, 151, 155, 160, 193, 202
「アク」81
浅野百合子 17
「アシ」173, 194
「あたたかい」306
「あたま［アタマ］」173
頭の中の語彙 315, 325, 329, 332
「あなどりがたい」331
「アマイ」265, 272
有賀千佳子 331
「アルク」36, 44
「歩く」25, 144, 183

い

〈いい〉272
「いい」347
「イイ」272, 347
言い換え 56, 79, 97, 127, 162, 173, 275, 308, 318, 339
意義 13, 16, 35, 67, 72, 279, 287, 292, 336
意義素 13, 17, 35, 48, 128, 136, 176, 181, 191, 203, 220, 278, 305
意義素分析 177, 191, 278, 284, 291, 296
意義素論 12, 15, 66, 81, 87, 97, 100, 128, 278, 287, 290, 294
意義特徴 43, 66, 220, 225, 284, 290, 292, 294
意義特徴の束 220, 289, 294
「いく」151
「行く／来る」154
池上嘉彦 35
李在鎬 14
石黒ひで 58, 69, 71, 123
痛み 106, 109, 263

痛みの感覚 263
『一般言語学講義』110
一般辞書 301, 305, 311, 318, 324, 330, 333, 335, 342
一般的（な）意味 86, 93, 95, 205, 305
意味解釈 182, 190, 225, 347
〔意味＝概念〕説 67, 69, 72, 75, 111
意味が同じ 6, 10, 121, 124, 136, 172, 316
意味格 85, 89, 92
意味関係 150, 158, 202, 248, 294, 310
意味記述 15, 19, 65, 81, 100, 193, 198, 202, 212, 218, 228, 233, 254, 266, 271, 278, 287, 295, 303, 309, 313, 322, 324, 347
意味記述のスタイル 307
意味記述の方向 193
意味記述の方法 278
意味記述用語 233
意味原素［semantic primitive］254, 312, 363
意味公準 56
意味成分 56, 65
意味的類似度 254
意味と意義 336
意味特徴 65, 72, 77, 85, 89, 93, 112, 131, 159, 178, 190, 210, 212, 226, 229, 233, 271, 275, 284, 293, 328, 344, 348, 360, 364
意味特徴の共有度 160
意味に必要な要素 321
意味の重なり合い 139
意味の関連性 201, 203, 315, 325, 330
意味の世界 4, 60
意味の近さ 146, 158
意味のレベル 59
意味範疇 211
意味引き辞書 333, 335, 337, 340
意味分析 12, 17, 175, 182, 191, 283, 287, 290, 347, 351
意味分類辞書 325, 329, 332
意味分類枠 325
意味役割 86, 89, 92
〔意味＝様式〕説 11, 71, 74, 77
意味類型 83, 88, 240, 247, 269, 271, 307
意味論的含意 156
インターフェイス 329

う

迂言的表現 238
「うまい」141
「生む」321, 323, 327
「ウレシイ」238, 240, 244, 256, 261, 269, 276
《運動》114
運動動詞 316

え

詠嘆表現 239

お

「おいしい」141
大江三郎 245, 253
大鹿薫久 144
小川明 245
荻野綱男 241
「おく」229
奥田靖雄 81, 83, 86, 91
「おちる」196
「おとこ」216
〈男〉30, 349
同じ 104
同じ意味 6, 76, 155, 161
同じ概念 11, 58, 71, 78, 111, 123, 127, 166
同じ語 6, 127, 212, 263, 339
同じこと 7, 112, 121, 125, 162, 164, 167
同じもの 58, 71, 74, 77, 105, 111, 117, 122
同じものごと 10, 106, 169
「オモシロイ［おもしろい］」242, 247, 306
「親」316, 323
「おりる」196
温度感覚 262
〈女〉212
「女」212
「女親」316, 319, 324
オンライン辞書 328, 330, 332

か

ガーディナー 255
《快》233, 290
〈快〉247, 270
外延 8, 13, 36, 139, 165, 222, 280, 337
外界の事物 31, 103, 112, 336
下位語 145, 151, 156, 316, 319, 323, 329
解釈 87, 131, 164, 182, 190, 198, 201, 223, 307, 348, 361, 364
概念 7, 47, 57, 66, 89, 95, 103, 105, 123, 139, 173, 222, 255, 326, 342
概念化 13
概念構造 48, 60
概念的意味 124, 144, 294
概念の世界 60
概念のとらえ方 11, 14, 60, 74, 76, 78, 116, 125
概念の表現様式 77, 124, 136
概念のレベル 59, 63
概念分類 343
概念枠 326
概念をとらえる様式 11, 71, 79
〈快／不快〉271, 276
科学的な定義 63, 78
科学の言葉 220, 290, 294
格助詞 86, 91, 178, 189, 280, 289
格文法 85, 93
「下降する」196
「賢い」327
家族的類似性 203
かたち 3, 11, 18, 35
「学校」306
カテゴリカルな意味 84, 91
加藤恵梨 275
『角川類語新辞典』326
「カナシイ［かなしい］」249, 262, 271, 274
「カリル［かりる］」84, 92
川上蓁 281
含意関係 122, 156
感覚 2, 54, 106, 196, 244, 262, 271, 276, 306
感覚表現 253
「感じ」252
感じ 276
慣習化された解釈 351, 358
「感情」252, 257, 276
感情 235, 244, 250, 260, 269, 273, 306, 308
感情形容詞 249, 254, 262, 306, 316
感情語 238, 243, 247, 252, 254, 257, 261, 266

感情語彙 238, 247, 250, 253
喚情的意味 124, 241
感情的意味 124, 241
感情の言語表現 236, 239, 253, 260
感情の主体 246, 258
感情の対象 246
感情の誘因 246
感情表現 236, 245, 253, 274
感情表現形式 237, 245
感情表現述語 246
感情表出機能 237
感情表出文 237
慣用句 18, 88, 97, 126

き
菊地康人 271
記号論理式 56, 65
疑似双方向含意 157
記述言語 209, 211, 213, 219
記述文 237
《基準面》229
基礎語 223, 312
基礎語彙 311
既存の語彙 300
機能語 31, 225, 284, 289, 308
「気分」252, 276
気分 347
基本義 193, 203, 265
「気持」252, 276
気持（ち）347
疑問詞 184, 186
客観性 232, 245
客観的 49, 67, 69, 139, 176, 228, 237, 258, 261, 314, 338, 358
客観表現 244
共起（する）25, 198, 226, 268, 321, 351, 353
共起制限 320, 322
共時的語彙 300

く
句 18, 60, 75, 88, 111, 136, 165, 171, 174, 226, 294, 331, 338, 359

九鬼周造 255
「腐る」140, 142
久島茂 227, 233, 291
「くだく」320
「くだる」196
「口」112, 116
国広哲弥 15, 17, 38, 48, 66, 78, 87, 96, 108, 128, 136, 168, 181, 200, 220, 229, 241, 280, 283, 289, 307, 310, 332, 360
「くぬぎ」338
句の意味 5, 75, 77

け
形式 3, 53, 60, 76, 81, 85, 95, 101, 112, 115, 136, 161, 175, 178, 341
形式言語 161, 169, 219
形式と意味［意味と形式］81, 85, 95
形態格 85, 89, 91
形態素 18, 76, 139, 148, 279, 319, 331
形容詞 54, 239, 247, 254, 283, 289, 306, 308, 320, 327, 346, 353
結合価 83, 85
結合価文法 85
原型 41, 271
原型意味論 36
原型性と典型性 41
言語外の世界 24, 26, 220, 295
言語学の意味論 9
言語辞書 299
言語知識 24, 30, 268, 300, 314, 316
言語普遍的 209, 213, 247, 254
言語普遍的意味特徴 213
現実（の）世界 1, 4, 17, 63, 341
現象素 108, 202, 295

こ
語 18, 35, 54, 60, 63, 76, 88, 95, 111, 128, 136, 171, 174, 225, 300, 315, 331
コア 115, 305
語彙 18, 68, 75, 77, 146, 254, 276, 285, 300, 315, 318, 323, 325, 330
語彙意味論 18
語彙化 78, 107, 174, 306

あとがき

　こどものころ，なにかわからないことばを母にたずねるときまって，辞書を引きなさいと言われた。いま思うと単に面倒だったから母はそう言ったのかもしれない。頻繁に引いたために辞書がぼろぼろになった，という話を聞くことがあるが，手元にある古びた辞書は色があせてはいるものの，実にきれいなままで，さほど引いたような覚えがない。奥付に「1963年4月10日第1刷発行」とあるその辞書は『岩波国語辞典』で，そのとき私は中学3年生だった。それほど使わなかったかもしれないこの古い辞書をいままで捨てずに取っておいたということは，そのころからどこかに辞書あるいはことばの意味に対する思いがあったのかもしれない。

　私の意味論の出発点は大学時代に受講した意味論の講義にある。当時の日本の言語学は生成文法（「変形文法」という言い方がより一般的だった）の全盛時代だったが，私には国広哲弥先生が担当されていた意味論の方により大きな魅力を感じたのだった。同じ言語学科にいらした柴田武先生が主導し，国広先生，学科の先輩である長嶋善郎さんに，大学院生だった私が参加を許されてはじまった「意味論研究会」は，私の意味論のもっとも大きなよりどころとなった（意味論研究会の成果は，柴田武・国広哲弥・長嶋善郎・山田進（1976）『ことばの意味―辞書に書いてないこと』として出版されることになる。研究会発足の経緯は，同書「まえがき」および柴田武（1982a）に詳しい）。この研究会での議論がどれほど私の血となり肉となったか，まことに計り知れないものがある。

　その後，柴田先生の語彙分類構想を実現する『類語大辞典』にかかわることになった。この辞典の編集・執筆作業が私の意味論のもうひとつの大きなよりどころとなった。『ことばの意味』が，少数の基礎語の意味を時間をかけて徹底的に分析するのとちがって，『類語大辞典』ではとにかく大量の語の意味分析を短時間でおこなわなければならない。語の意味を考えるのに，前者だけでなく後者の経験ができたことはまことにありがたかった。本書序

章に述べた,「どのような意味論も, 具体的言語表現の記述をおこなわないかぎり, 単なる構想にとどまる」という私の信念ともいうべきものは, 以上の2つのよりどころから得た貴重な経験にもとづいている。

　私は研究会や学会等にまじめに参加して見聞をひろめるということをしてこなかった人間である(「まじめにでなく」参加することはいくらでもあったが)。そういう私にも, 意味についてあれこれと意見交換をしていただいた方がある。上記の意味論研究会はおよそ10年で散会となったが, 柴田先生をはじめ, 特に国広先生・長嶋さんにはその後もずっと, 意味についての意見交換をくりかえしおこなわせていただいた。

　上記研究会メンバーを別にして, 私がもっとも影響を受けたのは, 久島茂氏である。1993年にある論文の抜き刷りを送っていただいた。『言語研究』に掲載されたその論文を私はすでに読んでいて非常に刺激を受けていた。私の考えを手紙で少しばかりもうしあげたところ, 詳しい返事をいただき, それから書面でのやりとりがはじまった。それ以来, 直接お会いしたのはどこかの学会で一度きりだったけれども, 数十回をこえる「文通」によって, 意味についての真剣な議論をおこなうことができた。

　こうした経験から私が得た教訓は,「広く浅くではなく, 狭く深くありたい」ということになろうか。狭いと言えば, 本書の参照文献を見て分かるように, 私はごく限られた先行研究にしか目を通していない。したがって狭いことはたしかだが, 自分の考えが深くなったなどとはまだとても言えない。

　私が意味論を学びはじめて50年近くになるが, その間に,「構造」から「認知」へという潮流の変化があった。私は,「古い奴だとお思いでしょうが, 古い奴こそあたらしいものをほしがるもんでございます」という口上ではじまる歌を愛唱歌のひとつにしている古い人間である。しかし, そのセリフは自分の心に実際はそぐわないものであって, 私は新しいながれにさおさしてあたらしいものをほしがるということをしないまま, 意味論を学びはじめたころの考えにいまだにしがみついている。

　このように古く, 狭く, 浅い自分が書いたものをまとめて人前に出すなどということは少しまえまでまったく考えてもみなかった。それがこうしてか

たちになったのは，ひとえに，この春まで聖心女子大学の同僚だった小柳智一さんの叱咤激励のおかげである。再三再四すすめられてはことわるということをかさねたあげく，大学を定年退職するのを機に，ようやくその気になったというわけである。小柳さんは出版社の選定から校正までおてつだいくださり，書名まで考えてくださった。

本書各章のもとになった論文のうち，7編は1978年から1987年にかけて発表したもので，私が名古屋工業大学に勤務していたときのものである。理系の大学であることからか図書・雑誌に使える予算が相当あり，また当時の大学は昨今とはちがい，まだのんびりしていて，しかも私が発表したのは紀要や所属部門の機関誌という学界的には目立たない媒体であり，自由気ままに書くことができた。残りの14編は聖心女子大学に移ってからのものである。日本語日本文学科(赴任当時は国語国文学科)に所属し，学会誌にも書くようになった。所属学科の教員は各分野で活躍する人たちであり，また和気藹々とした雰囲気に満ちていて，きわめてすごしやすかった。20年あまりにわたってご一緒した，日本語学の山口佳紀氏には研究姿勢を含め多くを学んだ。いまこうしてふりかえると，私は研究環境にめぐまれていたのだという思いをあらたにする。

くろしお出版には本書の刊行をこころよくお引きうけいただき，編集部の荻原典子さんには完成までの長期にわたっておつきあいいただいて，このような美しい本にしあげていただいた。

こうしてあとがきを書いていると，ここにお名前をあげた方々のほかにも，これまでいろいろなところで私の意味探究をあとおししていただいた，あの人やこの人のことばが耳にこだまし，そのときどきのすがたが目にうかぶ。みなさま，ほんとうにありがとうございました。

2017年4月

索 引

(1) 「x」は，x が記述対象としてとりあげた語句であることを示す。例：「あがる」。
(2) ⟨x⟩ ないし《x》は，x が意味特徴であることを示す。例：⟨いい⟩，《場所》。
(3) x[α] は，α が x とほぼ同じことを表す項目であることを示す。例：意味原素 [semantic primitive]，「オモシロイ［おもしろい］」。
(4) x(〜) は，x のほかに x〜 という関連するかたちがあることを示す。例：語彙(の)構造→語彙構造 & 語彙の構造。
(5) 1つの索引項目があまりに多くのページにわたる場合，すべてではなく適宜取捨選択したところがある。例：語。
(6) 1つの索引項目の出現ページが連続するときには最初のページ番号だけを記した。例：「15, 16, 17, 30, 35, 36」→「15, 30, 35」。
(7) 下記の用語はいたるところに頻出するため，複合語や句の構成要素となる場合は別として，単独の用語としては索引項目にしていない。
意味　言語　言語表現　言語記号　ことば

A ~ Z

Chomsky 210, 217
construal 14
Cruse 124, 159

Davitz 254
Dixon 247, 250

emotion 246, 252, 254, 257

feeling 246, 252
Fillenbaum 254
force dynamics 363

good 347, 351, 353, 363

Jackendoff 48, 60
Johnson 46, 197

Katz 44, 67, 69, 72, 351
Kempson 122, 202

Lakoff 46, 197

Longman Lexicon of Contemporary English 248
Lyons 50, 122

male 216

Nida 43, 205

Pustejovsky 268, 307

Rapoport 254
Roget's International Thesaurus 248, 326
Rorty 257
Ruhl 87

Sapir 48, 55, 238
Schank 72, 75

Tengi 329
Tobin 87

vagueness 75
Vendler 347, 353

water 218
Weinreich 209, 324
Wierzbicka 253, 312, 363
WordNet 328

あ

相沢正夫 284
IPALの辞書 328
「アガル」46, 283
「あがる（あがって）」126, 151, 155, 160, 193, 202
「アク」81
浅野百合子 17
「アシ」173, 194
「あたたかい」306
「あたま［アタマ］」173
頭の中の語彙 315, 325, 329, 332
「あなどりがたい」331
「アマイ」265, 272
有賀千佳子 331
「アルク」36, 44
「歩く」25, 144, 183

い

〈いい〉272
「いい」347
「イイ」272, 347
言い換え 56, 79, 97, 127, 162, 173, 275, 308, 318, 339
意義 13, 16, 35, 67, 72, 279, 287, 292, 336
意義素 13, 17, 35, 48, 128, 136, 176, 181, 191, 203, 220, 278, 305
意義素分析 177, 191, 278, 284, 291, 296
意義素論 12, 15, 66, 81, 87, 97, 100, 128, 278, 287, 290, 294
意義特徴 43, 66, 220, 225, 284, 290, 292, 294
意義特徴の束 220, 289, 294
「いく」151
「行く／来る」154
池上嘉彦 35
李在鎬 14
石黒ひで 58, 69, 71, 123
痛み 106, 109, 263

痛みの感覚 263
『一般言語学講義』110
一般辞書 301, 305, 311, 318, 324, 330, 333, 335, 342
一般的（な）意味 86, 93, 95, 205, 305
意味解釈 182, 190, 225, 347
〔意味＝概念〕説 67, 69, 72, 75, 111
意味が同じ 6, 10, 121, 124, 136, 172, 316
意味格 85, 89, 92
意味関係 150, 158, 202, 248, 294, 310
意味記述 15, 19, 65, 81, 100, 193, 198, 202, 212, 218, 228, 233, 254, 266, 271, 278, 287, 295, 303, 309, 313, 322, 324, 347
意味記述のスタイル 307
意味記述の方向 193
意味記述の方法 278
意味記述用語 233
意味原素［semantic primitive］254, 312, 363
意味公準 56
意味成分 56, 65
意味的類似度 254
意味と意義 336
意味特徴 65, 72, 77, 85, 89, 93, 112, 131, 159, 178, 190, 210, 212, 226, 229, 233, 271, 275, 284, 293, 328, 344, 348, 360, 364
意味特徴の共有度 160
意味に必要な要素 321
意味の重なり合い 139
意味の関連性 201, 203, 315, 325, 330
意味の世界 4, 60
意味の近さ 146, 158
意味のレベル 59
意味範疇 211
意味引き辞書 333, 335, 337, 340
意味分析 12, 17, 175, 182, 191, 283, 287, 290, 347, 351
意味分類辞書 325, 329, 332
意味分類枠 325
意味役割 86, 89, 92
〔意味＝様式〕説 11, 71, 74, 77
意味類型 83, 88, 240, 247, 269, 271, 307
意味論的含意 156
インターフェイス 329

う

迂言的表現 238
「うまい」 141
「生む」 321, 323, 327
「ウレシイ」 238, 240, 244, 256, 261, 269, 276
《運動》 114
運動動詞 316

え

詠嘆表現 239

お

「おいしい」 141
大江三郎 245, 253
大鹿薫久 144
小川明 245
荻野綱男 241
「おく」 229
奥田靖雄 81, 83, 86, 91
「おちる」 196
「おとこ」 216
〈男〉 30, 349
同じ 104
同じ意味 6, 76, 155, 161
同じ概念 11, 58, 71, 78, 111, 123, 127, 166
同じ語 6, 127, 212, 263, 339
同じこと 7, 112, 121, 125, 162, 164, 167
同じもの 58, 71, 74, 77, 105, 111, 117, 122
同じものごと 10, 106, 169
「オモシロイ［おもしろい］」 242, 247, 306
「親」 316, 323
「おりる」 196
温度感覚 262
〈女〉 212
「女」 212
「女親」 316, 319, 324
オンライン辞書 328, 330, 332

か

ガーディナー 255
《快》 233, 290
〈快〉 247, 270
外延 8, 13, 36, 139, 165, 222, 280, 337
外界の事物 31, 103, 112, 336
下位語 145, 151, 156, 316, 319, 323, 329
解釈 87, 131, 164, 182, 190, 198, 201, 223, 307, 348, 361, 364
概念 7, 47, 57, 66, 89, 95, 103, 105, 123, 139, 173, 222, 255, 326, 342
概念化 13
概念構造 48, 60
概念的意味 124, 144, 294
概念の世界 60
概念のとらえ方 11, 14, 60, 74, 76, 78, 116, 125
概念の表現様式 77, 124, 136
概念のレベル 59, 63
概念分類 343
概念枠 326
概念をとらえる様式 11, 71, 79
〈快／不快〉 271, 276
科学的な定義 63, 78
科学の言葉 220, 290, 294
格助詞 86, 91, 178, 189, 280, 289
格文法 85, 93
「下降する」 196
「賢い」 327
家族的類似性 203
かたち 3, 11, 18, 35
「学校」 306
カテゴリカルな意味 84, 91
加藤恵梨 275
『角川類語新辞典』 326
「カナシイ［かなしい］」 249, 262, 271, 274
「カリル［かりる］」 84, 92
川上蓁 281
含意関係 122, 156
感覚 2, 54, 106, 196, 244, 262, 271, 276, 306
感覚表現 253
「感じ」 252
感じ 276
慣習化された解釈 351, 358
「感情」 252, 257, 276
感情 235, 244, 250, 260, 269, 273, 306, 308
感情形容詞 249, 254, 262, 306, 316
感情語 238, 243, 247, 252, 254, 257, 261, 266

感情語彙 238, 247, 250, 253
喚情的意味 124, 241
感情的意味 124, 241
感情の言語表現 236, 239, 253, 260
感情の主体 246, 258
感情の対象 246
感情の誘因 246
感情表現 236, 245, 253, 274
感情表現形式 237, 245
感情表現述語 246
感情表出機能 237
感情表出文 237
慣用句 18, 88, 97, 126

き
菊地康人 271
記号論理式 56, 65
疑似双方向含意 157
記述言語 209, 211, 213, 219
記述文 237
《基準面》 229
基礎語 223, 312
基礎語彙 311
既存の語彙 300
機能語 31, 225, 284, 289, 308
「気分」 252, 276
気分 347
基本義 193, 203, 265
「気持」 252, 276
気持(ち) 347
疑問詞 184, 186
客観性 232, 245
客観的 49, 67, 69, 139, 176, 228, 237, 258, 261, 314, 338, 358
客観表現 244
共起(する) 25, 198, 226, 268, 321, 351, 353
共起制限 320, 322
共時的語彙 300

く
句 18, 60, 75, 88, 111, 136, 165, 171, 174, 226, 294, 331, 338, 359

九鬼周造 255
「腐る」 140, 142
久島茂 227, 233, 291
「くだく」 320
「くだる」 196
「口」 112, 116
国広哲弥 15, 17, 38, 48, 66, 78, 87, 96, 108, 128, 136, 168, 181, 200, 220, 229, 241, 280, 283, 289, 307, 310, 332, 360
「くぬぎ」 338
句の意味 5, 75, 77

け
形式 3, 53, 60, 76, 81, 85, 95, 101, 112, 115, 136, 161, 175, 178, 341
形式言語 161, 169, 219
形式と意味［意味と形式］ 81, 85, 95
形態格 85, 89, 91
形態素 18, 76, 139, 148, 279, 319, 331
形容詞 54, 239, 247, 254, 283, 289, 306, 308, 320, 327, 346, 353
結合価 83, 85
結合価文法 85
原型 41, 271
原型意味論 36
原型性と典型性 41
言語外の世界 24, 26, 220, 295
言語学の意味論 9
言語辞書 299
言語知識 24, 30, 268, 300, 314, 316
言語普遍的 209, 213, 247, 254
言語普遍的意味特徴 213
現実(の)世界 1, 4, 17, 63, 341
現象素 108, 202, 295

こ
語 18, 35, 54, 60, 63, 76, 88, 95, 111, 128, 136, 171, 174, 225, 300, 315, 331
コア 115, 305
語彙 18, 68, 75, 77, 146, 254, 276, 285, 300, 315, 318, 323, 325, 330
語彙意味論 18
語彙化 78, 107, 174, 306

語彙概念構造 311
語彙素 18, 35, 43
語彙体系 100, 148, 158, 340
語彙の階層 320
語彙(の)構造 302, 315, 318
語彙の単位 330
高次言語 211, 213
合成語 319
「酵素」340
「コエル」41
五官 2, 262
五感 262
語義 48, 161, 202, 225, 288, 304, 310, 333
語義区分 303
語義説明句 335, 337
語義の配列 304
国語辞典 8, 204, 222, 267, 272, 299, 303, 311, 332
語釈 6, 8, 65, 79, 100, 265, 272, 276, 308, 310, 313, 317
個人差 27, 33, 63, 107, 109, 157, 176, 358
コセリウ 77
固定表現 96, 99, 181, 205, 350
ことわざ 18, 125, 331
語の意味 5, 18, 35, 48, 58, 63, 65, 87, 95, 100, 136, 139, 143, 198, 204, 209, 214, 222, 240, 268, 277, 303, 308, 319, 324, 335
語の意味論 18
個別性 204, 304
固有名 77, 299, 339
固有名詞 23, 29
語用論 296

さ
「さえずる」157
酒井元子 225, 295
阪倉篤義 287, 291
「サガル［さがる］」46, 196
「酒」320
「さす」202
「サビシイ」246, 271, 276

し
恣意性［言語記号の恣意性］136, 319
《時間》113
色彩名（称）250
示差（的）特徴 25, 35
指示（する／できる）23, 31, 51, 77, 139, 154, 165, 263, 337
指示関係 23, 31
指示機能 77, 144
指示対象 29, 139, 148, 154, 158, 240, 309, 319, 337
指示対象の重なり合い 139, 147
指示的意味 240, 308
指示物 11, 23, 31, 70, 108, 337
指示物が同じ 11, 71
辞書 6, 11, 16, 193, 202, 210, 221, 224, 232, 277, 287, 299, 315, 324, 328, 331, 340, 346
辞書学 15, 209
辞書の意味記述 16, 193, 224, 278, 287, 307, 322
シソーラス 318, 324, 332, 345
実物指示 221, 223, 295
辞典 161, 224, 289, 299, 310
柴田武 17, 48, 67, 221, 327
事物 2, 49, 54, 103, 143, 267, 336
社会習慣的 12, 16, 46, 76, 222, 238
社会習慣的特徴 35, 38, 223
「週刊誌」306
主観性 245, 254
主観的 49, 67, 244, 254, 347, 358
主観表現 244
受動構文 245
上位語 145, 151, 156, 248, 316, 319, 323, 329
「情感」252
上下関係 142, 145, 149, 151, 156, 248, 316
常識心理学 258
「上昇する」194
「情操」252
「情緒」252, 256, 259
冗長表現 161
情的意味 240
「情動」257

「情念」252
植物名 30, 338
叙述用法 358, 361
シンタグマティック 320
真理条件 122
真理保存原理 123

す
推移関係 138
推移的 138, 317, 319
推論(する／される) 40, 43, 61, 129, 133, 317, 341
推論的意味 42
推論的派生義 360
数学用語 161
図解 221, 295, 310, 336, 340, 342
スキーマ 203, 305
図示 310, 336, 340, 342
鈴木孝夫 286
鈴木敏昭 194, 203

せ
成分分析 65
世界 2, 49, 54, 63, 103, 165, 341
潜在的語彙 301
潜在的文脈 357
選択制限 320

そ
双方向(の)含意 122, 156
属性形容詞 249, 306
素材 12, 203
ソシュール 13, 48, 66, 68, 110

た
対義関係 152, 316
対義語 137, 144, 150, 152, 154, 159, 197, 276, 317, 329
体系的意味特徴 131, 134
体系レベルの意味 295, 304
対象言語 209, 211, 219, 311
多義 41, 76, 114, 175, 189, 198, 201, 212, 224, 280, 288, 293, 330, 348, 351, 361, 364

多義語 17, 40, 101, 108, 127, 160, 193, 197, 200, 205, 224, 288, 294, 304, 330
多義志向 114
多義論 87, 97, 100
田中章夫 138, 153
田中茂範 87, 97, 115
「タノシイ」246, 256, 271, 276
単義 40, 115, 175, 202
単義語 198
単義志向 114
単義論 87, 97, 100
単純語 76, 136, 319, 327

ち
知覚(する／される) 2, 4, 14, 31, 53, 61, 106, 108, 263
知的(な)意味 140, 142, 241
知的同義 124
地名 30
中核的意味 176, 305
重複性規則 43
チョムスキー 17

つ
通時的語彙 300
「ツカム」83
「ツク［ツイタ］」127, 130, 132, 135

て
寺村秀夫 245, 253, 291
転成名詞 328
転用 45, 76, 193, 196, 283, 288, 296, 361

と
同位語 145, 151, 329
ドゥーデン 342
同音異義 177, 201
同音異義語 200, 304
同義 6, 121, 124, 136, 138, 179, 250, 319
同義関係 138, 294
同義語 6, 136, 138, 143, 155, 317, 319
同義性 58, 121, 143, 292, 294
同義表現 161

統合形式 82, 88, 92, 96
統語構造 136, 191, 294, 339
動詞 54, 76, 89, 100, 189, 283, 285, 289, 308, 311, 320, 327
動植物名 31, 77, 316
動物名 30, 338
時枝誠記 11, 16, 247
特質 269, 322
特質構造 268
戸田正直 259
トドク［トドイタ］」127
「トドメル」98, 100
とらえ方 10, 13, 19, 60, 76, 205, 316
「トル」87, 98
「取る」305

な
内在的（な）アスペクト 201, 240
内在的（な）特徴 90, 95
内省 50, 258
内包 8, 13, 36, 49
「ナガイ」348
長嶋善郎 17, 57, 78, 143, 282
中道知子 291
「なく」157
「南京錠」340

に
西尾寅弥 138, 244, 254, 262, 273, 306
西山佑司 292
仁田義雄 83
認識（する／される） 2, 5, 7, 31, 51, 61, 67, 77, 108, 277, 338, 352
認識機構 52
認識・知覚 2, 4
認知（する） 15, 28, 40, 61, 66, 107, 202, 240, 269
認知意味論 13, 278
認知機構 15, 40, 101, 107
認知言語学 13, 107
認知的意味 124
認知文法 13, 15

の
脳内辞書 301, 315
「のせる」229
「上り坂／下り坂」150, 154, 156
「ノボル」46, 283
「のぼる（のぼって）」126, 151, 155, 160, 196
「飲む」320
野村雅昭 224
野村益寛 13, 15

は
芳賀純 255
《場所》227, 233
「ハシル」36, 44
「走る」25, 144
派生関係 116, 322
派生義 193, 203
服部四郎 12, 16, 36, 48, 220, 223, 226, 278, 285, 290, 294
発話（する／される） 7, 16, 162, 164, 169, 236, 293, 305, 335, 341
発話の意味 14, 16, 43, 304
発話（の）レベル 14, 35, 164, 237, 295
「母親」316, 319, 323
場面的機能 143, 147
「ハヤイ」113
〈速い〉26
パラディグマティック 320, 322, 325
パラフレーズ 163, 308
パロル 100
「晩」157
反義関係 152, 249
反義語 152, 250
反対語 152, 249

ひ
非基礎語 223
非言語的知識 32, 46
非現実世界 1, 17, 341
非指示的意味 308, 311
百科辞書 299
百科辞書［百科事典］的知識 268, 299

百科事典 299
比喩 126, 193, 273, 275, 330
比喩的用法 76, 266, 288
比喩表現 273
表現項目 331
(言語表現が) 表示する 23, 165, 169, 173
表示のレベル 165
「ヒラク」 81
品詞 238, 299, 308, 318, 322, 327, 334, 345
品詞性 172
品詞分類 346
「ピンチ／チャンス」 154

ふ
《不快》 233, 290
〈不快〉 247, 271
福井玲 284
復号化 191
複合概念 58, 64, 71, 74
複合感情 251
副詞 239, 289, 308, 320
符号化 191
「二親」 316, 323
普通のことば 219, 221, 223, 232
普通名詞 29, 38
「腐敗する」 140, 142
普遍的 49, 210, 248, 251, 257
「父母」 316, 323
プラスの評価 351
〈プラス／マイナス〉 271
「ふる」 196
プルチック 251
フレーゲ 13, 67, 336, 341
プロトタイプ 78, 115, 154, 361
文体的特徴 48, 78, 142, 149, 168, 316
文の意味 5, 14, 16, 75, 122
文法形態素 283, 289
文脈 25, 60, 87, 90, 96, 121, 126, 128, 143, 154, 162, 175, 191, 198, 203, 225, 252, 296, 305, 348
文脈的機能 143
文脈的変容 296
文脈の共有 148, 155

文脈補充意味特徴 131, 134, 136
『分類語彙表』 82, 318, 322, 325

へ
変項 324
弁別的 35, 37
弁別的特徴［弁別的要素］ 144, 148, 289
変容（する） 96, 128, 296

ほ
ポティエ 55
本多啓 13

ま
益岡隆志 86, 92
松尾拾 138, 169
マッカーサー 326
松本裕治 269

み
「ミオトス」 39
「ミズ」 267
見せかけの意味要素 41, 44
見出し 333, 340
見出し語 299, 306, 308, 331, 333
身振り 53, 237
宮地敦子 173
宮島達夫 101

む
「むささび」 338
室山敏昭 69, 72

め
名詞 222, 239, 252, 271, 285, 289, 299, 308, 320, 327
名詞修飾用法 358
命題 67, 122
メタ記号 65, 74
メタ言語 78, 211, 219, 232, 234, 254, 271, 275, 294, 308, 324, 343
メタ表現 348, 361, 364
メタファー 194, 197
メトニミー 194, 200

も
「もてなす」320
ものごと 1, 7, 14, 29, 106, 139, 173, 344, 355, 360, 363
ものごとが同じか違うか 7, 10
籾山洋介 15, 154, 289
森田良行 272

や
ヤーコブソン 87
安井稔 50
山口仲美 247, 254
山崎幸雄 249
山中信彦 291
山本謙吾 280
山本俊英 247

ゆ
夢 235

よ
「よい」347
「夭折／夭逝」155, 160
用法群 305
抑圧（する／される）97, 225, 285, 295
吉村公宏 14
「ヨム」83
「夜」157

ら
ライプニッツ 57, 60, 69, 78
ラング 14, 100, 238, 295, 351

り
「両親」316, 321, 323

る
類義 82, 137, 146, 150, 158, 174, 319, 322
類義関係 138, 140, 142, 152, 154, 173, 316
類義語 17, 72, 82, 137, 143, 146, 161, 275, 304, 319, 329
類義性 137, 143, 146, 150, 154, 157, 159
類義表現 154, 156
類型性と個別性 304

類語 252, 345
『類語大辞典』17, 268, 345

れ
連語論 81, 84, 88, 91
連想 254

ろ
ロジェのシソーラス（*Roget's Thesaurus*）326, 346
論理学の意味論 9
論理的意味 124, 294

わ
渡辺実 203

［著者］

山田　進（やまだ・すすむ）

1948年東京に生まれ，26歳まで同地。
39歳まで名古屋。以後，東京。
東京大学文学部言語学専修課程卒業。
同大学院言語学専門課程修士課程修了。
名古屋工業大学を経て聖心女子大学に勤務。
現在，聖心女子大学名誉教授。
専門は意味論。
おもな編著書に，
『ことばの意味―辞書に書いてないこと』（共著，平凡社，1976）
『日本語　意味と文法の風景』（共編著，ひつじ書房，2000）
『類語大辞典』（共編著，講談社，2002）
などがある。

意味の探究(いみ の たんきゅう)

2017年5月30日　　初版第1刷発行

著　者　　山田　進

発行人　　岡野秀夫

発行所　　株式会社　くろしお出版
　　　　　〒113-0033　東京都文京区本郷 3-21-10
　　　　　TEL: 03-5684-3389　FAX: 03-5684-4762
　　　　　URL: http://www.9640.jp　e-mail: kurosio@9640.jp

印刷所　　シナノ書籍印刷株式会社

装　丁　　庄子結香（カレラ）

© Susumu YAMADA 2017　Printed in Japan
ISBN 978-4-87424-730-3　C3080
乱丁・落丁はおとりかえいたします。本書の無断転載・複製を禁じます。